本书是山东省社科规划课题《新常态下山东现代农业发展对策研究》（项目编号：15CCXJ07）的最终成果。
本书获山东省重点马克思主义学院科研资金资助。

承载与收获
——山东现代农业发展研究

李 伟 著

中国社会科学出版社

图书在版编目（CIP）数据

承载与收获：山东现代农业发展研究/李伟著 . —北京：中国社会科学出版社，2017.12
ISBN 978－7－5203－1658－3

Ⅰ.①承… Ⅱ.①李… Ⅲ.①农业经济发展—研究—山东 Ⅳ.①F327.52

中国版本图书馆 CIP 数据核字(2017)第 299473 号

出 版 人	赵剑英
责任编辑	郭晓鸿
特约编辑	席建海
责任校对	韩海超
责任印制	戴　宽

出　　版	中国社会科学出版社
社　　址	北京鼓楼西大街甲 158 号
邮　　编	100720
网　　址	http://www.csspw.cn
发 行 部	010－84083685
门 市 部	010－84029450
经　　销	新华书店及其他书店
印　　刷	北京明恒达印务有限公司
装　　订	廊坊市广阳区广增装订厂
版　　次	2017 年 12 月第 1 版
印　　次	2017 年 12 月第 1 次印刷
开　　本	710×1000　1/16
印　　张	21.75
插　　页	2
字　　数	262 千字
定　　价	89.00 元

凡购买中国社会科学出版社图书，如有质量问题请与本社营销中心联系调换
电话：010－84083683
版权所有　侵权必究

目 录

绪 论 ……………………………………………………… 1

第一章 现代农业发展的理论基础 …………………………… 15

 第一节 现代农业的深刻内涵 …………………………… 16

 第二节 现代农业发展的相关理论 ……………………… 21

 第三节 现代农业发展的基础条件 ……………………… 33

 第四节 现代农业的基本特征 …………………………… 42

 第五节 现代农业的发展模式 …………………………… 46

 第六节 现代农业的发展趋势 …………………………… 51

第二章 山东传统农业向现代农业发展的实践进程 ………… 56

 第一节 山东农业发展的历程 …………………………… 57

 第二节 山东农业发展的特征 …………………………… 85

第三章　山东现代农业发展的成就及意义 …………… 102
第一节　山东现代农业发展的成就 ………………… 105
第二节　山东现代农业发展的重要意义 …………… 129

第四章　山东现代农业发展的制约因素 …………… 136
第一节　农村劳动力老龄化加剧 …………………… 137
第二节　土地矛盾紧张程度已达极限 ……………… 140
第三节　农业产业结构不合理 ……………………… 144
第四节　农业技术推广应用相对落后 ……………… 149
第五节　农民增收难度加大 ………………………… 151
第六节　农业生态环境问题严重 …………………… 155

第五章　新常态下山东现代农业发展的政策选择 …… 159
第一节　发挥政府引领、组织和支持作用 ………… 163
第二节　实施创新驱动发展战略 …………………… 172
第三节　落实现代农业发展规划 …………………… 189
第四节　优化农业内部结构 ………………………… 195
第五节　培育发展家庭农场 ………………………… 213
第六节　加快农地制度改革 ………………………… 220
第七节　深化农村金融体制改革 …………………… 241
第八节　提升农业从业人员整体素质 ……………… 252
第九节　建设现代农业示范区 ……………………… 261

结束语 …………………………………………………… 274

附录一 全国农业现代化规划（2016—2020年） ………… 276
附录二 山东省农业现代化规划（2016—2020年） ……… 308
参考文献 ………………………………………………… 334
后　记 …………………………………………………… 342

绪　论

实现民族伟大复兴，是近代以来中国人民最伟大的梦想；实现农业现代化，是中国这个传统农业大国实现"三农""中国梦"最坚固的基石。

回望历史，1840年开启了中国历史"三千年未有之变局"，古老的中华农业文明盛极而衰，在列强的船坚炮利面前土崩瓦解，文明的自信心也到了崩溃的边缘。随后的百年，伴随着民族危亡的苦难，中国农业文明也在衰败中挣扎，农业生产日趋萎缩，农民生活饥寒交迫。在经历了艰难曲折的救亡图存后，终于在百年隧道的尽头，迎来了希望的亮光；1949年，是中国近代无数屈辱和衰败的终结，一个古老的民族和一个悠久的文明开始浴火重生，中国农业的现代化之梦也开始了艰难探索。从土地改革、社会主义改造到人民公社化，农业的发展积累了雄厚的资金和实力，助推了工业化快速发展。从新中国成立前夕提出的农业现代化目标，到20世纪70年代末逐步形成的以机械化、化肥化、水利化、电气化"四化"为主要内容的农业现代化思想，中国人实现农业现代化的梦想逐渐清晰起来。[①]

[①]《农民日报》编辑部：《二论"三农"中国梦：凝聚现代农业发展的强大正能量》，《农民日报》2013年5月21日。

经过新中国成立后60多年的发展，中国工业化、信息化、城镇化的水平都有了明显提升，经济总量已跃居世界第二位，中国农业已经养活了十几亿中国人口，承载起了中华民族伟大复兴的历史重任，使我们实现农业现代化的梦想有了无限逼近的可能。但中国农业现代化的进程仍明显滞后。2013年12月，中央农村工作会议强调指出：小康不小康，关键看老乡。一定要看到，农业还是"四化同步"的短腿，农村还是全面建成小康社会的短板。中国要强，农业必须强；中国要美，农村必须美；中国要富，农民必须富。农业基础稳固，农村和谐稳定，农民安居乐业，整个大局就有保障，各项工作都会比较主动。中国是一个农业大国，没有农业现代化，国家的现代化必然是不完整、不全面、不牢固的现代化。发展现代农业，实现农业现代化，是实现"中国梦"的坚实基础。

经过改革开放以来30多年的快速发展，山东已经成为全国的农业大省和经济强省。对于当前山东现代农业发展中存在的一些问题，在向梦想迈进之时必须要给予足够重视：农业资源环境约束日益紧迫，农业综合效益不高，农产品的国际竞争力不强，结构调整还远未到位，农业粗放增长方式还在持续，增长的动力还没有转到创新驱动上来，全省处于经济增速的换挡期和结构调整的阵痛期，农业经济增长下行的压力还比较大，东西部农业发展还不均衡，农业现代化拖慢了国家现代化的脚步。这些因素的叠加使山东现代农业建设的艰巨性、复杂性更加严峻。要解决这些新常态下现代农业发展的制约因素，必须实施创新驱动发展战略，优化配置山东的农业自然资源和经济资源，促进山东的农业生态环境的改善，探索现代农业发展模式。本书试图通过对山东现代农业发展的理论与实践的探索，在推进山东现代农业经济发展的同时，促进山东经济较快、较

绪 论

好地向前发展，以"谋山东的事，解发展的题"，为全国兄弟地区农业发展积累经验、提供示范，走出一条适合中国特色的现代农业发展之路。

一　国内外研究现状述评

（一）国外研究综述

"二战"后，现代农业科学技术在经济发达国家和地区被广泛应用，许多国家和地区都取得了一些成功经验。美国、日本、以色列、荷兰等国发展现代农业的做法，值得各国借鉴学习。与农业发展相适应，有关农业发展的理论也进一步发展起来。美国著名经济学家舒尔茨的"改造传统农业"理论是对农业现代化有重大影响的研究。1964年，他在其《改造传统农业》中将农业划分为三类：传统农业、现代农业和过渡农业。他认为发展中国家的经济成长，有赖于农业迅速稳定的增长，而传统农业不具备迅速稳定增长的能力，出路在于把传统农业改造为现代农业，即实现农业现代化。现代农业最根本的特征是不断将科学技术的最新成果应用于农业之中，不断改进其生产要素的配置，例如，用机械替代手工劳动，生物技术的应用，化肥、农药的使用，从而大大提高产量，使生产效率不断提高。这时农业的发展主要采用高投入实现高产出的农业发展模式，即通过工业化装备武装农业，利用高新科学技术支撑农业，引入现代经营管理理论引导农业发展，变以自给为目的的封闭性传统经济为开放的商品经济，其基本特征是高投入、高产出、高效率，最大的特点就是机械化和化学化。舒尔茨的"改造传统农业"对发展中国家，包括我国的农业发展有着较强的指导和借鉴意义，成为发展现代农业的重要基础理论。

但农业发展的实践证明,舒尔茨所倡导的模式是对农业资源进行掠夺式开发,会对环境产生很大破坏,不适宜长久采取,于是,人们开始反思这种农业模式的弊端,减少化肥、农药在农业生产中的使用量,而采用对环境无害的有机肥作为作物生长需要的营养来源;强调传统农业技术的运用,开始回归自然,更加注重如堆肥、轮作、休耕等传统农业技术和物质的运用,不用或最大限度地减少化肥、农药等化学制品的使用,让作物依靠自然,尽量减少人为影响。到20世纪70年代,这种自然农业思想逐渐完善并发展成新的现代农业发展模式,如英国的"有机农业"模式、美国的"生态农业"模式和日本的"自然农业"模式。但这种农业模式的优点是更加注重环境与资源的保护,但缺陷是没有注重经济与生产效率,土地产出率大大降低,无法满足人类生存发展的需求,这种农业模式也逐渐失去继续发展下去的推动力。到了20世纪80年代,一种"既不造成环境破坏退化、还能实现高效益高产出,满足人们的需求"的农业模式开始形成,这就是持续农业。持续农业要求资源环境的持续性,强调兼顾经济与社会、技术与环境之间的发展,代表了农业发展的方向。进入20世纪90年代,持续农业理论逐步演变现代农业发展理论,此理论立足于现代农业是可持续发展的,认为现代农业的特征就是环境的健全性、地力的可恢复性、社会的可接受性以及经济上的合理性。可持续发展理论是基于对一系列生态和环境问题的反思,采取某种方式,管理和保护自然资源基础,并调整技术和机构改革方向,以便确保获得和持续满足目前几代人和今后世世代代人对农产品的需求。

进入21世纪,随着对农业认识的不断深入,农业经济理论、农

绪 论

业发展理论和农业生态理论构成学术界现代农业发展的基础理论体系。其中农业经济理论代表性的有农业区位论、农业区域分工理论、农业比较优势理论、农业产业结构理论等；农业发展理论代表性的有农业发展阶段理论、农业多功能性理论、改造传统农业理论、诱导技术创新理论、城乡统筹理论等；农业生态理论代表性的有生态位理论、生态适宜性理论、环境承载力理论、循环农业理论和可持续农业理论等。这些基础理论共同构成现代农业发展的理论支撑体系，为现代农业发展的研究和实践奠定了理论基础。① 学术界现代农业发展理论众多，但无论哪种理论，都是随着农业发展的实践而产生的，由于农业发展的不足以及时代的局限，任何理论都有其局限性，因此，取其精华，剔除糟粕，用科学的现代农业发展理论指导现代农业的发展具有极其重要的意义。

（二）国内研究综述

我国对农业现代化的研究是随着农业经济的不断发展而深入的，早在20世纪50年代我国农业现代化的研究和探讨就已经开始。1953年，毛泽东明确提出："把我国建设成为一个工业国，其实也包括了农业的现代化。"② 1959年12月，毛泽东在研读苏联《政治经济学（教科书）》后指出："建设社会主义，原来要求是工业现代化，农业现代化，科学文化现代化，现在要加上国防现代化。"这时，毛泽东理解的"农业现代化"基本上等同于农业机械化，他将农业现代化概括为农业机械化、水利化、化学化和电气化，提出了"农业的根本出路在于机械化""水利是农业的命脉"以及农业的

---

① 刘喜波、张雯、侯立白：《现代农业发展的理论体系综述》，《生态经济》2011年第8期。
② 《毛泽东文集》（第1卷），人民出版社1999年版，第310页。

"八字宪法"。后来，随科学技术的进步及工业的发展，农业现代化又增加了良种化等方面的内容。

20世纪60年代初，毛泽东提出"农业是基础，工业是主导"的思想以后，便提出应该把"农业现代化"提到"工业现代化"前面的想法。1963年1月，周恩来在上海市科学技术工作会议上提出："我们要建立一个富强的国家，实现农业现代化、工业现代化、国防现代化和科学技术现代化"，把农业现代化作为"四化"之首提了出来。中国自20世纪60年代开始，在农业生产过程中推行肥水农业，采用"良种+化肥+灌溉"的模式，化肥和良种都是科技的产物，在其身上现代要素已得到了体现。

到20世纪70年代末，我国逐步形成了以机械化、化肥化、水利化、电气化"四化"为主要内容的农业现代化思想。中国人实现农业现代化的梦想开始清晰起来。

改革开放后，我国的现代农业才开始呈现，农业现代化实践开始真正实施。农业逐步开始采用标准化生产、产业化经营、社会化服务并参与全球市场竞争，并在后来的市场经济体系建立和完善的过程中进一步得到发展，国内农业现代化理论也随着现代农业的快速发展而发展。这一时期，对农业现代化的内涵主要有三个层面的理解：一是对农业现代化的理解是围绕知识化、商品化、集约化、科学化和社会化来研究。如1984年，石山、杨挺秀联合撰文《论农业现代化》，提出农业现代化，知识化是其关键，商品化是其特点，集约化是其基础，科学化是其本质，社会化是其标志。比较而言，"五化"观点比较科学合理，标志着我国农业现代化的研究达到了一个阶段性水平。学界基本都同意农业现代化的本质是科学化的提法。二是认为农业现代化可以用生物技术等高新科技、装备现代化、管

绪 论

理现代化、农民现代化来概括。如何康、刘瑞龙等学者对我国农业现代化提出了生产技术科学化、生产组织社会化和生产工具手段机械化的观点。三是真正的农业现代化是生态农业、可持续发展农业。20世纪90年代，社会主义市场经济体制建立并不断完善，沿海发达地区的劳动力成本逐渐提高，农业劳动力开始从农村向城镇转移、从第一产业向第二、第三产业转移等多方面变革的情况下，农业现代化的内涵又有了新的阐释，即在商品化、科学化、社会化的基础上，融入了产业化、生态化。这是从农业发展的基本生产要素、经营管理方式和组织化制度变革的角度来理解现代农业和农业现代化，虽然比以前的研究更加完善、更加深入，但究其实际，只是从农业自身的发展出发对农业现代化进行分析、说明，是把农业孤立起来进行研究，没有系统地分析与说明。

进入21世纪，农业现代化研究的视野和范围进一步拓展，跳出了农业范畴，特别是加入WTO以后，全球经济一体化，世界经济的发展变化一定程度上也影响了我国的农业，学界开始立足整体国民经济来研究农业现代化。党的十六大以来，党中央、国务院把加快推进农业现代化放到更加突出的战略位置，不断推进现代农业建设的理论创新、政策创新、制度创新和工作创新，明确了走中国特色农业现代化道路的基本要求，在发展阶段、发展理念、发展目标、发展路径上，提出了一系列新理念、新论断、新部署，建立了一套促进现代农业建设的强农惠农富农的政策体系，现代农业不断地向纵深发展，政策保障更加有力；构筑了一套保障现代农业建设的制度框架，现代农业建设活力不断涌现，走出了一套推进现代农业建设的工作方法。从2003年起，迈进了"工业反哺农业，城市支持乡村"的发展阶段，中国步入快速发展现代农业的时期。我国政府对农业发展的重视和扶持力度空前,每年的中央"一号文件"均锁定"三农"问题,其中2007年的主题是"积极发展现代农业";党的十七大提出了"走中国特色农业现代化道路"的命题;2012年1月,国务院印发了《全国现代农业发展规划(2011—2015年)》,对我国"十二五"期间现代农业发展做了总体规划,表明我国对于现代农业发展越来越重视;党的十八大报告首次提出了中国特色的"四化同步",即坚持走中国特色的新型工业化、信息化、城镇化、农业现代化道路,推进信息化和工业化深度融合,工业化和城镇化良性互动,城镇化与现代化相互协调,促进工业化、信息化、城镇化、农业现代化同步发展。2015年中央"一号文件",指出:"我国经济发展进入新常态,围绕建设现代农业,加快转变农业发展方式。"至2017年,中央连续14个关于"三农"工作的中央"一号文件",都强调了农业现代化发展对社会主义现代化建设的重要性和紧迫性。

近年来,随着我国由传统农业逐步向现代农业的过渡发展,国内的现代农业理论研究也有了较大发展。关于现代农业理论阐述比较有代表性的有:石元春院士认为,现代农业是以生物技术和信息技术为先导的,技术高度密集的产业,是正在向多元化方向拓展的一种新型产业;卢良恕院士指出,现代农业是以现代工业和科学技术为基础,充分汲取中国传统农业的精华,核心是科学化,特征是商品化,方向是集约化,目标是产业化;学者蒋和平认为现代农业是一个动态的、历史的、相对的概念,是相对于传统农业而言的新型农业;学者金鉴明提出现代农业发展的最佳模式是中国式生态农业;学者钟晓青认为现代农业是最完美地兼顾经济、生态和社会三大效益的综合,最优的将是用生态经济学原理建立起来的新生态农业体系。对于现代农业的认识，总体而言，主要观点如下：现代农业是传统农业发展到一定阶段的必然产物，是传统农业的延伸，是指处于一个时期和一定范围内具有现代先进水平的农业形态，具体指用现代工业力量装备的、用现代科学技术武装的、以现代管理理论和方法经营的、生产效率达到现代先进水平的农业。

新中国农业发展的实践推动了现代农业理论的研究，但很多研究多是集中在对现代农业的整体框架设计上，或是对现代农业和欠发达地区发展状况普遍问题的透视，多是对全局性具有指导意义的研究，而对于如何运用现代农业理论的发展来推进区域经济发展的研究较少，对产粮大省山东整体现代农业经济更是缺乏深入的研究。需要指出的是，山东社会科学院的学者秦庆武针对山东农业经济的实际，认为要以完善农村市场经济体制为重点，推进农村第二次改革。因为改革开放之初的第一次改革，实际上是农民土地承包经营权利的回归，在此基础上的第二次改革就是农民财产权利的回归，即让农民获得土地资本增值的权利。像秦庆武这样的专门研究山东农业经济的专家少之又少，这与山东农业大省的地位不太相符，需要重视这方面的人才，加强此问题的研究。笔者长期关注新中国的农业政策，对山东现代农业问题有着一定的研究，因此，基于对山东省农业发展情况的了解，试图对山东现代农业发展的理论与实践做一个系统梳理。

二　研究意义

（1）理论价值。通过对本问题的研究，对丰富现代农业发展理论起到一定的积极作用。山东是农业大省，在现代农业发展的要素和资源方面拥有其自身的优势，因此，研究山东现代农业发展，可以探寻中国东部经济强省经济发展过程和发展规律，进一步加强对现代农业发展的理论研究。

（2）现实意义。国家富强，要补齐农业的短板；民族振兴，要强化农业的基础地位；人民幸福，要提高农业的产出效益。在我国经济已经进入新常态的形势下，如何正确理解和把握新常态的农业现代化内涵，研究新常态下山东农业现代化的发展面临的机遇与挑战，促使山东农业经济的转型和结构的调整，挖掘现代农业发展潜力，打造农业供给侧结构性改革的样板田，为农民增收拓展新空间，让农民更多更公平地参与利益分配，推进农业经济的融合发展、绿色发展和创新发展，为全国农业经济的发展蹚出一条新路子，成为一个可以在全国复制推广的"先行区"，无疑具有重要意义。

三　研究的主要内容

第一章：现代农业发展的理论基础。从现代农业的基本内涵、特征、发展趋势、支持政策基本内涵、目标分类以及制定理论等几个方面，对农业经济理论、农业发展理论和农业生态理论等相关理论进行总结和阐述，为本书的研究奠定坚实的理论基础和依据。

第二章：山东传统农业向现代农业发展的实践进程。依据山东省的区域位置、现代农业发展情况以及存在的问题和困难进行分析和探讨，从新中国成立开始，重点梳理改革开放后山东现代农业发展的实践进程、制度变迁和建设成效。

第三章：山东现代农业发展的成就及意义。重点介绍改革开放后的 30 多年来山东农业和农村经济取得的辉煌成就以及重要意义，指出了山东的农业产品摆脱了长期短缺的困境，传统农业改造取得

绪 论

突破性的进展，现代农业产业体系逐步完善，农业供给侧结构性改革深入推进。

第四章：山东现代农业发展的制约因素。主要包括当前发展山东现代农业进程中遇到的瓶颈以及困境。如耕地保护与工业化、城市化发展的矛盾；人均资源少与实现规模经营的矛盾；山东农业经济区域发展差距大，农业增长过于依靠投资和出口拉动，结构调整还远远未到位；粗放增长方式还在持续，农业生态环境问题日益严重。

第五章：新常态下山东现代农业发展的政策选择。实施创新驱动发展战略，分别从创新驱动发展战略、农业土地制度、农业组织制度、农业投融资制度、农业科技制度、农业人力资本制度以及设立现代农业示范区等几个方面探讨如何加快山东现代农业发展的步伐。

四 基本思路和方法

本书从分析山东现代农业发展的历史和现状的背景出发，旨在深入剖析具有山东特色的新型农业现代化道路的内涵，系统探讨走具有山东特色的新型农业现代化道路的使命、环境、重点和路径，并提出走具有山东特色的新型现代农业发展道路的政策建议，以期通过山东现代农业发展的实践探索，为全国兄弟省份和地区提供经验借鉴。

本书运用实证研究与理论分析相结合的方法，通过对大量的山东农业经济材料的阅读分析以及对实际情况进行的具体调查，运用相关的经济学知识，在了解国外的大量先进理论、经验的基础上，实地调查山东各地，收集大量的资料。在研究山东省现代农业的发展现状这部分中，主要采取了定性分析的方法，同时以文字描述的方法为辅助手段,加以一些实际的数据统计进行统计说明,同时运用山东各地经典的实例进行分析比较,以便更好地展示山东农业发展的问题与特点,从而找出适合山东现代农业发展的路径。

五 重点与难点

(1) 山东现代农业发展的制约因素。如结构调整还没到位,农业粗放增长方式还在持续,增长的动力还没有转到创新驱动上来,目前山东省正处于经济增速的换挡期和结构调整的阵痛期,农业经济增长下行的压力还比较大。以上这些因素使得现代农业发展难度加大。

(2) 新常态下加快山东现代农业发展的对策。实施创新驱动发展战略,探索现代农业发展模式,优化配置山东的农业自然资源和经济资源,促进山东农业生态环境的改善,促进山东经济向新常态转型,进而走出一条有山东特点的现代农业发展之路。

六 主要观点

(1) 中国农业现代化在世界上属于后发型和赶超型,因此,农业现代化的过程呈现出了传统与现代相互交错与叠加的现象。

(2) 中国农业现代化是在工业化背景之下的一种粮食主导型现代化,受资源、环境的巨大制约;中国的农业现代化虽有着制度的优势,但农业政策起伏比较大,对农业发展的影响较大,农业现代化是一种世界潮流,也有着自己本国的特色。

(3) 没有农业的现代化就没有中国特色的社会主义现代化;农业现代化是一个国家和地区现代化的重要内容;农业现代化的过程即是农村物的现代化,管理手段现代化和人的现代化有机结合的实

绪 论

现过程。

（4）山东现代农业的发展是一个动态的过程，随着科技的进步和时代的变迁，其内涵和标准也在发生变化。山东现代农业的发展经历了以农业的机械化、电气化、化学化和水利化为主要特征的发展过程，到以农业的"信息化、生物化、设施化和管理现代化"为主要特征的发展过程。

（5）山东现代农业的特色，应该具有科学发展观和和谐社会中包括的科学发展型、生态文明型、共同致富型、城乡互助型、社会和谐型等方面的内容。

（6）山东现代农业发展之路：以现代发展理念引领农业、以现代物质条件装备农业、以现代科学技术为依托，走出一条以市场为导向，以高效优质、农民增收、生态安全为目标的专业化、规模化、产业化的农业发展方式的路子。

（7）山东现代农业经济正处于转方式、调结构的关键时期，既有机遇，亦有挑战，我们要积极推动现代农业经济在山东迅速崛起。

（8）新常态下山东现代农业发展的出路就在于解放思想、创新思维，继续加大农业基础设施建设投入，加快农业科技进步，提高农民素质，深化农业产业结构调整，发展"小而精"的家庭农业，建立完善的农产品市场流通体系，重点扶持中西部地区的现代农业建设，促进区域间经济协调发展。

七 创新之处

（1）通过大量的国内外文献资料，对山东传统农业以及现代农业的发展有了较为深刻的分析和了解，为山东农村经济以及区域建设发展的研究奠定了理论基础。

（2）通过疏理山东省现代农业发展进程，指出了山东现代农

业发展的问题与不足,提出在新常态下要冲破制约现代农业发展的思想观念障碍,打破制约现代农业发展的利益樊篱,创新农业生产经营体制,深化土地管理制度改革,创新农村金融服务,培育现代农业经营主体,推进现代农业示范区的建设,加强农业资源环境保护与建设等几个方面的措施,开辟新时期我国现代农业建设的广阔道路,开创山东特色农业现代化的崭新局面。

第一章 现代农业发展的理论基础

农业既是一个古老产业,也是一个现代产业,更是一个伟大产业。农业现代化是 18 世纪以来的一种农业变迁,是世界现代化的一种表现形式。中国是世界上最大的农业国家,中国农业现代化不仅影响中国,也影响世界。"三农"问题在人类社会发展以来一直都存在,其中摆在第一位的就是农业问题。农业现代化是世界现代化的重要基础,是我国"四个现代化"的主要内容。一般而言,农业现代化是 18 世纪以来的一个世界现象,是现代农业的一种前沿变化和国际竞争,是现代农业的世界先进水平以及达到和保持世界先进水平的行为和过程,它包括现代农业的形成、发展、转型和国际互动,农业要素的创新、选择、传播和退出,农业发展的国际竞争和国际分化。达到和保持世界农业先进水平的国家是农业发达国家,其他国家是农业发展中国家,两类国家可以转换。农业现代化受市场竞争和国家利益的双重驱动。中国在现代化的发展过程中,走的是和西方既一样又不一样的道路。说一样,走的都是工业发展带动农业发展的路子;说不一样,是指一些西方国家的工业化是通过掠夺他国发展起来的,中国的现代化是依靠自己的努力发展起来的,是以

承载与收获

牺牲农业发展为代价的,随之产生了很多问题,如"三农"问题,近些年来才开始"工业反哺农业"。随着改革开放的不断深入,中国开始从传统农业向现代农业转变。农业现代化是四个现代化的基础,也是人们公认的最难实现的一个现代化。严格来讲,中国的现代化农业是迈入改革开放后才开始萌芽并孕育发展的,一直到现在它仍处于不断变化发展之中,注重现代农业的发展成为农业发展的当务之急,我们必须坚持用发展的观点,正确理解农业现代化,理解它的发展脉搏,充分认识到农业现代化是一个渐进的、动态的过程,且随着生产力水平的提高和社会经济条件的改善,其内涵也在不断变化,在"十三五"规划中,国家开始对现代农业发展做出总体规划。

第一节 现代农业的深刻内涵

人类农业发展的阶段,分为原始农业、传统农业、现代农业。现代农业首先是一个相对概念,其相对性表现在现代农业的界定是相对于原始农业和传统农业而存在的。学者韩明谟是这样界定的:"现代农业是指用机械化、自动化生产手段装备的,采用生物学、化学、物理学科研成果的、运用管理科学和电脑等管理设备的农业,是农业发展的最新阶段。"[1] 从中可以看出,现代农业以现代农业机器、设备代替过去的人、畜动力和手工、畜力农具,实现农业的机械化、电气化。除此之外,现代农业还是一个历史性的概念,如学

---

[1] 韩明谟:《农村社会学》,北京大学出版社2001年版,第53页。

者张晓山认为现代农业是处于一个时期和一定范围内具有现代先进水平的农业形态。相对于传统农业技术而言,现代农业是一个动态的、历史的、相对的概念。现代农业具有鲜明的时代特征,随着时代的发展,现代农业的水平在不断提高。现代农业没有统一的定义,只有操作性定义。这种操作性定义既可以从理论分析的角度来看,又可以从定量评价的角度来看,也可以从政策分析的角度来看,学术界众说纷纭,不少的提法和表述,基本上都是从生产力、生产关系的角度来阐述,并没有形成统一权威的概念。2007年中央"一号文件"《关于积极发展现代农业扎实推进社会主义新农村建设的若干意见》(以下简称《意见》)对现代农业做了全面阐述。一是对现代农业的定位。《意见》指出:"发展现代农业是社会主义新农村建设的首要任务,是以科学发展观统领农村工作的必然要求。推进现代农业建设,顺应我国经济发展的客观趋势,符合当今世界农业发展的一般规律,是促进农民增加收入的基本途径,是提高农业综合生产能力的重要举措,是建设社会主义新农村的产业基础。"二是现代农业建设的主要内容。《意见》指出:"要用现代物质条件装备农业,用现代科学技术改造农业,用现代产业体系提升农业,用现代经营形式推进农业,用现代发展理念引领农业,用培养新型农民发展农业,提高农业水利化、机械化和信息化水平,提高土地产出率、资源利用率和农业劳动生产率,提高农业素质、效益和竞争力。"三是现代农业的历史任务。《意见》指出:"建设现代农业的过程,就是改造传统农业、不断发展农村生产力的过程,就是转变农业增长方式、促进农业又好又快发展的过程。必须把建设现代农业作为贯穿新农村建设和现代化全过程的一项长期艰巨任务,切实抓紧抓好。"从某种意义上说发展现代农业是实现农业可持续发展、实现农业现代化的内在要求。下面从六个方面来详细解读现代农业的内涵。

一 依靠现代发展理念引领农业

现代发展理念是市场经济发展过程中形成的以市场、价值、生态为核心的指导经济发展的理念。现代农业的发展必须树立三种理念：一是整体发展的理念。农业的发展不是单一产品或传统意义上的产业自身的发展，而是一种新型的经济体系的逐步建立和完善，对外是资源依赖度的减少和抗市场风险能力的增强，对内是资源的循环利用、有效利用以及自我创新、自我完善机制的形成和强化。二是协同发展的理念。在科技革命和工具发展周期不断缩短的现在，农业生产的发展不仅仅是数量的概念、经济效益的概念，而且是劳动经营方式、产业形态、管理理念的革命和创新，具有更多的人文精神和社会效益。三是可持续发展的理念。在全球范围内区域经济一体化步伐加快的今天，农业生产所表现出来的竞争力，逐渐由资源和劳动力等低成本构成的价格优势让位于内在的品质、鲜明特色以及它独一无二的不可替代性，不再是单一的经济竞争力，而是融入了文化竞争力、科技竞争力、社会竞争力。

二 运用现代物质条件装备农业

现代物质条件是农业发展的基础和保证，决定了农业的生产力。现代物质条件，是指使用现代技术生产新型农业物质装备，包括优良品种、化学肥料、高效低毒低残留农药、合成饲料、智能温室、现代农机具等，它们的利用率更高、效果更好、性能更强，能够大幅度提升农业生产水平。现代农业生产必然会大量利用现代农业发展的成果，如生物技术、信息技术，为改善农业物质装备奠定了雄厚的基础。

三 利用现代科学技术改造农业

科学技术是第一生产力，农业的发展根植于科学技术和劳动工具的突破。金属工具和精耕细作创造了古代农业（或传统农业文明）；近代生物学和农业化学以及育种技术、化肥、农药、农业机械的运用，形成了近代农业，使农业生产力得到了前所未有的发展，但也带来了化学物质污染、资源破坏以及高能源消耗对社会的严重困扰。20世纪后期，可持续发展理论和以生物技术、信息技术为主体的新农业技术革命的出现，现代农业开始发展起来。从这个意义上说，现代农业是以生物技术和信息技术为先导的，如现代技术高度密集的科技型产业，是面向全球经济和农工贸一体化经营的现代企业，是正处于拓展中的多元化和综合性的新型产业，因而，它是资源节约型和可持续发展的绿色产业。农业的水利化、机械化和信息化，是发展绿色产业的重要保证。水利是农业的命脉，水利化是农业发展的基础条件；机械化是提高农业效率、减轻劳动强度的重要保证；信息化是农业融入科技、融入市场、融入世界的重要手段。提高土地产出率、资源利用率、农业劳动生产率，是建设现代农业的重要方向，是在人多地少国情下保证农业生产的重要途径。提高农业素质、效益和竞争力，是建设现代农业的重要目标。提高农业素质能增强农业抗风险能力，提高农业效益能保证农民持续增收，提高农业竞争力能增强农业在市场经济条件下生存和发展能力。

四 建立现代产业体系提升农业

现代产业体系，就是打破传统的产业分离、部门分割、效率低下的局面，既尊重产业、部门间的分工，又推进产业、部门之间的有机整合、融合、衔接，达到互相依托、互相促进的目的。既包括农业生产专业化、社会化、商品化、农业的适度规模经营和农工商一体化，还包括经济数学、系统工程和电子计算机等现代管理手段的广泛应用。用现代产业体系提升农业，就是要把工业和服务业资源向农业整合，进入农业，大力发展以农业为主要内容的工业和服务业，当前尤其要大力发展农产品加工、信息、物流、金融服务等产业，做到一、二、三产业协调发展、融合发展。

五　打造现代经营形式推进农业

传统农业以农户为主要经营单位，以家庭经营为主要经营方式，以出售农产品赢得利润为主要经营链条。这种经营形式具有中国特色，有利于保持农业生产和农村经营的稳定，缺点是农户是自然人，不具有法人资格和市场主体地位，在市场经济条件下从事各种经营活动受到制约。现代经营形式最明显的特征就是法人经营、企业化经营，它使农业经营主体成为真正的市场主体，经营活动更加符合市场经济规则。家庭农场、合作社、农业企业这些新型市场主体经过工商注册，开展企业化经营，有的还可以从事工业化、商品化生产，极大地提升了农业的市场化水平。

六　依托新型农民建设现代农业

现代农业水平的提高，需要人才支撑。农民是农业的主体，必须立足于培养新型农民。随着城乡统筹的不断发展，培育新型职业农民，成为推动现代农业发展的根本。今后从事农业生产的经营者和劳动者必须具有丰富的文化、科技知识，掌握现代化的物质生产手段和生产管理方法，并把三者密切结合起来运用到农业生产实践中去，成为能经营、会管理的新现代化复合型人才。

总体来说，现代农业是一个内涵广泛且不断发展、完善的概念，与传统农业是有根本区别的,它不是农业生产方式向原始农业的回归,是传统农业发展到一定阶段的必然结果,是传统农业的延续。现代农业是指处于一个时期和一定范围内具有现代先进水平的农业形态,具体指用现代科技、现代装备、现代经营管理、现代农民等先进生产要素武装的,以现代管理理论和方法经营的,达到现代先进水平的农业,是不断提高劳动生产率、土地产出率和资源利用率,实现人与自然和谐相处的农业;是发展理念现代化、科学技术现代化、物质装备现代化和组织形式现代化,有活力、效益高,符合可持续发展要求的新型农业。它有鲜明的时代特征:一是以现代化基础设施、现代化农机具等现代物质条件为重要保障的规模化农业;二是以生物技术、信息技术等高新技术为主要动力的科技化农业;三是以产加销、农工贸紧密衔接统一为特征的产业化农业;四是以多渠道、全方位的社会化服务体系为支撑的社会化农业;五是以从单一的生产功能向生产、生态、文化传承、休闲观光等多功能转变为目标的多元化农业。随着时代的前进、社会的发展、科技的发达,现代农业的内涵和特征将在实践中不断丰富、完善和提高。

第二节 现代农业发展的相关理论

现代农业是在现代农业发展理论的指导下发展起来的,也正是这些理论为现代农业发展指明了方向。

一 农业经济理论

农业经济理论包括三种理论,即经济增长理论、需求弹性理论以及规模经济理论。

(一) 经济增长理论

经济增长理论是当代西方经济学家以发达资本主义国家的经济发展为研究对象的经济理论,是研究解释经济增长规律和影响制约因素的理论。美国经济学家 S. 库兹涅茨认为:"一个国家的经济增长,可以定义为给居民提供种类日益繁多的经济产品的能力长期上升,这种不断增长的能力是建立在先进技术以及所需要的制度和思想意识之相应的调整的基础上的。"S. 库兹涅茨从其定义出发,根据历史资料总结了经济增长的六个特征:一是按人口计算的产量的高增长率和人口的高增长率。经济增长最显著的特点就在于产量增长率、人口增长率、人均产量增长率三个增长率都相当高。二是生产率的增长率也是很高的。生产率提高正是技术进步的标志。三是经济结构的变革速度高了。四是社会结构与意识形态结构迅速改革。五是增长在世界范围内迅速扩大。六是世界增长是不平衡的。以上现代经济增长的六个相互关联的方面,其中第一个是总产量和人口的快速增加;第二个重要的因素是生产效率的增长率;第三个方面主要是经济结构从农业生产占主导地位向制造业和服务业占主导地位转变;第四个方面是社会结构和思维方式的转变;第五个方面则是通信和运输技术改变引起的国家之间的相互依赖;第六个方面是世界经济中的分化迹象。他对经济增长的分析,被西方经济学界认为揭示了各发达国家一个多世纪的经济增长过程。

经济增长理论认为经济增长受以下几方面的制约:一是资源约束。包括自然条件、劳动力素质、资本数额等;二是技术约束。技术水平直接影响生产效率;三是体制约束。体制规定了人们的劳动方式、劳动组织、物质和商品流通、收入分配等,规定了人们经济行为的边界。

西方经济增长理论总的特征是运用均衡分析方法,通过建立各种经济模型,考察在长期的经济增长的动态过程中,假如要实现稳定状态的均衡增长所需具备的均衡条件。

(二) 需求弹性理论

需求弹性理论是经济学中研究因变量经济变量的相对变化对自变量经济变量的相对变化的反应程度或灵敏程度的理论。弹性概念和弹性定义由 A. 马歇尔在《经济学原理》中提出,弹性理论又由后来的经济学家不断补充和完善,并在经济学中广泛运用。

"需求弹性"这一概念最早是由英国著名经济学家马歇尔在其 1980 年出版的代表作《经济学原理》中提出。马歇尔对需求的变化进行了深入的研究。他在边际效用递减规律的基础上提出:"如果其他的条件不变,那么一个人对同一个商品消费的欲望会随着他的消费量的增加而递减。"马歇尔引入"需求弹性"这一概念来描述欲望递减速度的快慢。之后,马歇尔使用需求弹性来衡量需求量对某一经济自变量变动的反应程度,意指"在其他条件不变时,消费者对于商品的需求量受价格的影响而有伸缩性,价格下降,对商品的需求量增加;价格上升,对商品的需求量减少"。这种伸缩的程度,马歇尔称为需求弹性。农产品需求弹性,是指"在其他条件不变的情况下,某种农产品市场需求量对其价格变化反应的灵敏程度",即指"农产品市场需求量的变动率对其价格变动率的比率"。根据需求价格弹性系数的大小,可以把商品的需求弹性划分为五类:完全无弹性、缺乏弹性、单位弹性、富有弹性和无限弹性。农业需求弹性表现出缺乏需求弹性的特点。

农产品作为社会必需品,其需求量不会因为价格上升而急剧减少,也不会因为价格下降而急剧上升。同时,农产品的供应具有刚性，由于土地的有限性和农产品具有较长的周期性，农产品不能像工业品生产那样随时增加或减少产量，因此就会出现"增产不增收"的现象。可见，在现代农业中，决定农业效益和农民收入的主导因素是市场需求，而不是生产和供给。正因如此，国家在促进农业现代化的过程中应把农业政策的重心放在应对过剩条件下的农民利益的保护问题上，而不是一味地促进生产。

（三）规模经济理论

规模经济理论是经济学的基本理论之一，也是现代企业理论研究的重要范畴。规模经济理论是指在一特定时期内，企业产品绝对量增加时，其单位成本下降，即扩大经营规模可以降低平均成本，从而提高利润水平。

规模经济理论起源于美国，它揭示的是大批量生产的经济性规模，典型代表人物有阿尔弗雷德·马歇尔、张伯伦、罗宾逊和贝恩等。马歇尔在《经济学原理》一书中提出："大规模生产的利益在工业上表现得最为清楚。大工厂的利益在于：专门机构的使用与改革、采购与销售、专门技术和经营管理工作的进一步划分。"马歇尔还论述了规模经济形成的两种途径，即依赖于个别企业对资源的充分有效利用、组织和经营效率的提高而形成的"内部规模经济"和依赖于多个企业之间因合理的分工与联合、合理的地区布局等所形成的"外部规模经济"。他进一步研究了规模经济报酬的变化规律，即随着生产规模的不断扩大，规模报酬将依次经过规模报酬递增、规模报酬不变和规模报酬递减三个阶段。

传统规模经济理论的另一个分支是马克思的规模经济理论。马克思在《资本论》第一卷中，详细分析了社会劳动生产力的发展必须以大规模的生产与协作为前提的主张。他认为，大规模生产是提高劳动生产率的有效途径,是近代工业发展的必由之路,在此基础上,才能组织劳动的分工和结合,才能使生产资料由于大规模积聚而得到节约,才能产生那些按其物质属性来说适于共同使用的劳动资料,如机器体系等,才能使巨大的自然力为生产服务,才能使生产过程变为科学在工艺上的应用过程。马克思还指出,生产规模的扩大,主要是为了实现以下目的:其一,产、供、销的联合与资本的扩张;其二,降低生产成本。显然,马克思的理论与马歇尔关于"外部规模经济"和"内部规模经济"的论述具有异曲同工的结果。然而这只是马克思分析资本主义生产的理论,许多人教条地将此理论应用于农业生产,由此产生了许多的误区。最直接的表现就是错误地把现代农业等同于规模农业,认为农业规模经营是农业现代化发展的必然趋势和客观要求,这主要是由于把工业经济学一般原理套用在了农业上,实际上,农业生产与工业生产具有本质的不同,农业的规模经营不能产生人们想象的规模效益。孟德拉斯在《农民的终结》中也论述过相关问题,他认为在农业改造中就存在着把非农业的分析方法、立法措施和行政决策运用于农业的情况,这是不足取的。

美国第一个诺贝尔经济学奖得主保罗·A. 萨缪尔森认为,随着企业规模的扩大,在大规模经济规律的作用下,企业成本将不断降低,直到实现适度的生产规模,如再继续扩大规模,则会因管理上的不经济而导致成本增加。由此可知规模化是有效果的,但是规模的扩大总有一个度的界限。舒尔茨也认为求助于"规模收益"的概念一般是无用的,并认为改造传统农业需要引入一种以上的新农业要素,现代农业发展追求的关键问题已不是规模问题,而是要素均衡的问题。现代农业组织的基础单位是家庭农场,其优势在于既保

留了农户经营农业的优势,符合农业生产特点的要求,同时也克服了分散小农户的弊端,实现了以家庭农场为基础的规模化、专业化、集约化经营。

二 农业发展模式理论

农业发展模式理论包括两种,即内涵式发展模式和外延式发展模式。

(一)内涵式发展模式。梁漱溟先生曾经在中国发起了乡村建设运动,他认为中国传统社会是一个"职业分立、伦理本位"的社会,缺乏"阶级的分野",因此他反对阶级斗争的理论,以为应该通过恢复"法制礼俗"来巩固社会秩序。乡村建设的出发点就是从乡村改造开始的。中国是集家而成乡,集乡而成国。若建设从家开始则范围太小,若从国开始则范围太大,唯有乡村从大小来说最为合适。"乡村是本,都市是末,乡村原来是人类的家,都市则是人类为某种目的而安设的。"① 都市是作为中心而设置的,从政治、经济、文化、教育各方面看,都市不可少。但都市是中心而非重心,现在的社会都市不但是中心而且是重心,重心本应普遍安放,不可在一处;中心可以集中于一点,可以在一处。若重心在一处,则非常危险。因此,中国建设要从下而上,而不是从上而下来进行改造。从乡村入手,就要从经济即农业入手进行改造。"尽力于农业,其结果引发工业",走上一条完全不同于西方工业发展的道路。促使农业进步发展要把握三个要点:合作组织、农业技术以及流通金融。这三个方面是互为支撑、相互协调、环环相扣的。一家一户的零散的小农经济地是无法采用农业技术的,只有组织合作社来经营才可以,但农

---

① 梁漱溟:《乡村建设理论》,上海世纪出版集团2006年版,第153页。

民即使有了合作社也未必能够采用先进技术，唯有金融系统的流通，才能提供资金的支持。

（二）外延式发展模式。所谓的"外延式"发展模式即是指通过对城市和工业领域的巨额投资、出口拉动及农村劳动力的大量转移，实现经济腾飞。经济学家威廉·阿瑟·刘易斯认为，经济发展过程是现代工业部门相对传统农业部门的扩张过程，这一扩张过程将一直持续到把沉积在传统农业部门中的剩余劳动力全部转移干净，直至出现一个城乡一体化的劳动力市场时为止。国家在发展初期存在二元经济结构，一个是以传统生产方式生产的"维持生计"部门（以传统农业部门为代表）；一个是以现代生产方式生产的"资本主义"部门（以工业部门和城市为代表）。农业部门人口多、增长快。由于边际生产率递减的规律，其边际生产率非常低甚至为零，农业部门出现大量劳动力剩余。此时，只要工业部门能够提供大于维持农村人口最低生活水平的既定工资，农业部门就将涌现出大量的劳动力，为工业部门的扩张提供劳动力。他认为，经济发展过程就是现代工业部门相对传统农业部门的扩张过程，这种扩张过程一直持续到把沉积在传统农业部门中的剩余劳动力全部转移、形成城乡一体化的劳动力市场为止。

这种发展模式强调工业部门的迅速发展是以低廉的粮食和劳动力为支撑的，用转移农业剩余到工业部门的方式实现现代化。新中国六十多年的经济发展基本上遵循了刘易斯的外延发展模式，但是，这种"以农补工"的外延式扩张模式，并没有使农业随着工业发展自发地实现现代化，加之中国特有的城乡分割的二元体制，更造成了农业农村发展滞后、城乡差距过大、发展极不平衡等问题。伴随着中国人口红利的结束和"刘易斯拐点"的到来，这种外延式的发展模式难以为继。

在农业现代化的发展过程中，多数国家走刘易斯的外延式发展模式。毋庸讳言，数目庞大的廉价劳动力在当下的中国经济崛起过程中扮演着十分重要的角色。一旦这个角色出现市场短缺，对于整个经济大戏的挑战是巨大的。那种粗放的、低水平的、劳动力密集的经济增长点，将面临严重的萎缩。现在应更加重视内涵式发展，走外延式发展与内涵式发展相结合的路子，两个轮子一起转，才能实现工农业与城乡的均衡、健康和可持续发展，保证经济社会的成功转型升级。通过梁漱溟的发展模式，奠定农业发展的物质基础，将"输血"变为"造血"，不断地增强农业、农村的发展。

三　农业生态理论

农业生态理论包括三种相关理论，即可持续发展理论、和谐发展理论以及生态伦理理论。

（一）可持续发展理论。可持续发展理论的形成经历了相当长的历史过程，其提出针对的是生态环境恶化的困境。罗马俱乐部发表的研究报告中明确提出"持续增长"和"合理的持久的均衡发展"的概念。随后，在联合国世界与环境发展委员会发表了一份报告《我们共同的未来》，正式提出了可持续发展概念。在1992年联合国环境与发展大会上可持续发展理念得到与会者的共识与承认。

可持续发展理论是指既满足当代人的需要，又不对后代人满足其需要的能力构成危害的发展。具体来看，可持续发展是鼓励经济增长的，它不仅重视经济增长的数量，更追求经济增长的质量。可持续发展遵循三个发展原则，即公平性原则、持续性原则、共同性原则。持续性首先是公平性原则。公平性原则主要指本代人之间的公平、代际公平和资源分配与利用的公平。它既包括同代内区际均衡发展，一个地区的发展不应以损害其他地区的发展为代价；也包括代际均衡发展，即既满足当代人的需要，又不损害后代的发展能力。其次，是持续性原则。持续性原则是指人类经济和社会的发展不能超越资源和环境的承载能力，即在满足需要的同时必须有限制因素，即发展的概念中包含着制约的因素，从而真正将人类的当前利益与长远利益有机结合。最后，是共同性原则。虽然不同国家的历史、经济、文化和发展水平不同，但实现可持续发展的目标是相同的。实现可持续发展必须由全球公民共同努力，致力于达成既尊重各方利益，又保护全球环境与发展的国际协定。

可持续发展理论在农业中运用，形成了农业可持续性理论。学者哥尔丹·道格拉斯出版的著作中明确提出了"农业可持续性"问题。1991年，联合国粮农组织将可持续农业定义为："可持续农业是采取某种方式，管理和保护自然资源基础，并调整技术和机构改革方向，以便确保获得和持续满足目前几代人和今后世世代代人对农产品的需求的农业。"现代农业正是发展可持续性农业，合理地协调农业资源承载力和经济发展的关系，提高资源转化率，使农业资源在时间和空间上优化配置达到农业资源的持续利用，其发展的内容和目标既立足于当前又展望于未来。

（二）和谐发展理论。和谐发展，就是以心和、人和、天和为特征和指向的发展模式。和谐发展，是和谐与发展的天作之合；发展因和谐得以实现，和谐因发展得以升华；和谐是发展中的和谐，发展则是和谐地发展，彰显了鲜明的中国传统风格气派。

在人与自然的关系中，中国传统文化主张"天人合一"，强调人类应当认识自然、尊重自然、保护自然。老子认为"人法地，地法天，天法道，道法自然"。强调人要以尊重自然规律为最高标准，以崇尚自然、效法天地作为人生行为的基本依归。第二次浪潮席卷下的资本主义工业社会，将自然作为人类改造的对象，这就人为地割裂了人与自然的关系，由此产生了一系列的生态问题，如水体大气污染、水土流失、土地沙漠化等。

梁漱溟认为，乡村破坏因素源于国内、国际两方面，西方帝国列强经济侵略和军事侵略对我国农村经济和社会组织崩溃的影响尤其重大，主要体现在对政治、经济和文化属性的破坏力方面。国内，学西方破坏了中国城市和乡村，中国旧社会结构崩溃源于中国文明的暂时失利。他认为，人类生活主要为人与物、人与人和人与自身生命的三大问题，对应有三种根本态度和三条路径，西方文明以意欲向前要求，解决的是人与物的问题，中华文明以意欲调和持中解决的是人与人的问题，印度文明以意欲反身向后解决的是人与自身生命的问题。于是人类文明演变为西方、中国、印度三大文明体系。中国不能走日本式的发展工商业之路，也不能走"俄罗斯"的路，只能走乡村建设运动之路，要保持儒家生活态度不变，在儒家生活基础上彻底改造接受西方的物质文化，防止其弊病。梁漱溟尝试将西方现代化的优点与中国文化的优点融合起来，是构思宏大的乡村社会和谐改造和发展的试验。

2004年9月19日，中国第十六届中央委员会第四次全体会议上正式提出了"构建社会主义和谐社会"的概念，"和谐"的理念成为建设"中国特色的社会主义"过程中的价值取向，"民主法治、公平正义、诚信友爱、充满活力、安定有序、人与自然和谐相处"是和谐社会的主要内容，其具体内容就是生产发展，生活富裕，生态良好。在和谐发展理论的指导下，现代农业追求的不仅是人与自然的和谐，还注重农业与工业的和谐、农业与社会各方面的和谐。和谐发展理论，标志着中国社会发展理论方面达到了一种勇于融入人类社会治理大道的新境界，它具有开放性、兼容性与前瞻性。

（三）生态伦理理论。生态伦理，又称为环境伦理，是关于人与自然之间的道德关系、道德准则及行为规范的研究，是使得人与自然协同发展的伦理研究。它的产生和发展使伦理道德扩大到自然领域，让自然同人一样成为道德主体，实现对其他生命和自然界的关心，赋予它们道德权利，从而处理人与自然的关系，使其能够重回和谐的状态。

现代社会，面对日益恶劣的生存环境，人们开始反省、反思对环境问题的无视，生态伦理思想应运而生。1933年，美国哲学家莱奥波尔德发表《保护伦理学》一文，主张伦理学的研究对象应从人与人的关系即社会关系领域扩展到大地即自然界。1949年，他出版的《沙郡年鉴》被西方公认为是第一部系统的生态伦理学著作。它的出版标志着生态伦理学正式成为一门相对独立的学科。此后，生态伦理问题成了西方伦理学界研究的热点。20世纪70年代以来，随着我国日益突出的自然生态环境问题，许多思想敏锐的学者开始引入生态伦理科学。近年来，学术界对于生态伦理的一系列基础性理论问题进行了研究。生态伦理的现实内容即人类自然生态活动中一切涉及伦理性的方面，包括合理指导自然生态活动、保护生态平衡与生物多样性、保护与合理使用自然资源、对影响自然生态与生态平衡的重大活动进行科学决策以及人们保护自然生态与物种多样性的道德品质与道德责任等。生态伦理理论强调社会价值优于个人价值，在个人与整体的关系上，应把整体利益看得更为重要。提出在规整和协调人类社会与生态环境之间的关系时，人类社会要适应与协调生态环境。生态伦理理论的核心观念可归结为以下三个方面：一是在当代人中公平使用生态自然的问题；二是在当代人与后代人之间如何合理使用自然资源的问题；三是在人对生态自然的开发利用中，如何实现人的"善"与自然发展的"良"相统一的问题。

生态文明建设已然越来越重要，人们以后面临的危机可能不仅是经济危机，而是更深层次的生态危机，如何解决这个危机是亟须考虑的问题。首先，必须解决人与自然关系破坏所产生的问题，如何破解一直以来"先污染，后治理"的老路，如何在现有自然条件下继续实现持续发展。罗尔斯顿曾说过："人类是为地球而创造的，甚至也是由地球创造出来的。这使我们有权力也有义务让自己的行动使我们能继续适应地球，适应地球上这使生命得以延续的物质系统。"其次，要调整人与人、人与社会的关系，如何克服生产、消费异化，促进社会稳定发展，很多生态问题的出现，不仅是人对自然做出了破坏，也是人际社会关系破裂的结果，因此，积极调节人与自然之间的关系离不开处理人与人之间的关系，还要建构人与生态系统间的稳定关系，例如，如何实现人类在系统中作用的最大化，如何形成与系统间的良性互动等。

总体来说，现代农业发展理论作为一种指导和影响社会实践的价值观念，伴随着农业问题而日渐形成与完善，其确立的基本原则和行为规范已经起到了积极的作用。我们研究和实践现代农业发展理论，就是要汲取其中对我们发展有所裨益的东西。从现代农业的发展与实践进程来看，它对人类社会的发展产生了积极影响，对人们的观念和实践都有着重要的意义。

第三节　现代农业发展的基础条件

现代农业发展的基础条件无外乎四个方面,即政治条件、经济条件、社会条件和环境条件,这里主要论述前三个条件,环境条件就不讲了。

一　政治条件

政治条件实际上讲的就是国家对农业的补贴政策。农业的弱势地位及其面临的风险决定了各国需要对其进行适当的保护和补贴。所谓的农业补贴是指政府为保护本国农业生产者利益,增加农民收入,促进农业发展,对农业生产、流通和贸易进行转移支付。在党的十六大报告中,第一次提出要统筹城乡经济社会发展,建设现代农业,发展农村经济,增加农民收入,发展现代农业开始提到日程上来,我国政府对农业的保护措施主要体现在农业补贴上。我国于2001年加入世界贸易组织,这同时意味着我国的农业补贴必须遵循WTO《农业协议》。在《农业协议》中,有关农业补贴的规定主要包括"绿箱"措施、"黄箱"措施、"蓝箱"措施以及出口补贴措施。按照我国入世的承诺,中国的农业国内支持政策只有"绿箱"政策和8.5%微量许可的"黄箱"政策,因此,我国对农业的支持力度自然就集中在了"绿箱"措施上。

(一)"绿箱"措施。所谓绿箱措施,就是"政府对农业部门的所有投资和支持,如对科技、水利、环保、教育等的投资,因不会对农业产出和农产品市场产生直接扭曲效应,一般称为绿箱措施"①。农业是弱质产业,世界上大多数国家都对农业生产有所倾斜。绿箱政策措施主要包括:农业一般服务,为保障粮食安全储备而提供的补贴,国内粮食补贴,单亲家庭的收入补贴,收入保险和收入安全网计划中的政府补贴,自然灾害救济补助,农业生产者退休或转产补助,通过资源停用计划提供的结构调整援助,农业生产结构调整性投资性补贴,环境保护下的补贴,区域发展援助计划下的补贴。我国根据自己的国情并没有完全采用"绿箱"里的全部措施,按比重从高到低依次为:政府一般性的服务,主要包括:基础设施建设、咨询与推广服务、农业科研、病虫害防治、检验服务、培训,总共所占比重为56.13%;为保障粮食安全而支付的费用所占比重为25.37%;自然灾害救济补贴和粮食援助补贴分别占2.73%和1.05%。"绿箱"措施因其是免于削减的项目而日益成为许多国家农业保护政策的重点。

(二)"黄箱"措施。黄箱政策是指政府对农产品的直接价格干预和补贴,妨碍农产品自由贸易的政策措施,包括对种子、化肥、灌溉等农业投入品的补贴,对农产品营销贷款补贴等。一般称为"黄箱"措施,又称保护性补贴。其主要内容为:(1)农产品价格支持政策。(2)农产品营销贷款政策。(3)按产品种植面积给予的补贴。(4)按照牲畜数量给予补贴。(5)种子、肥料、灌溉等投入补贴。(6)对农业生产贷款的补贴。通常用综合支持量来衡量"黄箱"政策的大小,发达国家对农业的"黄箱"补贴占农业产值的5%,发展中国家为10%,中国为8.5%。我国的"黄箱"政策主要体现在以

---

① 朱启臻:《生存基础——农业社会学特性与政府责任》,社会科学文献出版社2013年版,第237页。

下几个方面：首先，减免农业税和农业特产税，我国自2006年完全取消农业税征收；其次，粮食生产和农资综合直补政策，主要针对的是水稻、玉米和小麦三个品种的农作物；最后，良种补贴和农业机械补贴政策，对农民使用的小麦和大豆的优良品种提供补贴，促进了农产品产量的提高和品种的改善；对农业的机械补贴使得农业机械化显著提高，目前，小麦生产区已经实现了全程机械化。

自2004年起，中国先后实施了农业"三项补贴"，对于促进粮食生产和农民增收、推动农业农村发展发挥了积极作用。但随着农业农村发展形势发生深刻变化，农业"三项补贴"政策效应递减，政策效能逐步降低。同时，由于原来的"三项补贴"受到世界贸易组织规则的约束，需要将一部分农业补贴转为在世界贸易组织规则中不受限制的补贴，如对耕地资源的保护等。2015年5月，经国务院同意，财政部、农业部启动了调整完善农业"三项补贴"政策改革试点，在全国范围内调整20%的农资综合补贴资金用于支持粮食适度规模经营，选择部分地区将农业"三项补贴"合并为"农业支持保护补贴"，支持耕地地力保护和粮食适度规模经营。这一改革措施达到了预期效果，一是提升了补贴政策的指向性。将补贴发放与耕地地力保护挂钩，鼓励了农民提升耕地地力，减少了化肥施用量，实现了"藏粮于地"。二是降低了政策实施成本。简化了补贴资金的审核和发放程序，标准清楚明确，体现了中央强化清理整合规范专项转移支付项目、增强资金统筹使用的要求。三是调动了农业规模经营的积极性。调整部分资金用于支持多种形式的粮食适度规模经营，极大调动了新型经营主体的生产积极性，社会化服务组织发展迅速，示范带动作用明显。四是创新了金融支农模式。在财政资金助推下，各地农业信贷担保体系实现从无到有、从兼业到专业，为从事农业尤其是粮食适度规模经营的新型经营主体提供信贷担保服务，带动了更多的金融和社会资本投入到现代农业发展。

二 经济条件

美国阿尔文·托夫勒是一位洞察到现代科技将深刻改变人类社会结构及生活形态的著名学者，1980年，他推出一部力作《第三次浪潮》，将人类发展史划分为三个阶段：第一次浪潮的农业文明阶段，第二次浪潮的工业文明阶段以及第三次浪潮的信息化阶段，给历史研究与未来思想带来了全新的视角。他认为，第一次浪潮——农业革命，人类从原始野蛮的渔猎时代进入以农业为基础的社会，从约1万年前开始，经历了近万年才结束；第二次浪潮——工业革命的崛起，从17世纪末开始，只有300多年的历史，它摧毁了古老的文明社会。工业革命在第二次世界大战后10年达到顶峰。以化石燃料作为能源基础，技术突飞猛进，出现大规模的销售系统，家庭不再是共同劳动的经济单位，小家庭、工厂式的学校加上大公司，三者形成第二次浪潮时期的社会结构；第三次浪潮——信息革命，从20世纪50年代后期开始至今，以电子工业、宇航工业、海洋工业、遗传工程组成工业群，社会进步不再以技术和物质生活标准来衡量，而以丰富多彩的文化来衡量。这个时代，鼓励个人人性发展，但不是创造某个理想的超人，而是培养一种新的社会性格。今天，世界各国都在经历着不同程度的第三次浪潮的冲击，可能在几十年内消失。他指出："如果社会受到两种或多种变化浪潮的冲击，而且，没有一种占绝对优势，那么未来的形象就十分破碎了。"[①] 托夫勒认为，今天的变革是继农业文明、工业文明之后的第

[①] [美] 阿尔文·托夫勒：《第三次浪潮》，黄明坚译，中信出版社2006年版，第7页。

三次浪潮,这是人类文明史的新阶段,是一种独特的社会状。他主张人类应该在思想、政治、经济、家庭领域里来一场革命,以适应第三次浪潮。由于历史以及自然等多种因素造成的发展具有极大的不平衡性,目前中国同时面临着三种浪潮的冲击。发达地区进入了第三次浪潮,第三次浪潮并占有绝对的优势;次发达地区还徘徊在第二次浪潮中;交界地区处于两种浪潮的双向影响;而一些贫穷地区却还处于第一次浪潮和第二次浪潮的交接时段。对于广大的农村而言,就处于第一次浪潮和第二次浪潮的交接时段,并且第二次浪潮占据绝对优势的地位,但同时受到第三次浪潮的影响。以工业主义为核心的第二次浪潮打破了生产与消费合一的局面,使生产者与消费者截然分开。第一次浪潮的融合经济变成了第二次浪潮的分裂经济。传统的以自给自足为基础的小农生产"寿终正寝",取而代之的是市场化生产,农业生产不再是为了需要而生产,而是为了交换而生产,农业生产市场化出现。

现代农业是农业发展过程中的一个必经的、十分重要的阶段,这一阶段必然伴随着生产力和生产关系的巨大变化,农业的经济环境也将发生巨大变化。市场化是农业现代化的灵魂。市场既不是资本主义的专有,也不是社会主义的独占,而是生产者和消费者分离后必然的结果。只要出现分离状况,市场必定应运而生。如果农业没有一个市场化的机制,不能让无形的手起决定性作用,没有配套的现代市场体系,没有建立现代供求关系,生产靠政府安排,增长靠政府拉动,那这样的农业只能算是计划农业、传统农业。十八届三中全会把市场决定作用摆在第一位,是因为只有来自市场的动力才是推动农业现代化的最根本动力。现代农业不是靠领导、靠政府去认定的,而是建立在现代市场体系基础上的,是消费者能够通过市场选择表达意愿的农业。没有市场化灵魂的农业现代化就不是真正意义上的农业现代化。

三 社会条件

影响现代农业发展的社会条件很多，不同的社会因素促进和影响着现代农业的发展。

（一）全社会重视现代农业发展的氛围已经形成

中央始终坚持把解决好"三农"问题作为全党工作的重中之重，不断完善强农惠农富农政策体系，不断加大支持和引导，为现代农业发展提供了强大支撑。全社会关注现代农业建设的氛围更加浓厚，金融资本、工商资本和其他社会资本参与农业现代化进程的积极性空前高涨。党的十八大强调坚持和完善农村基本经营制度，构建集约化、专业化、组织化、社会化相结合的新型农业经营体系，为现代农业建设开辟了新的支持途径，创造了良好的外部环境。十八届三中全会进一步强调健全城乡发展一体化体制机制，形成以工促农、以城带乡、工农互惠、城乡一体的新型工农城乡关系。创新发展、深化改革再度成为我国农业农村经济发展的主旋律，各类新型经营主体加速成长为推动现代农业发展的强大主力军。

（二）国家雄厚的财力夯实了现代农业基础

大力推进农业现代化，必须有强大的经济基础做后盾。2016年全年国内生产总值744127亿元，按可比价格计算，比2015年增长6.7%，高于印度的6.6%。中国强大的财力夯实了现代农业基础，这些都为工业反哺农业、城市支持农村创造了重要条件。2016年中央财政扶贫资金比上年增加201亿元，增长43.4%。2015年启动实施新一轮小农水重点县建设，全年建设"旱能浇、涝能排"高标准农田210万亩；加快了大中型灌区改造，全年发展节水灌溉农田180万亩；继续完善黄河防洪工程体系，加强引黄调水管理，全力保障山东省沿黄及相关地区防洪安全、供水安全。2016年中央"一号文件"指出：到2020年确保建成8亿亩，力争建成10亿亩集中连片、旱涝保收、稳产高产、生态友好的高标准农田；到2020年农田有效灌溉面积达到10亿亩以上，农田灌溉水有效利用系数提高到0.55以上。有了雄厚的财力支持，国家不断完善财政扶贫政策，多渠道增加扶贫开发投入，加大对贫困地区的一般性转移支付力度，各专项转移支付对农村贫困地区给予倾斜，较大幅度增加财政专项扶贫资金投入，进一步强化针对贫困地区和贫困人口的财政综合扶贫政策体系，提高脱贫攻坚财力保障能力。通过实施精准扶贫、精准脱贫，增强贫困地区的"造血"功能和发展后劲，推动贫困地区和贫困群众加快脱贫致富步伐。"十二五"期间，山东省级财政扶贫资金由2011年的8000万元增加到2015年的8.45亿元，增长了10多倍，基础设施得到明显改善，驻村帮扶、金融扶贫、社会扶贫等精准扶贫领域取得了显著成绩。全省连续每年减少农村贫困人口100万以上，累计580万人，呈现出贫困地区农民收入增幅高于全省平均收入增幅的良好态。2016年山东省重点抓好乡村旅游、电商、光伏三个特色产业实施扶贫。同时，加大金融扶贫的推进力度，拿出6个多亿的财政资金用于风险补偿和贷款贴息。73个县开展金融扶贫工作，对农村贫困户提供免抵押免担保基准利率的富民农户贷，支持农村合作社、龙头企业带动农村贫困人口脱贫，撬动资金70多亿元。[①] 所有这一切，为现代农业的发展提供了有力支撑。

[①] 赵国伟：《"十二五"期间山东580万人口脱贫，今年将再减120万人》，2016年1月15日，齐鲁网（http://news.ifeng.com/a/20160115/47088211_0.shtml）。

（三）现代科技的发展为现代农业提供了重要的技术支撑

工业化快速发展为改造传统农业提供了现代生产要素和管理手段，信息化加快发展为改造现代农业提供了重要的技术支撑；生物技术、信息技术快速发展并不断更新升级，互联网、分子育种、先进农机具等在农业生产中广泛应用，旱作节水、生态农业、绿色农业等理念和技术加快推广普及，这些都为改造传统农业、建设现代农业提供了坚强保障。城镇化加速推进为进一步转移农村剩余劳动力、推进农业适度规模经营创造了条件，也拉动了农产品需求的不断增长。到2012年，我国工业增加值约占国内生产总值的40%，工业化已经进入中后期阶段，为改造传统农业提供更多现代要素的能力大大增强。

（四）城镇化进程不断加快，农村人口外流加速

中国正在经历一场世界历史上规模最大、速度最快的城镇化进程。改革开放之初，城镇化率是8%，2012年城镇人口首次超过农村人口，城镇化率达52.57%，2016年流动人口的规模持续加大。2016年，从城乡结构看，城镇常住人口79298万人，比2015年末增加2182万人；乡村常住人口58973万人，减少1373万人，中国城镇化率达到57.35%，比2015年提升1.25个百分点。近年来，中国城镇化率保持每年不低于1个百分点增速推进，全国经济增速的下调并没有引起城镇化进程的放缓。

中国城镇化的快速发展推动国家经济发展空间的进一步优化和经济社会动态协调发展。一方面需要推进东部和中部地区在基础设施、公共服务、要素流动等多个维度的一体化。让先行发展起来的东部沿海地区通过方便、快捷的高速铁路网等连接性设施以及要素集聚与扩散良性互动的途径，带动周边乃至更广地域空间的经济社

会发展，以多中心群网化城市（群）体系为支撑，实现高效发展，释放更多发展新动能。另一方面，加大对西部和东北地区的政策扶持，加快完善城市基础设施和公共服务供给，突出开发、发展的重点，以点轴状、裙带状城市体系为载体培育，增强其本地吸引力和内在增长动力，顺势引导流动人口的本地就业及城市落户，释放其后发优势及城镇化潜能。

农村人口外流是农业进步的社会条件。新中国成立初期，技术不发达，经济发展缓慢，生产力低下，农业的经营需要很多人的密切配合才能协调统一，家里的老少一般都需要参与到农业活动中。现代社会，随着科技在农业中的推广，农业岗位所需要的劳动力减少，极大地解放了农业劳动力，加上城乡"剪刀差"的存在，更多的农民选择外出谋生。国家卫生计生委发布的《中国流动人口发展报告2016》中指出，2015年，我国流动人口规模达2.47亿人，占总人口的18%，相当于每六个人中有一个是流动人口。从流动人口的区域分布看，2015年，东部地区流动人口占全国流动人口的比例为74.7%，西部地区为16.6%。由此可见，东部地区依然是流动人口最集中的地方。2016年，全国人户分离人口（即居住地和户口登记地不在同一个乡镇街道且离开户口登记地半年以上的人口）2.92亿人，其中流动人口2.45亿人。

大规模的人口外流无疑有效地减轻了流出地人口对土地的压力，为农业规模经营提供了条件，加快土地向种田能手和经营大户的流转与集中，促进了农业规模经营的发展，改变了人多地少、务农收入过低的状况；劳动力离开农村后，农产品的商品化率提高，农业户生产的目的是获得最大的经济收入，农业生产从决策、种植一直到加工销售必须把握市场需求，这就促进了农业的市场。然而由于单个农民难以应对农业市场化产生的风险与不确定性,所以依靠组织的力量来统筹生产、保障自身利益就成了农户的现实选择,这就促成了农业生产的组织化。农业生产的规模化、市场化、组织化成为现代农业发展的主要特征。

农村人口外流也带来了一些不利因素。孟德拉斯认为:"农村人口外流是农业进步的必要条件,但不是充分条件,因为经验证明,农业人口外流也带来外流地区的衰落,素质最好的人员走了,社会僵化了,农业固守成规,农民带着怀旧的忧伤情绪回顾失去的往昔。"[1] 农村人口外流,使得留守人口规模扩大、从事农业和农村发展的人口数量和素质下降,农业粗放经营,耕地抛荒;农村宅基地空置,形成"空心村"。土地资源浪费,农户和社会资本进入的积极性不高,给农业现代化带来了一些问题,诸如农业科技难以推广、先进技术难以使用等,影响了农业现代化发展。

第四节　现代农业的基本特征

现代农业是相对于传统农业而言的。建设现代农业的过程,就是改造传统农业,不断发展农村生产力,转变农业增长方式,促进农业又好又快发展的过程。现代农业的核心是科学化,特征是商品化,方向是集约化,目标是产业化。衡量现代农业的标准:农业经济结构现代化、农业基础设施现代化、农业生产手段现代化、农业

---

[1] [法]孟德拉斯:《农民的终结》,李培林译,中国社会科学出版社1991年版,第121页。

科技现代化、农业经营产业化、农业服务社会化、农业资源环境现代化、农民素质现代化和农民生活现代化等若干方面。综合来说，农业现代化的发展有三个重要标准，即农业现代化必须有利于农业生产力的解放和提高，有利于农民生活质量的提高和农民的全面发展，有利于农业生态平衡和国家食品安全，现代农业的发展必须以此为准则。

现代农业应该是在不断寻找廉价生产要素作为经济增长源泉的过程中，逐步走向产业化的农业。现代农业通过生产要素的整合，加大投资（对土地投入和对农民开展教育），提高农业资本收益率，从另一个角度说也就是降低了生产要素的价格，获得了廉价的经济增长动力。与在简单再生产基础上建立起来的传统小农经济不同，现代农业是以市场为导向，资本高投入为基础，以工业化生产手段和先进科学技术为支撑，有社会化服务体系为配套，用科学经营理念来管理的农业形态。

现代农业是商品化、市场化的农业，是工业革命成果极大运用于农业的必然结果。在市场经济条件下的现代农业、现代工业成果和现代科技、资本等生产要素得到广泛运用，农业从业人员总数减少，但农业劳动者整体素质不断提升，现代科技和经营管理知识得到普及，农业生产经营活动也逐步实现专业化、集约化、规模化，农业劳动生产率也大幅度提升。现代农业的基本特征除了农业生产的专业化、标准化、规模化、集约化，还表现为以下几个方面。

一 价值的正外部性

学者朱启臻认为如果一个经济主体在经济活动中，导致其他经济主体或社会产生了积极影响，称为正外部性；而如果这个经济主体的活动对其他经济主体或社会产生了消极影响，称为负外部性。

现代农业被认为是正外部性大于负外部性的活动。现代农业的正外部性价值主要体现在农业的间接价值上，间接使用价值是指在提供农产品的同时，间接地为人类带来福利。如随着经济社会的发展，人类对环境质量的要求进一步提高，农业具有净化空气、美化环境等功效，使得整个社会从中受益，不需要为此支付费用。

当然农业活动也存在着负外部性，如一些贫困地区，为了解决温饱问题而乱砍滥伐，导致水土流失和土地沙化；农药滥用损害国民身体健康并带来食品安全问题，等等。但随着现代农业的发展，例如倡导的生态农业，上述弊端将会逐渐消失，农业的负外部性也会逐渐向正外部性转移。

二 功能的多样性

现代农业不仅具有经济功能，亦有关乎其持续发展的生态功能、社会功能、能源功能、旅游休闲功能与文化功能，与之相应地具有经济、生态、社会、能源、旅游休闲与文化价值。"农业的多功能性体现了农业的多元综合价值"[①]。农业价值总体来说可以分为三类：经济价值、生态价值和社会价值。

随着人们对农业的生态价值和社会价值的重视，经济价值在总价值的比重中是第一位的，有些地区出现了旅游农业、休闲农业、观光农业、采摘农业等，农业的经济价值也日益受到重视。农业经济价值的背后，其生态价值和社会价值所占比重会大幅度地提高。相对于传统农业，现代农业的经济价值比重会有所降低，现代农业正确地调适了三种价值之间的比例关系，实现了农业健康、可持续

---

① 朱启臻：《生存基础——农业社会学特性与政府责任》，社会科学文献出版社2013年版，第69页。

发展。学者对现代农业的功能给予了多方面的关注和研究，强调现代农业的社会价值和生态价值。但随着社会的发展，我国农村开始出现了一系列的变化，突出表现在农村劳动力减少，空壳村大量出现，农业基础设施落后、城乡居民收入差距加大，农村发展缺乏活力，部分村庄出现凋敝的现象，人们开始重视农村与农业的社会价值。现代农业的发展，包括农业、服务、加工、物流等，将会创造出众多的工作岗位，对于就业形势日趋低迷、农村劳动力及人才大量外流的现状起到积极的缓解作用，不仅促进农村劳动力就近就业，而且促进农村经济发展，促进新农村的建设。"保供给，促民生"已成为现阶段我国现代农业发展的两大鲜明主题。保供给是确保国家粮食安全，保障重要农产品有效供给的国家社会化利益需求；促民生是加快让农民获得合理利润，提高农民收入水平，促进农村社会事业均等化发展的农民社会化利益需求。现行农业发展模式最大的优优势在于重视全社会对农业的参与，将农业的发展与社会各阶层的社会化合作密切联系起来，这是其拓展空间、持续发展的社会原因。

三　产业的延伸性

现代农业由过去的种和收的两个环节，逐渐形成生产、加工、销售一体化产业链。农民既是农产品的生产者，又是加工、销售企业的主人，形成生产、加工、销售的一体化经营，从而保证了农产品的附加值能够返还农民。随着农业产业化的发展，延伸了农业产业链条，提升了农业附加值。

发展现代农业，首先要推进农业产业化，寻求与第二、第三产业的融合。我国农产品加工业和休闲农业不断取得新进展，不仅让现代农业接上了加工业的"二产"，也连接了休闲农业的"三产"。

延伸农业产业链条，提升农业附加值是发展现代农业的关键环节，成为推动农业农村经济发展的重要力量。如遍布全国农村的农家乐，隆冬季节里的人们在大棚里采摘草莓、西红柿，这些休闲农业正是适应了市场的消费需求才搞得风风火火。如正大集团是一家从种植业起步的企业，开始是做种子、种植粮食作物，之后运用加工设备，进行大米等农产品的深加工，逐渐打开了市场，之后开始进入零售业，在国内外建立了自己品牌的连锁超市。现在，正大集团已经拥有完备的农业产业链条，达到一、二、三产业融合共同发展。近几年，赣南脐橙已经走上第一产业与第二、三产业融合发展的道路。在加工赣南脐橙的过程中，第一道工序的流水线上，加工设备将大小相近、糖分一致的赣南脐橙挑出，这部分作为鲜果可以进入高端市场；剩下的脐橙进入第二道工序，被加工成橙汁等产品，提高了附加值。现在农民种一亩赣南脐橙，效益比以前高了几倍。随着农业产业化的发展，现在不少农村地区，农民不再外出务工，而是将土地租给农业企业，变身为产业工人在家门口就业，有的搞包装，有的做运输，甚至有农民加入了电子商务等新兴领域。农业通过接"二"连"三"，解决了制约自身发展的一些问题，农民就业不再难，钱袋子鼓起来，农业效益提升。以上所有这些，正是现代农业产业链延伸的结果。

第五节　现代农业的发展模式

众所周知，农业的发展对于耕地、土壤、淡水、劳动力、气候等自然资源条件有着极强的依赖性，一个国家或地区的地理与资源禀赋不同，优势和缺点则各异，农业现代化便应该具有彰显本国特色的概念与内涵，并必然呈现出差别性、多样化的发展模式。从世界上已经实现了农业现代化的国家看，根据资源禀赋的不同可大体将发展现代农业的模式分为四种，即节约劳动型模式、节约土地型模式、中间类型模式以及单纯发展农业模式。

一　节约劳动型模式

以美国、加拿大、澳大利亚、俄罗斯等国为代表，这些国家耕地充足，农户经营规模大（户均耕地 100—200 公顷），工业发达，地多人少，劳动力缺乏，需要机械来代替人工。于是，他们推行"土地大集中、资本大投入、装备高科技、基础设施完善、公共服务齐全、多样性经营、企业式管理"这种模式，这种发展模式的特点就是先实现农业机械化，然后再转向农作物品种的改良及化肥的应用，实现生物化学化和信息化。其不足就是在一定程度上导致了"石油农业"的后果，消耗大量能源，而且污染环境。

二　节约土地型模式

以日本、韩国、荷兰等国家为代表，这些国家与地区同中国大陆一样，普遍存在人多地少的尖锐矛盾，农户经营规模很小（户均耕地 1—3 公顷），农产品供不应求，属于耕地资源严重短缺的类型。它们在培育现代农业的过程中，把着力点放在大力发展先进的生物科技和小型机械上，并紧密围绕农业生产在产前、产中、产后各个环节和农村社会生活各个方面的需求，建立起一整套完善的社会化服务体系，政府对农业投入较多的"保护"资金，充分鼓励农民开展家庭经营式的精耕细作，从而大幅提高土地产出率，以保障农民收入与城镇居民收入始终处于相对平衡的水平上。如日本在 1960 年时，每个男性农场工人平均拥有的农业土地面积只有美国的1/98，这就需要利用生物、化学技术来弥补土地的不足，生产精细化。这种发展模式在一定程度上会导致土地质量和农产品安全程度的下降及环境的污染。

三 中间类型模式

以法国、英国、德国等国家为代表，这些国家的国情介于以上两种国家之间，既缺乏劳动力，又面临土地不足，属于人地比例中等的国家，这些国家既用机械代替劳动力，也用生化技术弥补土地的不足，尽量提高土地生产率和劳动生产率。

四 单纯发展农业模式

以以色列与新西兰等国家为代表。以色列是世界上自然资源最匮乏的国家之一，主要是水和耕地资源极其短缺，以色列耕地少，自然条件恶劣，可耕地面积仅为4100km^2，大约为国土面积的20%。然而以色列却是世界上农业最发达的国家之一，其在中东沙漠上创造的农业奇迹已经是世界上资源节约型农业的典范。先进的理念、管理和技术，使这个国家利用2.2%的农业人口在养活720万国民的同时，还成了欧洲主要的冬季蔬菜进口基地。以色列农业的先进之处在于：一是市场化的节约理念。在以色列，无论是农场主，还是集体农庄的普通农民，他们的产品或品种的标准全部盯着世界市场，符合市场要求是所有农产品的唯一指标。"/吨水"是以色列最重要的计量单位，所有的国民生产都以耗水量为主要的衡量指标，这些小小的不同体现了一种资源节约理念。二是集约化的生产组织方式。以色列农业生产组织有两种形式：一种是集体农庄，另一种是私有农场。这两种形式的优点是可以让土地形成规模，便于集约化经营管理。三是领先全球的生产技术。首先是滴灌技术，实现了农业水肥高效利用的技术飞跃，滴灌技术对于世界上沙漠和盐碱地的治理意义非凡；其次是光热网膜技术，该技术的研发成功让夏季炎热干旱的地中海气候不再成为以色列农业的障碍，使农业生产在夏季也能正常进行；再次是高产种养技术，包括动植物育种技术、高产栽培、养殖技术、基质利用技术等。

新西兰单纯靠发展农业进入发达国家行列，是为数不多的以农业立国强国的国家。新西兰充分发挥其地理、气候、自然环境等优越的自然条件优势，利用其自然、生态、环保、可持续的环境和海洋性气候适宜于牧草、森林生长的特点，因地制宜地采取室外自然放牧形式，人少地多机械化程度高，种植、养殖基本上全部实现了机械化操作。新西兰进行科技创新、制度改革，科技推广服务实行市场化、社会化，行业协会、合作社覆盖广泛、高效率运行，有效地降低了成本。新西兰形成了以农业为主导产业带动其他产业发展，以自然环保为标志、以科技发展为主导、以产品优质安全为根本、竞争力强大、由大企业和行业协会组织等形式统领的规模化现代农业、集约化现代农业。低投入、低成本、高效率使新西兰现代农业保持了绝对优势，即使是在20世纪80年代市场经济改革之后，新西兰在不对农业提供任何直接补贴，并对农业产品征收商品税、收入税的情况下，新西兰的农业仍然保持了较强的竞争力。

农业发展模式最受非议的当属菲律宾，菲律宾没有从自己的国情出发，而是盲目地照搬美国经验，依靠资本的力量来改造落后的小农生产。因此，国家制定了一系列的政策大力鼓励农民土地流转，积极支持资本下乡搞规模经营，放手让大公司和本国资本控制菲律宾农村和农业生产。在这种形势下，大量农民就像近代英国的"圈地运动"一样迅速失去土地，成了资本家的农业工人，资本日益替代劳动，大量失地和失业农民涌入各类城市，而城市又无法解决他们的就业问题，失业问题迅速转化为严重的社会问题，经济社会呈衰败态势，这就是"三农"问题引起的社会问题。

我国现代农业的发展，既要吸收国外农业现代化发展的经验和教训，亦要有自己的模式。我国农业现代化既有类似于其他国家（如农业资源禀赋丰富的美国、加拿大，农业资源禀赋不足的以色列、荷兰，农业资源禀赋介于它们之间的法国、德国）之处，又有自己的特色。由于各地资源禀赋分布不均、各地经济发展水平不均衡以及农业发展方向的不同等一系列原因，我国现代农业发展模式并不统一，也很难划定为以上四种国际流行的模式。我国现代农业比较有代表性的有四种模式：一是以土地资源稀缺、人口密度大、工业发达地区为特征的集约型现代农业；二是以部分发展较快、辐射带动力强中等城市为特点的以城带乡、以城带郊的现代农业模式；三是以小规模农户基础上的农产品加工业为主导的产业化现代农业；四是以充分发挥资源环境优势，以特色产品为主打的特色型现代农业。山东的现代化农业走的是集约型现代农业的模式。全面推进中国特色农业现代化需要借鉴国际经验，更需要自主创新，即根据市场需求和资源禀赋条件，做好主要农产品生产的优先顺序和区域布局，构建种养加、产供销、贸工农一体化的经营格局和商业化的作业外包服务体系，实现稳定粮食生产、拓宽农民增收渠道和提高农业发展可持续性的有机统一，走出一条适应自己发展的特色现代农业发展的道路。

第六节　现代农业的发展趋势

研究现代农业，既需要解决认识和理论层面的问题，也需要从实际操作层面来研究具体化的推进方向，这些都有助于把现代农业建设推向新水平。

一　现代农业的发展趋势

农业现代化进程的本质就是传统农业向现代农业的转型，目前这种转型已经进入加速期，且呈现出了四大趋势。

（一）规模农业

规模农业是现代农业最基本的特征。农业规模经营由土地、劳动力、资本、管理四大要素的配置进行，其主要目的是扩大生产规模，使单位产品的平均成本降低和收益增加，从而获得良好的经济效益和社会效益。规模农业的出现与三个因素相关，一是与土地制度的改革相关；二是与农村剩余劳动力的转移相关；三是与农业企业与农民打交道的经验和管理模式相关。第三点非常重要，很多农业企业在这个关口上没有走过来。农业规模经营的发展方向是农业适度规模经营，即在保证土地生产率有所提高的前提下，使每个务农劳动力承担的经营对象的数量（如耕地面积），与当时当地社会经济发展水平和科学技术发展水平相适应，以实现劳动效益、技术效益和经济效益的最佳结合。

（二）生物农业

当今，刀耕火种的时代结束了，不少国家的农业正在步入一场科技革命，以现代科技装备起来的生物农业、精准农业、装备农业正在成为现代农业的重要组成部分。以生物农业为例，中国的农业在过去30年经历了化学农业的阶段，目前这个阶段已经基本进入尾声，步入了从化学农业向生物农业的转型期。业内特别看好生物农业，在未来也许十年、二十年甚至三十年生物农业的发展前景都是非常好的。生物农业是根据生物学原理建立的农业生产体系，靠各种生物学过程维持土壤肥力，使作物营养得到满足，并建立起有效的生物防止杂草和病虫害的体系。包括转基因育种、动物疫苗、生物饲料、非化学方式害虫控制和生物农药几大领域，其中，转基因育种是发展最快、应用最广、最有潜力的一个领域；非化学方式害虫控制和生物农药是保证农产品与食品安全的重要手段。从整体来看，我国生物农业发展有三大制约因素：一是创新能力不足；二是生产规模小，产量低，生产成本高，市场占有率低；三是相关产业和服务体系还不完善。生物农业如何发展，最重要的是突破制约发展的瓶颈，即针对上述三个主要问题对症下药。

（三）品牌农业

品牌农业是指经营者通过取得相关质量认证，取得相应的商标权，通过提高市场认知度，并且在社会上获得了良好口碑的农业类产品，从而获取较高经济效益的农业。一个国家要构建自己的农产品品牌体系，这个过程是非常艰难的。农产品品牌的形成需要优良的品种保证，需要近似于苛刻的品质保障，需要持续的品牌运营。品牌农业意味着比较长的投入期，意味着企业的收入比利润重要，产品品质比成本重要。到目前为止，我国具有较高影响力的全国性的农产品品牌还不是很多，但国内有很多农业企业正在努力打造自己的品牌。为了提升山东省农产品品牌知名度和美誉度，大力宣传山东省农产品品牌，加快推进山东省农产品品牌建设，2016年11月20日，山东省农产品整体品牌形象发布会在济南召开。会上发布了山东省农产品品牌形象，并公布了山东省首批知名农产品区域公用品牌名单、山东省首批知名农产品企业产品品牌名单以及山东省品牌农产品专营体验店名单，其目的是"打造一个在国内外享有较高知名度和影响力的山东农产品整体品牌形象，培育一批区域公用品牌和企业产品品牌，制定一个山东农产品品牌目录制度，建立一套实体店与网店相结合的山东品牌农产品营销体系"，彰显"齐鲁灵秀地、品牌农产品"将成为"好品山东"的重要组成部分。

（四）家庭农业

家庭农业是指以家庭成员为主要劳动力，从事农业规模化、集约化、商品化生产经营，并以农业收入为家庭主要收入来源的新型农业。传统农业的社会基础是家庭，家庭向外延伸就是国家，由此产生"家国同构"的思想。家庭，从它形成之期起，就以其内部较牢固的血亲联系、利益的一致性和具有一定的分工协作功能而成为人类社会不可再分割的最小组织分子，成为人类社会生活和经济生活的最小单位，这种家庭结构是为了适应小农经济基础产生的，稳定性是小农社会的典型特征，所以"在变化很少的乡土社会中，文化是稳定的，传统足以应对当前的问题，于是年幼的人很容易与年长的人生活在一起。"[①] 这种家庭担任的不只是生育功能，还担任经济、政治、宗教等功能。在传统农业阶段，农业的功能更多的是为了解决温饱问题；在现代农业阶段，人们赋予了农业更多的功能，人们的视野逐渐从农业扩展到整个农村，现代农业也逐渐走向了综

---

① 费孝通：《乡土中国》，江苏文艺出版社2007年版，第73页。

合发展的道路。随着工业化、城镇化的快速推进和农村劳动力大量转移，农村土地流转速度加快。农业经营规模和组织化程度也相应提高，由种植大户、家庭农场、专业合作组织和农业龙头企业等组成的新型农业经营体系逐渐显现。但是，从中国国情以及国内外实践来看，在生产领域，适合土地经营的主体还是以农户为主。

无论是生产结构集中下的规模农业，还是产品结构优化下的品牌农业，或是科技装备水平提高下的生物农业以及"小而优"的家庭农业，本质上都是在提升和优化农业的农产品供给结构，满足和弥补农产品在需求端的缺口，这个缺口不是指以前的生产数量和速度上的缺口，更多的是指产品品质和安全上的缺口。

二　现代农业的时代特色

现代农业是传统农业发展到一定阶段的结果，必然带有现代社会的时代特色。我们将从区域、整体和推进现代农业建设的角度来研究现代农业发展的时代特色。

1. 优势产业特色化。建设现代农业，必须强化产业支撑。在一定的区域内，产业的集中度越高越好，特色越鲜明越好。产业集中度高可以形成规模优势，有利于商品化生产和产业化开发；特色鲜明有利于形成商品和品牌，增强市场竞争力。烟台苹果、章丘大葱就是鲜明的例子。

2. 农业生产集约化。集约化就是在充分利用资源的基础上，更集中合理地利用投入、技术、管理、人力等因素，以提高效益和效率的经营形式。农业生产集约化就是改革分散粗放经营，实行规模化、高投入、高产出的经营模式，可以有效提高农业"三率"，这是现代农业生产的发展方向。

3. 技术推广集成化。农业技术涉及种、水土、气热等各个方面，一个作物、畜禽的生产过程往往需要运用多项技术，农民很难全面掌握。必须把贴近农民需求作为科研和推广的基本要求，进行"配餐"式研发，系统性解决良种良法配套、农机农艺结合问题；加强技术简化物化集成，以品种、产业为单元，开发提炼"傻瓜技术"，开展"套餐"式推广，便于农民操作应用；加强农业社会化服务体系建设，为农民提供"菜单"式服务。

4. 主要农事机械化。农业机械化能够融合先进技术，减轻劳动强度，提高劳动效率，是衡量农业现代化水平的重要标志。目前山东省小麦基本实现了耕种收全程机械化，玉米机械化水平正在快速提高。未来应向不同产业、不同作物、不同品种拓展，最终实现耕种收管贮等主要农事环节全面机械化，彻底把农民从土地上解放出来。

5. 农业经营产业化。把农业的领域向产前、产后拓展，实行全产业经营，延伸产业链条。产前重点发展种子、肥料、农药等投入品生产和经营，提高农业的科技物化水平；产后重点发展农产品贮藏加工销售，实现农产品多次增值，增加农民收入。

6. 经营主体多元化。在完善家庭承包经营的基础上，大力培育合作社、家庭农场、农业企业参与农业生产和经营，培育多元化的农业市场经营主体，提高农业市场化水平，增强农业生产经营的活力。

7. 农业服务社会化。农业生产需要包括农资、信息、销售、金融、运输等多方面的服务，单靠农民和新型农业经营主体很难完成。未来应当把农业服务纳入整个服务业发展当中，强化公益性服务，放活经营性服务，为农业提供全方位的支撑。

以上现代农业发展的几大特征，在某种程度上意味着农业经营模式和竞争方式也在发生根本性的变化。

第二章 山东传统农业向现代农业发展的实践进程

山东地处中国东部沿海、黄河下游,地形地貌较为复杂。按照地形地貌成因不同,大致可分为半岛沿海地区、鲁中山区以及鲁西北平原地区。辖17个地级市,土地总面积1571.26万公顷,约占全国总面积的1.63%,其中,农用地1156.6万公顷,占土地总面积的73.61%,耕地率属全国最高省份,素有"膏壤千里"的美誉。是中国农业产业化发源地,中国经济最发达的省份之一,中国经济实力最强的省份之一,2007年以来经济总量居第三位。山东是中国的农业大省,全国粮食作物和经济作物重点产区,素有"粮棉油之库,水果水产之乡"之称,农业增加值长期稳居中国各省第一位。小麦、玉米、地瓜、大豆、谷子、高粱、棉花、花生、烟叶、麻类产量都很大,在全国占有重要地位。山东半岛蓝色经济区建设、黄河三角洲高效生态经济区上升为国家战略,成为国家层面海洋发展战略和区域协调发展战略的重要组成部分,促进了山东现代农业经济的发展。

从原始农业转变为传统农业,再从传统农业转变为现代农业是世界上任何国家和地区农业发展的必由之路。新中国成立以后，山东才真正开始了中国农业现代化的历史进程，加快了传统农业转变为现代农业的步伐。山东各级地方政府高度重视"三农"工作，高度重视农业现代化问题，坚持走具有自身特色的农业现代化道路。新中国成立60多年以来，从开始的土地改革、落实"一五"计划、开展农业大跃进、调整农业经济结构、农业学大寨运动，到改革开放后的联产承包责任制、农业产业化、现代农业产区等一系列农业发展的实践在山东大地上紧锣密鼓地实施开来。山东农业发展的实践，有其辉煌，亦有挫折。探讨这一时期农业发展的轨迹，分析党的农业政策，总结其经验教训，对于今天解决好山东的农业问题，推进社会主义新农村建设，具有重要的现实意义。

第一节　山东农业发展的历程

新中国成立后，山东农业的发展经历了以下几个阶段。

一　山东农业经济的恢复时期（1949—1956）

（一）进行土地改革，恢复农业经济（1949—1952）

新中国的成立，为中国农业的发展提供了稳定的政治保障和社会环境。这一时期，党和国家从国情出发，着力关注农业，将农业的恢复和土地改革的完成看作争取国家财政经济状况根本好转的首要条件。正是对中国经济状况的清醒认识和对农业地位的正确判断，经过短短几年的发展，农业经济取得了长足的进步，为新中国经济的发展迈出了坚实的一步。

新中国成立初期，是一个农业大国，农业以传统技术为主，发展缓慢，在整个国民经济总量中，农业所占的比重较低，生产水平落后。"农具还是古老的，耕耘靠人力和畜力，无力采用农业机械和新的耕作制度，收获量低，不能很快地扩大耕地面积和提高产量。"① 当时的农业状况是基础落后，粮食增产速度跟不上消费增长的速度，耕地灌溉面积少，单位面积产量低，粮食供应紧张，农业抗自然灾害的能力较弱。山东作为农业大省，人口比较多，由于长期遭受战争的破坏，民生凋敝，农业极度衰落，水利失修，耕畜缺少，田园荒芜，农产量很低，致使农业总产值和农村经济严重萧条。新中国成立前夕，山东省河道山林破坏严重，大片土地荒芜。1949年又遭受特大自然灾害，受灾面积约占总耕地面积的60%，灾民总数达950万人，这使得农业生产更加萎缩，广大农民陷入极度的困苦之中，山乡童山濯濯，渔村船漏网破。1949年粮食总产870万吨，比抗日战争前下降了18.7%，工农业总产值为32.5亿元，比抗日战争前的1936年下降20%。② 在这种情况下，恢复创伤严重的农业经济成为党迫切的任务。1949年12月，全国农业会议召开，周恩来在会上指出："农业的恢复是一切部门恢复的基础，没有饭吃，其他一切就都没有办法。"③ 当时华北局的主要负责人薄一波认为："民以食为天，无论是解决中国几亿人口的吃饭问题，还是恢复和发展国民经济，都必须继续把乡村作为关键环节去抓。"④ 因此，党开始考虑尽可能地减少新解放区土地改革的偏差和不必要的震动，以利于

---

① 《三中全会以来重要文献选编》（第4册），人民出版社1982版年，第713页。
② 《山东教育四十年》编辑委员会：《山东教育四十年》，山东教育出版社1989年版，第3页。
③ 《周恩来选集》（下卷），人民出版社1984年版，第5页。
④ 薄一波：《若干重大决策与事件的回顾》（上卷），中共党史出版社2008年版，第13页。

恢复和发展农业经济。1950年七届三中全会通过了《中华人民共和国土地改革法（草案）》，它是新中国的第一部农业法律。这部法律的实施，废除了几千年封建地主土地所有制，实现了"耕者有其田"，极大地解放了农村生产力，对农业及整个国民经济的恢复和发展起到了重要作用。为了巩固新民主主义政权，山东省广泛开展了清匪反霸、镇压反革命、土地改革、没收官僚资本、"三反""五反"和抗美援朝运动，从而稳定了社会秩序，巩固了新生的人民政权。通过积极恢复生产、平抑物价、调整工商业、建立国有经济，初步治愈战争创伤，恢复了经济秩序。土地改革中，山东省共没收地主、富农出租的土地5700余万亩，免除了过去每年达50多亿斤粮食的苛重地租，2000余万无地、少地农民分得了土地，还分得地主剥削所得的房屋、耕畜、农具和粮食等生产、生活资料[①]。土地改革促进了农业生产的发展，到1952年，山东耕地面积达到1.37亿亩，农机总动力1.6万马力，粮食年产量达到239.8亿斤，棉花产量达到338.88万担，花生产量达到1647.95万担，均创历史最高水平。[②] 农业总产值基本恢复到战前（1936年）水平，90%以上的农民生活水平有了提高，44%的贫农达到土地改革前一般中农的生活水平，全省人均粮食占有量达到250公斤，比1949年增加30%。[③] 全省初步呈现出经济发展、社会安定、市场繁荣、物价稳定、人们生活改善的兴旺景象，为开展有计划、大规模的经济建设创造了必要的环境条件。

---

① 山东省农业科学院：《山东农业发展历程与新趋势》，山东科学技术出版社1989年版，第23页。
② 中共山东省委党史研究室：《"一五"计划时期山东的建设与发展》，天马图书有限公司2002年版，第2页。
③ 山东省农业科学院：《山东农业发展历程与新趋势》，山东科学技术出版社1989年版，第23页。

（二）实施"一五"计划，发展农业合作化（1953—1956）

国民经济恢复工作完成后，山东省进入第一个五年计划建设时期。1953年1月1日，《人民日报》发表社论，向全国人民提出本年以经济建设为中心的三项任务，要求开始执行国家建设的第一个五年计划，完成与超额完成本年度建设计划。同日，《大众日报》发表《迎接国家计划建设第一年，全部完成国家给予我们的任务》的社论，号召全省人民要以更大的努力，完成国家给予山东的任务。

1953年7月，山东分局召开财经会议，提出了工农业生产五年计划的初步指标，8月开始正式编制计划。鉴于农业生产在工农业生产总值中所占比重很大，粮食产量较低，经济作物种植面积应继续扩大。因此，全省确定的"一五"计划的基本任务是：以本省自然资源和现有经济为基础，集中主要力量，开展以互助合作为中心的农业增产运动，发展农业生产；发挥工业现有设备的潜力，为农业生产服务，为国家建设积累资金。"一五"计划提出以下各项具体任务：集中主要力量发展农业，开展以互助合作为中心的农业生产运动，发展农业生产合作社，对农业进行社会主义改造，充分有效地利用现有土地，改进耕作技术，提高单位面积产量，增产粮食、棉花、油料作物，以支援国家重点建设；同时要因地制宜，利用当地有利的经济条件积极发展渔、盐、林、牧、蚕、果等多种经济，以增加国民收入。山东的第一个五年计划是国家"一五"计划的组成部分，符合山东的实际，符合国家的大政方针。毛泽东指出："农业生产是农村中压倒一切的工作，农村中的其他工作都是围绕着农业生产而为它服务的。"[①] 他还指出：如果我们不能在大约三个五年计

[①] 《建国以来毛泽东文稿》（第4册），中央文献出版社1990年版，第137页。

划的时期内基本上解决农业问题……我们就不能解决年年增长的商品粮食和工业原料的需要同现实主要农作物一般产量很低之间的矛盾,我们的社会主义工业化事业就会遇到很大的困难,我们就不可能完成社会主义工业化。"因此,在一定意义上可以说,农业就是工业。要说服工业部门面向农村,支援农业。要搞好工业化,就应当这样做。"① 他呼吁:"全党一定要重视农业,农业关系国计民生极大。要注意,不抓粮食很危险。不抓粮食,总有一天要天下大乱。"② 只有农业的发展,才能为工业供应足够的原料和市场,这是搞好工业化的基础。

在实施"一五"计划的1953年,山东遭受特大旱、涝灾害,粮食总产比1952年减少了近30亿斤,加上统购统销工作中的一些失误,许多农村出现了严重紧张的局面。③ 事实表明,土地改革后的小农经济制度促进了农业经济的发展,但这种发展是不稳定、不持久的,它不仅不能抵御自然灾害,而且容易产生农村两极分化。历史告诉人们,中国农业的现代化绝不是在一个分散落后的小农经济基础上建立起来的。毛泽东说:"个体农民,增产有限,必须发展互助合作……资本主义道路,也可以增产,但时间要长,而且是痛苦的道路","不靠社会主义,想从小农经济做文章,靠在个体经济基础上行小惠,而希望大增产粮食,解决粮食问题,解决国计民生的大计,那真是'难矣哉'!"④ "单干不如互助组,互助组不如合作社"成为当时宣传的主流。1955年10月的七届六中全会讨论和通过了《关于农业合作化问题的决议》,这就把农业合作化运动进一步推向

---

① 《毛泽东文集》(第7卷),人民出版社1999年版,第200页。
② 同上书,第199页。
③ 《山东教育四十年》,山东教育出版社1989年版,第3页。
④ 《农业合作化重要文件汇编》(上),中共中央党校出版社1982年版,第168页。

了高潮，一年后，全国范围内基本上实现了以高级社为形式的农业合作化，使得大部分农民由私有制的单干农民变成了公有制的高级社社员，"这就解决了我国社会主义工业化同个体农业经济之间的矛盾"[①]。如何加速农业的发展，如何摆脱落后的农业拖了工业化的后腿的局面，毛泽东亲自抓制定农业发展规划的工作，以解决农产品短缺以致影响工业化速度的问题。1956年1月，中共中央制定了《农业发展纲要》，它成为我国农村经济发展的纲领性文件，对后来农村经济的发展起到了积极的促进作用。

在党和政府的号召下，山东将发展农业也作为经济建设的基础，坚持把农业生产作为一项中心任务，集中力量抓以互助合作为中心的农业生产运动，积极从改造个体小农经济和提高生产力水平入手，抓了三个方面的工作，积极推动农业的发展。

一是宣传普及农业科技知识，建立各级技术推广机构，有计划地训练大批农民。1954年，山东省建立县级以上农业技术推广站133处，达到一县一站，培训农民30余万人。到1955年2月，山东省共建立专、县农业技术推广站和推广组140余处。1955年，农业社普遍建立起技术研究组和青年技术传授站，各地有25万青年农民参加了技术学习，接受农技训练的农民达60万人。1956年，山东省技术推广站发展到1089处，共训练技术员70.7万人。大规模的技术传授推广工作，使农业技术在农村得到一定程度上的推广、普及和应用。

二是改进耕作方法。各地普遍推行了冬耕、增种高产作物、合理密植、选用良种、增施肥料等措施。"一五"期间，山东省每年平

[①] 《毛泽东选集》（第5卷），人民出版社1977年版，第379页。

均冬耕面积占耕地的 78.3%；良种播种面积的比重由 1952 年的 16.38% 上升为 1956 年的 60.5%；1956 年施肥量比 1952 年增加了 19.8%。此外，国家每年还向农业供应 10 亿斤左右的饼肥和大量的化肥。1956 年山东省化肥施用量 17.2 万吨，同 1955 年相比增长 13.9%。

三是推广新式农机具。1952 年以后，各地采取"重点推广、普遍示范"的方针，开始推广双轮双铧犁。1953 年又采取"保用、保会、保修"的方法，使新式农具逐步得到推广。至 1954 年 8 月，山东省共向农民供应各种新式农具和水车 11.34 万部、喷雾器 3.6 万具、化肥 2.33 亿斤。"一五"期间，山东省共推广新式农具 34.4 万部。1953 年胶县开始试办山东省第一个拖拉机站，至 1954 年 8 月，山东省共建立了 11 处农业机械拖拉机站、157 个国营实验示范农场、3 处机耕农场。1956 年山东省农业机械总动力达到 3.6 万千瓦，同 1955 年相比增长 75%。"一五"期末，山东省已有 36 个拖拉机站、拖拉机 873 标准台，机耕面积达 262 万亩。随着集体经济的发展，现代农业机械开始从无到有地逐步发展起来。[①] 到 1956 年，虽然部分地区遭受了比较严重的自然灾害，山东省的农业仍获得空前的大丰收，农业总产值和粮食等主要农作物产量都达到了历史最高水平：农业总产值达到 46.76 亿元，比 1952 年增长 16.93%；粮食总产量达到 274.5 亿斤，比 1952 年增长 14.5%，超过五年计划规定的 13.3% 的增长速度；棉花总产量达到 434.48 万担，比 1952 年增长 28.2%，超过五年计划指标 6.6%；花生总产量达到 2566 万担，比 1952 年增长 55.7%，为五年计划指标的 96.4%；烤烟总产量达到

---

① 中共山东省委党史研究室：《"一五"计划时期山东的建设与发展》，天马图书有限公司 2002 年版，第 14—16 页。

12.5万吨,比1952年增长近一倍;林业和水产业也得到了显著发展;大家畜达到487.1万头,比1955年减少一成;生猪达到496.5万头,比1955年增加137.1万头。这一年是"一五"时期山东农业发展最快、水平最高的一年,五年计划规定的大部分发展指标提前一年超额完成,基本上实现了"五年农业增产计划四年完成"的目标。[①] 如粮食作物的单位面积产量,1952年是142.4斤,1954年145.1斤,1956年170.2斤,1957年144.9斤。1956年比1952年增长19.5%。棉花的单位产量,1952年32.7斤(皮棉,下同),1954年32.9斤,1956年34斤,1957年32.2斤。花生的单位产量,1952年209.7斤,1954年217.8斤,1956年226.2斤。[②] 1949—1957年的九年时间里,山东省全国农业总产值增长78.7%,年平均递增7.5%。同期,全国的农业总产值增长97.6%,年平均递增8.9%。[③]

二 山东农业现代化的初步探索时期(1957—1978)

农业合作化虽然促进了整个农业的发展,但并没有彻底解决农业问题,农业的增长赶不上工业发展的需要。就此,党和政府积极调整农业政策,努力寻求一条更新、更快的发展农业的路子,农业大跃进进入人们的视野。

(一)实行农业"大跃进"(1957—1960)

农业"大跃进"是党从"一五"计划的教训出发,急于解决农业问题的一种尝试。当时在农村,无论在生产技术提高和生产投入方面都具有很大的发展空间。如水利设施、农田改造、耕作技术等

[①] 中共山东省委党史研究室:《"一五"计划时期山东的建设与发展》,天马图书有限公司2002年版,第1页。
[②] 《大众日报》,1957年12月31日。
[③] 孔繁轲:《山东农业》,山东友谊出版社1989年版,第1—2页。

方面。从自然条件来看,尽管国家每年都进行水利建设,部分地区灾害情况减轻,但全国对一些为患严重的河流尚未进行根治,影响尚未根本消除,造成粮食历年减产,生产不够稳定。除了1952年,大部分都是平年或歉年,自然灾害频繁。中央认为,农业社会主义改造解决了农业体制问题,已经为农业生产力的发展提供了一个很好的制度基础,人民群众的积极性应该能够充分发挥出来。1955年以来农业合作化的高潮似乎也证明了农民中蕴藏着社会主义的积极性,兴修农田水利基本建设正是依靠这种积极性、增加劳动投入来实现的。[1] 于是,进行农业"大跃进"运动自然而然地成了党调整农业政策、提升农业抗自然灾害的能力、走出一条不同于传统农业发展模式的路子,成为当时党和政府的最佳选择。

山东省的"大跃进"运动起源于1957年的农田水利基本建设。1957年夏季,山东许多地方发生旱灾和水灾。为战胜自然灾害,山东省委于1957年10月27日发出开展兴修农田水利、改良土壤和积肥运动指示,要求全体党员,掀起大规模的群众性的生产高潮。到12月中旬全省每天投入生产运动的达1500万人,实际上拉开了"大跃进"运动的序幕。[2]

在农业增产措施方面,山东大力开展水利基本建设,进行深翻土地运动,提出粮食高产目标,实行农作物密植,提出"人有多大胆,地有多大产"的口号,这个口号响遍全国。山东省委常委会议修改原定农业生产计划指标,将1958年全省粮食总产320亿斤提高到350亿斤,并提出10年计划争取5年完成的目标。各项指标也相

---

[1] 武力、郑有贵主编:《解决"三农"问题之路》,中国经济出版社2004年版,第416页。

[2] 中共山东省委党史研究室:《山东大跃进运动》(内部资料),2002年,第3页。

应提高。如水浇地面积由原计划扩大1000万亩改为扩大2000万亩；治涝面积由原计划300万亩改为1500万亩等，① 农业"大跃进"的战车驶入了快车道。

在经济制度方面，实行人民公社的制度模式。人民公社是"大跃进"的产物。一方面，新中国成立后农村社会的体制变革，为人民公社制度的形成准备了必要的条件；另一方面，人民公社的制度模式是按照毛泽东和中央的构想设立的，全国农村公社化的最终实现，是在中央的领导和规范下完成的。"建立人民公社首先是为加快社会主义的建设速度，而建设社会主义是为了过渡到共产主义积极地做好准备。看来，共产主义在我国的实现，已经不是什么将来遥远的事情了，我们应积极地运用人民公社的形式，摸索出一条过渡到共产主义的基本途径。"② 历史是社会发展的最好见证。人民公社没有使中国过渡到共产主义。由于它带有浓厚的平均主义和超越社会发展阶段的空想色彩，不仅没有加速生产力的发展，反而造成了生产力的巨大破坏。正如邓小平指出的："一九五八年'大跃进'，一哄而起搞人民公社化，片面强调'一大而公'，吃大锅饭，带来大灾难。"③ 1960年，山东省粮食生产跌入低谷，总产只有165.9亿斤，相当于"一五"期间年平均水平的68%，是新中国成立以来最低的一年。农业基础差的地区普遍减产，就连农业生产一直比较稳定、条件比较好的烟台、潍坊两地区，粮食总产也比1959年减少了24亿斤，分别只及1959年的61.4%和74%。全省出现了由农业，特别是由粮食问题引发的严重经济困难，人民口粮不足，严重缺粮

---

① 谭启龙：《谭启龙回忆录》，中共党史出版社2003年版，第439页。
② 黄道霞主编：《建国以来农业合作化史料汇编》，中共党史出版社1992年版，第495页。
③ 《邓小平文选》（第3卷），人民出版社1993年版，第115页。

人口达1.596万人,全省年人均口粮只有142.7斤,普遍性的饥饿困扰着人民生活、工农业生产和整个国民经济。① 生产力遭到严重破坏,成为"华东乃至全国有名的重灾区之一"②。

(二)农业经济的调整(1961—1965)

"大跃进"导致了农业经济大幅度下滑和遍及全国的饥荒,粮食的严重不足使党深感农业问题的重要性。以1960年11月3日《中共中央关于农村人民公社当前政策问题的紧急信》为标志,农业开始进入调整时期,1961年3月,公布了《农村人民公社工作条例(草案)》即"六十条"。党中央在这两个文件中系统阐述了有关农村人民公社的政策,是后来实行和指导农业调整的纲领性文件。1961年八届九中全会通过了"调整、巩固、充实、提高"八字方针,全会提出了全党大办农业、大办粮食,把农业放在首位,要求各行各业都要支持农业,按照农、轻、重的次序安排国民经济。山东省在贯彻中共中央这两个重要农业文件过程中,结合整风整社把调整农业体制作为一个关键问题。调整的原则是增加生产队和社员的自主权和独立性,解决统得过多过死的问题,充分调动社员的生产积极性。在恢复农业生产方面,停办公共食堂;取消了过去实行的部分供给制;减少粮食征购,减轻农民负担;对"大跃进"运动以来"平调"社队和社员个人的各种财产和劳力进行认真清理和退赔;鼓励城市青年"上山下乡",到农村去;压缩城市人口、精减城市职工,充实农业第一线。1961年和1962年山东省共减少吃商品粮人口147.3万人。

---

① 中共山东省委研究室:《山东四十年》,山东人民出版社1989年版,第71页。
② 谭启龙:《谭启龙回忆录》,中共党史出版社2003年版,第523页。

在农村经济体制的调整方面,对人民公社制度进行调整,改变人民公社基本核算单位,将基本核算单位由生产大队下降到生产队,实行以生产队为基础的三级所有制,到1960年,山东省绝大多数人民公社普遍建立健全了包工生产和评工记分等制度。1961年,许多地方又开始试行以生产小队为基本核算单位的新体制,其他主要生产资料管理权下放到相当于原初级社规模的小队。山东省这一重大体制的变动得到中央的支持和肯定。经过两年的初步调整,争取了粮食产量的提升和农村经济状况的好转:1962年年底粮食产量比1961年增产14亿斤,经济作物除棉花外,其他作物产量也都高于1960年,1961年和1962年全省农村副业产值都在2.5亿元左右,比1960年增长67%,山东农业和农村经济困难局面得到了初步扭转。[①]

1962年3月,周恩来在二届人大三次会议上作的《政府报告》中指出:"多年的经验完全证明,我国国民经济的发展,必须以工业为指导,而以农业为基础。"[②] 党的八届十中全会将"以农业为基础,工业为指导"确定为发展国民经济的总方针。经过三年饥荒,党对农业的认识大大提高,加强农业成为经济调整的主要措施,部分地区实行"包产到户",发展农村工业,农业经济很快走出困境,人民生活好转。1964年,《政府工作报告》明确提出"要实现农业现代化、工业现代化和国防现代化",把农业现代化作为"四化"建设的内容之一。为使农业有一个大的发展,又能保证农村走社会主义道路,党中央于1964年年底提出了"农业学大寨"的口号,认为在发展农业问题上找到了一条适合国情的道路,全国掀起了"农业学大寨"运动,大寨人自力更生、艰苦奋斗的创业精神很快上升为引领全社

[①] 中共山东省委研究室:《山东四十年》,山东人民出版社1989年版,第77页。
[②] 《周恩来选集》(上卷),人民出版社1980年版,第371页。

会前进的风向标。

在经济调整时期，山东人民在严峻困难面前展开了一场与自然灾害和物质贫乏的斗争。山东涌现出一大批艰苦奋斗、重整山河的全国农业战线先进典型，像厉家寨、下丁家就是这样的代表。厉家寨是全国最早树立的一个农业典型，1957年就曾得到毛泽东的批示："愚公移山，改造中国，厉家寨是一个好例。"五六十年代一直是全国农业战线的一面旗帜。1957年至1965年，全国各地到厉家寨参观的人数就达50多万人。1965年3月，《人民日报》以《愚公移山，改造中国》的通栏标题，报道了厉家寨所在的山东临沂地区改造自然、发展生产的事迹。临沂人民用8年的时间改造了3000个山头、10条河流，简称30座大中型水库，2万座中小型水库，改造土地700万亩。正是凭着不怕困难、勇于奋斗的精神和坚忍不拔的毅力，山东的农业生产形势得以快速好转，使人民群众逐渐摆脱缺衣少食的困境。

这一时期，农业基本条件大为改善，发展后劲明显增强。一是进行了大规模的农田水利基本建设。山东省兴修了大批水库、水井和引黄、引河等灌区配套水利工程，建立了近3500万亩旱涝保收的高产稳产田，农业抵御自然灾害的能力明显增强。二是进行了农业技术改造，推进机械化发展。全省机械化水平在十年间有了较大提高，1965年农业机械总动力为95.8万马力，比1957年增加了近20倍；拖拉机拥有4726台，比1957年增加了近8倍；机耕面积达到1676.3万亩，比1957年增长了8倍多；灌溉面积达到2267万亩，比1957年增长了1倍多。三是大力推广农业科学技术。到1965年化肥、农药的使用量分别为56.4万吨、5.88万吨，分别比1957年增长了约3倍和4倍。1965年粮食总产量为266.4亿斤，接近历史最高水平，是1959年以来最好的一年。全省人均口粮308斤。四是全省畜牧、鱼、果等副业也有了较大发展，1965年总产值达3.45亿元。全省大牲畜302万头，生猪8万头，均比1964年有所增长。渔业总产值突破1亿元，基本恢复到1960年的水平。经济作物的生产也已经接近或超过新中国成立以来最高年份的产量，全省农民年均收入45元。棉花396万担，花生总产1328.97万担，油料作物1343万担，烤烟203万担，均达到新中国成立以来的最好水平。①

（三）农业学大寨运动时期（1966—1978）

20世纪60年代初期，中国大陆周边的形势比较严峻，党对战争爆发的危险性估计过高，出于国家安全的考虑，进行了"三线"建设，国家的投资向重工业倾斜，逐渐脱离了"以农业为基础"的指导思想，将阶级斗争、精神鼓励作为促进农业生产发展的主要手段，由开始的"农业学大寨"到后来的"普及大寨县"，"普及大寨县"成为发展社会主义"大农业"的唯一道路，"农业学大寨"运动始终主宰着1966年至1978年中国农业发展的命运。不能否认，大寨精神的推广，在一定时间和一定范围内的确产生过积极影响，最重要的是20世纪70年代掀起的兴修水利、改造农田的农村基本建设高潮。国家投入了巨额资金进行大型水利建设，群众性的农田水利设施供给方式的确立适应了国家全力推进工业化的需要，并在集体化体制的保障下取得了较好的绩效，促进了农业生产得不断提高。从20世纪70年代开始，农业开始使用化肥、农药，加快了农业发展的步伐，粮食总产量1975年达到2170.5万吨。全省已有68个县、市粮食增产，其中6个县、市每公顷亩产超7500公斤，16个县、

---

① 中共山东省党史研究室：《中共山东党史》（意见稿第2卷），第744—745页。

市跨"长江",全省平均每人占有粮食由1970年的227.3公斤增加到311.4公斤;林牧副渔产值达到103亿斤,比1970年增长32.1%。①总体来说,这一时期,山东的农业生产条件有了一定改善,粮食生产有了一定增长,扩大了农业基本建设工程,改善了农业生产条件,锻炼了大批农业干部和管理人员,为以后农业的发展创造了条件。在山东,一些大的水利灌溉系统大都是在"文化大革命"这一时期兴建起来的。如为解决惠民、德州、聊城和菏泽四个地区粮棉产量低而不稳的严重问题,进行了规模浩大的黄淮海水利大会战。为实现增产增收,全省进行了大规模的农田基本建设运动,这为农业的发展增加了劳动积累,扩大了农业基本建设工程,改善了农业生产条件。山东农业现代化建设在"文革"期间虽然没有受到像政治、文化领域那样大的冲击,但也只能在极"左"框架中波动性地缓慢发展,山东农业总产值平均年增长5%。②特别需要指出的是,即使在最严重的时期,农村家庭联产承包计酬制以各种形式暗中存在着,具有顽强的生命力。如果没有"文化大革命",山东的农业发展会取得更大成就。

三 山东现代农业全面发展时期(1979—1992)

这一时期,山东农业发展的特征就是进行以建立家庭联产承包责任制为主的农业经营体制和组织方式的变革,农村经济改革发生内生性制度变迁。家庭联产承包责任制给山东农业发展带来了一个快速增长的"黄金时期"。

中国的改革发端于农村,山东的改革同样起步于农村。山东农

---

① 中共山东省党史研究室:《中共山东党史》(意见稿第2卷),第920页。
② 同上书,第947页。

业现代化建设是从改革开放开始起步的，山东农村的改革始于菏泽的东明县。东明县位于黄河岸边，是菏泽地区最穷的县。1978年春，东明县沙窝公社的柳里村首先把已收回的自留地重新退给农民，接着把600多亩撂荒地分给农民，这一年，东明县有10万亩撂荒地分给农民自种自收，此举成为菏泽地区包产、包干到户的开端，从此，一发不可收拾，影响全省。山东农村历史的新一页就这样翻开了。

1978年12月召开的中国共产党第十一届三中全会，深入讨论了农业问题，同意将《中共中央关于加快农业发展若干问题的决定（草案）》和《农村人民公社工作条例（试行草案）》发到各省、市、自治区讨论和试行。1979年年初又把集体土地分给农民，到年底全部实行了"大包干"。这一年，东明全县农业生产出现了新局面，全年粮食增产1.25亿斤，皮棉221万公斤，花生37万斤，社员的口粮达到260公斤，是1978年的两倍多，创历史最高水平，一举摘掉了20多年吃国家统销粮的落后帽子，[①] 包产到户的优越性显示出来了。在中央和山东省指示精神的鼓舞下，菏泽地区率先推行家庭联产责任制，又在全省较早地尝试了人民公社管理体制的改革。1981年5月，山东省委批转了《全省农业生产责任制座谈会纪要》，对农业生产责任制进行了充分肯定，并对解决农业生产责任制实行过程中存在的问题进行了具体部署。1982年8月，山东省委、省政府印发了《山东省农业生产责任制试行办法》，明确提出无论何种形式的生产责任制，只要符合群众需要，都应实行。随后，包产到户、包干到户、联产到劳等形式多样的家庭承包责任制从鲁西北普及胶东沿海各地。到1982年年底，全省已有96.8%的村推行了以"大包干"为

[①] 王文升：《中国农村改革的先声》，山东人民出版社2006年版，第112页。

主要形式的家庭承包制,并在发展中逐步趋于完善。从1983年起,山东省又对"三级所有、队为基础"的人民公社体制进行了改革,实行了政社分开,建立乡级政府的办法。到1984年年底,全省已经有2109个人民公社全部编为乡镇,并在原生产大队的基础上,建立了8万多个村民委员会。经过一系列的农村改革,农民的生产劳动积极性大大提高,各类农产品产量也实现了大幅度增加。据相关资料统计,到1984年,全省粮油总产量分别比1978年增长了32.9%和89.8%,农民人均纯收入达到395元,比1978年增长3.4倍,人均占有粮食由1978年的320公斤,提高到了1984年的398公斤,基本上解决了农民的温饱问题。农业生产突破了"以粮为纲"的单一结构,实现了粮食作物与经济作物并重,农业经济效益大大提高。

随着农村基本经营制度的全面确立,农村进入了全面探索市场化改革的阶段。从1985年开始,山东省针对家庭承包经营制度推行过程中出现的新情况、新问题,采取了一系列完善措施。如调整土地承包形式、建立健全的合同管理机构、法规制度及土地使用、流转、投资补偿等相关配套制度等,均有效地促进了双层经营体制的稳定和完善。根据党中央、国务院要求,1985年农业部下发了《关于调整农村粮油购销政策和价格的通知》,并于1985年4月1日起取消粮食统购政策,改为合同订购,合同订购以外的粮食可以自由进入市场。实行30年来农副产品统购派购的制度被取消,对粮、棉等少数重要产品采取国家计划合同收购的新政策。农业生产中的指令性计划基本取消,不仅农产品可以在商品市场自由买卖,农民也可以以自由商品生产者的身份,按照市场需求安排生产经营活动,参加市场竞争。这就使得农民从统购统销的束缚中解放出来,获得了充分的经营自主权，成为独立的市场主体，农村市场化程度显著提高。

为配合农业的发展，山东省在1986年9月又制定了《关于进一步加强乡镇企业发展的若干规定》，保护乡镇企业的合法权益，对农业现代化的发展起到了极大推动作用。1987年，实施"科教兴农"战略，从这一年起，山东开始走"农工商一体化""贸工农一体化"的路子，使农贸工与农工商之间共担风险，共享利益。1988年实施的"燎原计划"，极大地推动了科教兴农的发展，减轻了农民负担。山东省乡镇企业的异军突起，在转移农村剩余劳动力、增加农民收入、以工补农、以工促农以及增加农业投入等方面对农业现代化建设产生了深远的影响。乡镇企业在20世纪80年代中期的异军突起，促进了农村经济从传统的农业单一结构转向多部门的综合发展。到1990年年底，山东全省乡镇企业已达144万个，总产值突破1000亿元，成为山东农村经济的"半壁江山"和重要增长点。乡镇企业的崛起，有力地促进了农村剩余劳动力向非农产业和城镇的转移，加快了山东省的工业化、城市化进程。通过这一时期的改革，市场机制开始引入农业和农村经济之中，并发挥着越来越重要的作用。为农业和农村经济全面向市场经济过渡奠定了坚实的基础。到1991年，以国合商业为主、多种经济成分并存、多渠道搞活农产品流通的新格局已基本形成，农村工业的发展为实现农业现代化奠定了雄厚的基础。

这一阶段，是山东农业的黄金增长时期，农业和农村经济的超常规增长，不仅在很短的时间内解决了几千万人的温饱问题，而且为以后的农村改革与全面发展创造了条件。

四　山东现代农业加速建设时期（1993—2006）

这一时期，是从党的十四大至党的十七大召开之前。随着我国社会主义市场经济体制的建立和完善，我国农业现代化建设的步伐加快。这一时期我国农业现代化的主要特征就是在坚持和完善农村基本经营制度的基础上，走农业产业化之路，通过发挥农业的外部规模经济优势来解决"小生产、大市场"之间的矛盾，克服家庭经营收益低的缺陷。进入21世纪，山东惠民政策不断加强，农业生产方式转变，迈出坚实步伐。

农业产业化则是农业现代化的基础和支撑。1992年，社会主义市场经济的提出，使得农业现代化建设的内涵也大大拓宽了。家庭联产承包经营制度的完善与农产品流通体制改革的实施，使得农村经济迈上了一个大台阶，但是农业和农村经济发展的诸多矛盾也暴露出来。为了解决这些矛盾，农业产业化经营应运而生。为了解决市场经济条件下，农民一家一户分散经营进入市场难、农业效益不高等问题，在不动摇家庭承包经营基础的同时，通过主导产业的引导，开始实施农业产业化战略。

山东潍坊市走在了全国的前列，潍坊市于1993年年初提出了"确立主导产业，实行区域布局，依靠龙头带动，发展规模经营"的农业发展战略。同年4月，山东省农委在对潍坊市及其所辖县市进行调查研究之后，向省委、省政府提交了《关于按产业化组织发展农业的初步设想与建议》的报告。1994年年初，山东省将实施农业产业化战略并将其作为发展农村社会主义市场经济的重要内容，写入了省委1994年"一号文件"，使农业产业化在全省得到普遍推广。发展农业产业化经营，关键是培育具有市场开拓能力、进行农产品深度加工、为农民提供服务和带动农户发展商品生产的"龙头企业"，并引导"龙头企业"同农民形成合理的利益关系，让农民得到实惠，实现共同发展。不少地方出现了"龙头企业＋合作社＋基地＋农户""龙头企业＋合作社＋家庭农场""公司＋中介组织＋农户"等多种生产组织模式，促进了农民、合作社与龙头企业之间交叉渗透。龙头企业依托"一村一品"专业村镇建设高标准原料生产基地，与农户、家庭农场、农民合作社形成稳定的购销关系，很多农户通过劳动力、资金、土地等方式入股龙头企业，分享农产品加工、流通和出口等带来的增值效益。各地也涌现出了许多农村经济发展的好典型、好经验，像诸城市的"贸工农一体化"、寿光市的"以市场促农业发展"等。在全省范围内推广、实施"农业产业化"，对全省农业和农村经济发展产生了积极影响，它不仅解决了当时农业方面存在的诸多问题，也推动了农村经济的快速发展。

1997年，党的十六大确定了我国21世纪前50年现代化建设的奋斗目标，明确强调要通过"走新型工业化道路，大力实施科教兴国战略和可持续发展战略"，在前20年全面建设小康社会，后30年基本实现现代化，到21世纪中叶达到中等发达国家的现代化水平。1998年10月，党的十五届三中全会通过的《中共中央关于农业和农村工作若干重大问题的决定》指出，"东部地区和大中城市郊区要提高农村经济的发展水平，有条件的地方要率先基本实现农业现代化"。山东积极贯彻中央文件精神，把"高产、优质、高效"作为农业和农村经济发展的根本指导思想，大力发展高产优质高效农业，使农业发展由增量为主转到增量与增效并重上来，走出来一条适合山东省农业产业化发展的新路子，实现了农业的可持续发展，农业现代化建设初见成效。1998年全省农业增加值达到1216亿元，比1991年增长133.0%，年均递增12.8%；蔬菜总产量由1991年的

1503万吨猛增到1998年的5710万吨，增长了2.8倍，年均递增21%；水果总产量增长到840万吨，增长了2倍，年均增长16.9%。① 在物质装备现代化方面，农业机械化作业水平是农业物质装备现代化的重要体现。1998年，山东农业机械化作业水平为51.05%，已相当于现代化标准的64%。此外，农村人均用电量也是农业电气化和农业物质装备现代化的重要指标，据资料显示，1998年的实际值相较以往已经有了很大程度的提高，但实现农业物质装备现代化的经济仍需努力；在科学技术现代化方面，科技进步对农业发展的贡献率的大小与农业现代化的实现程度密切相关。据测算，1998年山东农业科技进步贡献率已达到50%，已达到现代化标准的77%左右，表明山东在农业科技进步和成果转化等方面，取得了一定成绩；在经营管理现代化方面。山东省率先在全国提出农业产业化的发展思路，也是农产品出口量最多的省份，但其离农业经营管理现代化的目标仍有较大差距。1998年山东这一指标为35.58%，只相当于现代化标准的1/3，而农业外贸依存度和农产品合同收购率均不足现代化标准的50%。这表明，在传统农业向现代农业转变过程中，农业的产业化、市场化、外向化及服务的社会化均未达到一定的水平。在环境优良化方面，从生态环境来看，山东1998年森林覆盖率为17.6%，为现代化标准的58.6%，农业灌溉用水合格率仅为70%，水污染的问题比较突出，这说明山东要实现农业的可持续发展，保护生态环境的责任重大。到20世纪90年代末，山东省农业现代化实现程度达到60.22%，完成了起步阶段。具体来看，农业基础设施得到明显改善，主要农作物良种普及率达到96%，林果良

---

① 国家统计局农村社会经济调查司：《历史的跨越：农村改革开放30年》，中国统计出版社2008年版，第125页。

种普及率达到80%，畜禽良种普及率达到90%以上，精细瓜菜占瓜菜总产量的60%以上，农业科技进步贡献率达到52%，比全国平均水平高4个百分点。农业机械化水平达75%，全省已有95个县（市、区）达到农业电气化标准，农业专业化、商品化、标准化、规模化、产业化达到相当水平。[1]

进入21世纪，为破除城乡二元结构，调整工农关系和城乡关系，推动实施"工业反哺农业、城市支持农村"战略，统筹城乡发展，开始了农村税费改革。农村税费改革是继实行家庭承包经营之后，党中央、国务院为加强农业基础、保护农民利益、维护农村稳定而推行的又一项重大改革，对减轻农民负担、促进农村社会稳定和国民经济持续快速健康发展具有深远的意义。2001年中共中央、国务院发布《中共中央、国务院关于进行农村税费改革试点工作的通知》，山东省开始贯彻中央指示精神，采取多种措施，以实行"少取、多予、放活"为方针，深入推进改革，先在聊城市和莱州、肥城进行税制改革试点，随之于2002年在全省推行。改革的主要内容是取消乡统筹费、农村教育集资等专门面向农民的行政事业收费和政府性集资；取消屠宰税；逐步取消劳动积累工和义务工；改革村提留征收办法，改为农业税附加；下调农业特产税等。其目的是通过税费制度的改革，加速推进农业现代化，减轻农民负担，促进农村社会稳定和国民经济持续健康稳定发展，缩小城乡差距。到2002年年底，全省农民人均税费为98.06元，比改革前减少43.78元，下降30.9%，通过综合治理"三乱"，各种隐性负担明显减轻。这一年，山东省政府出台了《关于深入推进农业产业化

---

[1] 衣芳等：《山东改革发展30年研究》，山东人民出版社2008年版，第120页。

经营的决定》与《山东省人民政府关于大力推行农业标准化全面提高农产品质量的意见》，促进了山东省农业产业化和标准化程度的提高。2002年年底，山东省符合农业部统计标准的各类农业产业化组织11678个，其中龙头企业5035个，中介组织4092个，专业市场1320个；全省无公害农产品达到351个，基地面积450多万亩。2002年山东省农林牧渔业总产值为2526亿元，比1998年增长15.3%，年均递增3.6%；农业结构调整取得新的进展，种植业、林业、牧业、渔业占农林牧渔总产值的比重分别调整为55.5%、1.9%、27.6%、14.2%。[①]

中国加入WTO后，我国农产品直面国际竞争，进一步推进农业产业化、农村城镇化、农村工业化，促进传统农业向现代农业转化，建设现代农业成为当务之急，中国进入了实施农村综合改革和推进社会主义新农村建设阶段。在农业和农村经济发展进入新的阶段以后，农村改革越来越关注农业和农村发展的深层次矛盾和问题，改革的重点主要针对新阶段的农村综合改革和社会主义新农村建设等重大问题。把农业和农村发展放在国民经济通盘格局下，考虑在工业化的中期阶段与农业和农村外部环境变化的大背景下，如何实行"以工促农、以城带乡"，建立农业和农村经济长效发展机制，从总体上解决"三农"问题，着力于城乡统筹和农村全面发展、农村社会事业建设，是这个阶段农村改革的突出特征。

2003年，山东省颁布了《关于做好农村税费改革试点工作的意见》，明确提出2003年大部分地区要取消农业特产税，截至2004年要全部取消。从2004年开始，山东省开始降低农业税率，并取消了

---

① 国家统计局农村社会经济调查司：《历史的跨越：农村改革开放30年》，中国统计出版社2008年版，第126页。

除烟叶以外的所有农业特产税，有10个县（市、区）全部取消了农业税，开始实行农业的"三项补贴"政策。2005年，全省有66个县（市、区）取消了农业税，2006年全部取消了农业税，这就赋予了农民作为国民收入分配主体的应有平等地位，极大地调动了农民的生产积极性，农业经济结构不断优化，高效农业迅速发展。

从2004年开始，山东省全面放开粮食收购和销售市场，意味着农产品流通体制改革的最后一个堡垒被攻克。社会主义新农村建设全面推进，农村生产生活条件和社会保障水平有了明显提高，广大农民的生活质量有了明显提高。

2006年山东省取消了农业税和除烟叶以外的农业特产税，使"均田免赋"这一中国农民千百年的梦想终于变成了现实，延续了2600年的按地亩向农民征税的制度从此退出历史舞台。全国农民每年减轻负担1335亿元，农村干群关系明显改善，农村内部长期积累的多种矛盾得到有效化解。以乡镇机构、农村义务教育和县乡财政管理体制改革为主要内容的农村综合改革稳步推进，初步建立了农村公共服务的有效机制。粮食流通体制改革也取得突破性进展。

这一时期，山东围绕建设"大而强、富而美"的社会主义新山东这个总目标，紧紧抓住21世纪前20年重要战略机遇期，加快农业现代化建设步伐，大力发展优质、高效、生态、安全农业，突出发展牧业和渔业，实施了"畜牧强省"和"海上山东"战略。各地突出特色，着力培植主导产业，促进优势产品、优势产业向优势产区集中，形成"特色化＋专业化＋规模化"的农产品产业区（产业带）。全省已初步形成中西部平原优质粮棉产区、鲁东南及鲁北优质蔬菜产区、胶东半岛及泰沂山区优质果品产区等8大优势产业带；专用小麦、专用玉米、棉花、苹果、水产品、肉牛肉羊、蔬菜、花生、禽肉、生猪、牛奶11种产品已成规模优势,其中优质专用小麦种植面积占小麦播种面积的70%;苹果占水果总产量的55%;猪肉、禽肉各占肉类总产量的49.8%和33.4%;棉花、水产品、蔬菜、花生等总产量均居全国前列;烟台苹果、肥城桃、金乡大蒜、化冬枣、滕州土豆等一大批名特优农产品已形成规模并成为当地支柱产业;全省专业乡发展到758个,专业村发展到28717个。各地立足当地实际,充分发挥资源禀赋、生产传统、技术基础等优势,大力发展高产优质高效农业,特色农业、基地农业、设施农业、园区农业、外向农业、生态农业、观光农业快速发展。连续四年来农林牧渔业总产值以年均5.4%的速度稳步增长,2006年达到4056.5亿元,稳居全国第一;特别是粮食生产扭转连续三年下降的局面,自2003年连续四年实现"面积、单产、总产"三增加,2006年粮食总产量达到4048.8万吨,增长3.4%,农业旅游收入达150多亿元,占全省旅游总收入的10%以上。山东省蔬菜水果产值约占种植业的55%,牧渔业产值占第一产业的43.6%。农产品的国际市场竞争力增强,农产品出口连续七年居全国第一,逐步构筑起农产品生产、加工、销售一体化的发展格局。

五 山东农业现代化建设的新时期(2007—)

2007年1月,中央"一号文件"《关于积极发展现代农业扎实推进社会主义新农村建设的若干意见》指出,"发展现代农业是社会主义新农村建设的首要任务,是以科学发展观统领农村工作的必然要求",并提出了实现中国农业现代化的总体思路和措施。2007年10月,党的十七大召开,十七大报告正式提出走中国特色农业现代化道路的重大命题,中国农业转型进入新的历史阶段,开始了以"解放农民、转移农民、减少农民"为主题的农业制度变革,成为新中国成立后第七次农业政策调整。胡锦涛同志在党的十七大报告中指出，要"坚持把发展现代农业、繁荣农村经济作为首要任务"，"走中国特色农业现代化道路"，由此全面开启了中国农业现代化的崭新道路。为把更多的人从农业和土地中解放出来，中共中央、国务院采取了一系列重大举措解决中国的农业、农村、农民和农民工问题：第一，取消农业税，调整国家和农民的分配关系。第二，实行农业生产补贴，强化对农业的支持保护。第三，全面放开粮食购销，迈出农产品市场化改革的决定性步伐。第四，推行集体林权制度改革，调动农民造林护林的积极性。第五，改革农村义务教育经费保障机制，实现真正意义上的免费义务教育。第六，建立健全农村社会保障制度，消除农民的后顾之忧。实行新型农村合作医疗制度，推动新型农村社会养老保险制度。第七，清理不合理政策和限制，公平对待农民工。这些措施大大促进了中国从传统农业向现代农业转型。惠民政策的不断加强，给山东农民实实在在的实惠，促进了农业的大发展，粮食生产实现了多年稳产，保障了城乡居民的"米袋子""菜篮子"。2007年，山东省农林牧渔业总产值比2002年增长27.5%，粮食总产量增长26.0%，蔬菜总产量增长0.1%。[①]

在中央和省政府的政策指引下，山东以新农村建设作为"三农"工作的总抓手，全面落实国家各项支农惠农政策，农业和农村经济呈现出良好的发展态势。从2007年至2012年，是山东省农业经济平稳较快发展的五年，也是农村改革发展不断深入的五年。山东农村改革以科学发展观为指导，坚持"多予、少取、放活"和"以工补农"、以城带乡的方略，进一步加大对"三农"的支持力度，着

---

① 国家统计局农村社会经济调查司：《历史的跨越：农村改革开放30年》，中国统计出版社2008年版，第126页。

力强化农村"路水电气医学"等基础设施建设,大力发展现代农业,更加重视农村的民生问题,全面发展农村社会事业,社会主义新农村建设取得了重大进展。五年来,山东粮食总产"五连增",达到900亿斤;农产品市场竞争能力不断提高,全省的农产品出口到世界160多个国家和地区;农业科技和装备水平不断提高,粮食生产已基本实现了机械化作业;农村改革发展和体制机制创新不断深入,强农惠农政策力度进一步加大,全省共兑付补贴资金79亿元,全部通过"财政涉农补贴资金一本通"发放到农民手中。到2011年年底,山东省人均生产总值由2006年的2961美元提高到7317美元;地方财政收入由1356.3亿元增加到3455.7亿元,年均增长20.5%。

2012年党的十八大召开,十八大报告提出"坚持走中国特色新型工业化、信息化、城镇化、农业现代化道路","促进工业化、信息化、城镇化、农业现代化同步发展"。促进"四化"同步发展,是党和国家在科学把握现代化发展规律的基础上做出的重大战略部署。农业现代化是新型工业化、信息化和城镇化发展的重要基础,农业现代化如果跟不上工业化、城镇化的发展步伐,必然导致工业化、城镇化陷入停滞,进而影响整个现代化进程。因此,必须高度重视农业现代化在"四化"同步中的基础地位,在工业化、城镇化、信息化快速发展的同时,必须着力推进农业现代化,加快现代农业发展步伐。

从2013年开始,中央"一号文件"都把农业现代化建设作为工作的重中之重。2013年中央"一号文件"《关于加快发展现代农业进一步增强农村发展活力的若干意见》、2014《关于全面深化农村改革加快推进农业现代化的若干意见》、2015年《关于落实发展新理念加快农业现代化实现全面小康目标的若干意见》在总结过去农业工作经验的同时，强调继续坚持深入推进农业现代化建设，走有中国特色的现代化农业发展道路。

2014年1月20日，习近平总书记在山东考察，提出了发展农业现代化的"三个导向"战略思想，指出"要以解决好怎么种为导向，加快构建新型农业经营体系；以解决好地少水缺的资源环境约束为导向，深入推进农业发展方式转变；以满足吃得好吃得安全为导向，大力发展优质安全农产品"。这一重要论断已经写入2014年中央"一号文件"，成为新时期推进我国现代农业科技创新驱动的重要指导方针。

2016年11月10日，山东省委、省政府颁布了《山东省"十三五"农业和农村经济发展规划》（以下简称《规划》）。《规划》紧密结合山东"三农"发展实际，确定了建设现代农业强省，加快实现农业现代化"十三五"目标定位。《规划》从经济作物、蔬菜种植、畜牧业、渔业等方面创新农业产业体系，在保证粮食供应等前提下，推进农业科技创新，提升农业装备水平，到2020年全省半数以上县（市、区）基本实现农业现代化。

这一时期，山东省各级政府认真贯彻中央和省委、省政府"三农"工作系列决策部署，加快转变农业发展方式，全面落实强农惠农富农政策，不断深化农村改革，努力促进农民增收，农业农村工作取得显著成就。主要农产品产量稳定增长，粮食总产量连续五年稳定在900亿斤以上。2015年，山东粮食产量实现了"十三连增"，农民收入实现了"十三连快"，农业农村发展的多项指标均居全国前列。其中，农业总产值、农业增加值、蔬菜、果品、肉蛋奶、水产品产量，农机总动力、农业出口总额等八项指标位居全国第一。2016年粮食总产量达到940.14亿斤，稳居全国第三位；农村居民人均可支配收入稳定增加，2013年首次突破万元大关，达到10620元，2016年达到了13954元，连续五年均高于GDP增速和城镇居民人均可支配收入增速。

综观山东省在新中国成立后农业发展的六大阶段，我们看到：新中国成立后到党的八大是山东农业经济的恢复时期；从党的八大至党的十一届三中全会，是山东农业经济的初步探索时期；改革开放后至今，是山东农业经济的快速发展时期，这一时期的农业经济呈现了质的飞跃，现代农业发展在全国一枝独秀。其间历经曲折、艰难，终展现其辉煌，有其成功的宝贵经验，亦有沉痛的历史教训。从山东农业发展的实践来看，中国的农业现代化之路一开始滞后于国家现代化，改革开放前后一段时间，农业现代化指数都低于国家现代化指数，到了21世纪，农业现代化与国家现代化并驾齐驱，足以与发达国家的现代农业相媲美；中国的农业现代化是在工业化背景之下的一种粮食主导型现代化，受资源、环境的巨大制约；中国的农业现代化有着社会主义制度的优势，但农业政策起伏比较大，对农业发展的影响较大。农业现代化是一种世界潮流，都有着自己本国的特色。

第二节　山东农业发展的特征

新中国成立后，山东农业的发展经历了改革开放前后两个30多年的发展，在本质上都是对农业发展的实践探索。前30年农业发展的探索进程，经历了"大跃进"、人民公社化运动，随后又遭受三年自然灾害，特别是发生了"文化大革命"，农业建设遭受重大挫折。

但我们不能因为这些问题,就贬低甚至否定前30年农业所取得的重大成绩。和全国大多数省份一样,山东三年恢复了国民经济,仅用四年时间,完成了三大改造,引导全省人民走上社会主义道路,农业基础设施建设取得重大成绩,农民生活水平比新中国成立前有了较大提高,为山东新时期经济的现代农业的发展创造了重要条件。山东现代农业是在改革开放历史新时期开始的,但也是在新中国已经建立起社会主义基本制度并进行了20多年的基础上开始的。山东改革开放30年多年的农业发展成就,离不开前30年打下的坚实基础,更离不开吸取了前30多年的经验教训。山东60多年农业发展的历史是相互联系、互相依存的,大体呈现阶梯式或螺旋式上升的趋势,是一步一个脚印走出来的。

一 改革开放前30年山东农业发展的特点

(一) 山东农业的发展还没有脱离传统农业的发展思路

山东在新中国成立之后的粮食增产措施,靠的是在单位面积上投入大量的人力和物力,大兴水利、深翻土地、合理密植等措施,这些都属于精耕细作的范围,方法也是正确的,但在实际过程中,农业"大跃进"突破了农业生产合理的限度,有过火行为,对农业造成了损害。当然,即使是在合理的限度内,这些措施本质上还是属于对传统农业要素的生产配置,它只能使单位面积粮食产量略有提高,但要使粮食生产大规模的"跃进",这是不可能的。因此,必须另辟新路,引入现代农业生产要素,改造传统农业。所谓引入现代农业生产要素,就是加大农业技术的科技含量,提高农民的生产技能和知识的更新,这是现代农业发展的唯一出路。而同时期的日本却开始走上了现代农业之路,大力发展农业科技,大量使用了化肥、良种，促使了日本农业的腾飞。在当时的西欧，整个20世纪50年代农业就业人数减少了20%，而农业劳动生产率却提高了50%。土地仍然是过去自然赋予的那些土地，且耕地面积有所减少，其原因在于农业资本质的提高，提升了农民具有使用现代生产要素的能力。在以色列，土地并不肥沃，1952年至1959年间，虽然农业就业人数只增加了四分之一，但生产却增加了一倍多，农业科技起了决定性的作用。① 通过上述比较，新中国成立后山东的农业发展，取得了一定成绩，奠定了社会主义现代化的物质基础，但总体说来还没有脱离传统农业的发展思路，只强调了人的因素，片面夸大了精神的作用，没有重视农业科技和农民的素质，整体上还没有摆脱靠天吃饭的局面。

（二）山东农业的发展始终围绕着工业化的实践而展开

新中国成立后党和政府对农业地位的认识多是从农业大国这一基本现实出发的，把解决人民的吃饭问题始终作为头等大事来抓，因而对农业的发展保持高度的重视，这一点是值得肯定的，也是很了不起的。新中国成立后，党和政府致力于国民经济的恢复，而国民经济的恢复首先是农业的恢复。经过土地改革，农民逐渐解决了吃饭问题，将实现社会主义工业化提到了重要日程上来。面临着生存压力与国家安危，实现工业化是党和政府挥之不去的必须实现的梦，农业的发展始终围绕着工业化而进行。后来的农业社会主义改造促进了农业生产的发展，但农业的发展还是比较脆弱的，难以摆脱大自然的侵袭，不能满足国家工业化发展的需要，农业的落后制

---

① 张继九：《略论农业大跃进对传统农业生产要素的重新配置》，《中共党史研究》2006年第1期。

约了中国工业化的快速发展。在经历了"一五"计划的实践后,响应中央号召,带领人民进行"大跃进"运动,目的是探索出一条更快、更好的适合山东农业发展的路子。山东"大跃进"运动的开展是以农田水利基本建设为突破口的,"大跃进"初期,农业取得了一些成绩后,马上把运动重心转移到大炼钢铁上来,加快了工业化的步伐,农业被晾在一边。当运动发展到出现灾荒时,山东认认真真搞经济的调整,将"以农业为基础,以工业为指导"确立为发展国民经济的总方针,农业在国民经济中的基础地位才开始进一步明确。党的这一正确认识在后来经济形势逐渐好转的实践中发生了摇摆和动摇,后来在"以阶级斗争为纲"的极"左"思想指导下,农业又被摆在了次要的位置,通过狠抓"阶级斗争"和"人的思想革命化"来促进农业生产,主要表现为"农业学大寨"运动,普及"大寨县"成为发展社会主义农业的唯一出路。1978年以前,"学大寨"运动始终主宰着山东农业发展的命运。以上山东农业发展实践表明,农业的发展始终围绕着工业化而展开,农业的基础地位是不牢固的。什么时候对农业基础地位的认识越深刻,什么时候农业就会得到更好的发展,要认识到农业在国民经济中的基础地位,这是农业发展的正确选择。

(三)山东农业经济的发展在很大程度上依赖于生产关系的变革

新中国成立之初,党和政府面对国民党留下的烂摊子,从农业入手,十分重视农业,进行土地改革,促进了农业的发展。土地改革实现了"耕者有其田",打破了旧的生产关系,建立了新的生产关系,极大地促进了农业生产关系的发展。应该说这个时期整个社会的经济构成一致,多种所有制和分配形式并存,这种与生产力发展水平相适应的生产关系促进了农业生产力的发展,农民也得到了许多实惠，以至于他们喊出了"翻身不忘共产党，幸福不忘毛主席"的口号，这是一种真挚的感情流露。

　　土地改革之后，山东在农村广泛开展的农业合作化运动是我国农业和农村的制度创新和组织创新。尽管当时的农业合作社是建立在低级公有制基础上的，但在中国当时的历史条件和经济环境下，贫穷、分散、脆弱的小农经济无法支撑工业化战略，通过合作化和集体经济的方式提高农村社会生产力是一种合理选择，农业合作化也是当时建立国内工业体系的内在要求，合作化的生产组织方式充分利用了农业的制度资源和组织资源，大大提高了劳动生产率，在较低的生产率水平上创造声誉，最大限度地为我国20世纪50年代"初级工业化"战略的实施在产品、资本和劳动力方面做出了贡献，确保了初级工业化的成功。遗憾的是，农业合作化以超常规的步伐，急切地进行社会改造，"一两年一个高潮"，一种组织形式还没有来得及巩固，很快又变了。从初级合作化到普遍办高级社就是如此。如果稳步前进，巩固一段时间再发展，就可以搞得更好一点。1958年"大跃进"时，高级社还不巩固，又普遍搞人民公社，结果60年代初期不得不退回去，退到以生产队为基本核算单位。① 之所以会出现这样的情形，是因为中国共产党"希望在迅速发展经济的同时以同样迅速的速度实现整个社会意识形态的急剧变革，并在实际上以这种变革促进经济发展"②。生产关系变革过快，不能适应生产力的发展，结果是欲速则不达。邓小平认为："生产关系究竟以什么形式为最好，恐怕要采取这样一种态度，就是哪种形式在哪个地方能够

---

① 《邓小平文选》（第2卷），人民出版社1994年版，第316页。
② ［美］莫里斯·迈斯纳：《毛泽东的中国及后毛泽东的中国》，杜蒲、李玉玲译，四川人民出版社1992年版，第260页。

比较容易比较快地恢复和发展农业生产，就采取哪种形式"。[1] 脱离生产力发展水平，急于变革生产关系只能造成生产力的破坏。况且，这种建立在变革生产关系基础上所形成的理论方式、思维方式，致使我国农业发展长时间地呈现了明显的路径依赖，即依赖生产关系的变革和组织的调整来激发农业生产力，而长期忽视农业技术、资金和人才等促进农业发展的因素。这一时期，山东农业发展的实践，证明了在人民公社体制下，无法解决农民积极性不高的问题，也促使全党对农业进行全面的深入思考和系统研究，这种实践的客观需求成为人民公社体制解体的内在动力，为十一届三中全会后山东特色农业发展道路的形成提供了历史和现实的基础。正反两方面的经验教训，快速拉开了十一届三中全会前后山东农业改革的序幕。

二 改革开放后山东农业发展的特征

改革开放后，山东发展现代农业，跳出传统农业的思路，从"工业反哺农业、城市支持农村"的战略出发，以国际化、标准化为标志，加快调整农业和农村经济结构，全省农业综合生产能力显著提高，把农业产业化推进到了一个新的发展阶段，现代农业有了较快的发展，继续保持中国第一农业大省的地位。山东农业如同工业一样，可谓亮点闪耀，特点突出，前景可期。

（一）因地制宜是山东现代农业发展的基础

山东地域广阔，各地区的农村、农业经济发展不平衡，自然条件和资源禀赋也有较大的差异。山东现代农业发展的主要做法是：根据当地的资源特色、产品产业特点和资源、区位、传统、技术优势，发展具有当地特色和优势的产业、产品，宜农则农、宜林则林、

---

[1] 《邓小平文选》（第1卷），人民出版社1994年版，第323页。

宜牧则牧、宜工则工、宜渔则渔。搞好产业结构调整，选择市场竞争力强、占有率高、覆盖面大的产业，不断扩大规模，形成主导产业。由于各地坚持了多样性，不搞一个模式，避免了各地产业雷同，各地农业发展独具特色。

山东粮食生产集中在鲁西南、鲁西北、鲁中、鲁东四大粮食优势区域，有120万公顷的现代农业项目区和8万公顷的现代农业核心示范区，主要以小麦、玉米为重点，着力提高单产，促进均衡增产，带动全省粮食总产的持续增长。

渔业项目重点分布在沿海地区。山东省是渔业大省，沿海地区有着悠长的海岸线，海岸线长3000多公里，约占全国的1/6，位居全国第二位，近海海域面积15万平方公里，其中，20米以内浅海面积约2.9万平方公里，滩涂面积约3000平方公里，发展渔业的优势明显。山东充分利用这个海域优势，大力发展海淡水、名优特新品种养殖和远洋渔业、水产加工业，提高水产品的质量和附加值。全省有渔业乡（镇）137个，渔业2268个，渔业户43.3万个，渔业人口158万人，渔业从业人员200多万人。渔民人均纯收入已达9000多元。山东海洋渔业将重点抓好海参、对虾、扇贝等十大主导品种的健康养殖，组织实施33.33万公顷标准化生态鱼塘整理工程，健全水产品质量保证体系，把养殖全过程标准化作为加强水产品质量安全的主攻方向，加强全过程质量监管，认证无公害水产品、绿色食品和有机水产品100多个。

在黄淮平原，充分利用农业资源丰富的比较优势，优化粮棉品种和品质结构，发展加工转化和产业化经营，把粮棉产业做大、做强，建成山东省的优质粮棉生产基地。

在鲁中南山区，充分开发利用和保护山地资源，减少粮食种植，把广种薄收的农田和山坡地退出来，封山绿化，植树种草，扩大林业种植和畜牧业养殖，建成具有山区特色的林、农、牧重点基地和产区。

胶东半岛果品与水产品、鲁中和鲁南蔬菜、鲁西和鲁南粮棉、鲁西北蔬菜和沿黄畜牧等优势产业区、产业带，形成区域化布局、专业化生产、规模化经营的新格局。

黄河三角洲绿色畜产品生产基地，沿黄河牛羊产业带、鲁中南生猪产业带，沿济青、烟威高速的奶业发展一条线，等等。

此外，烟台的苹果、莱阳的梨、诸城的分割鸡、龙口的粉丝等都在国内外享有盛誉，基本实现了"一县一品"的目标，创造了"一业富全县"的奇迹，所有这些都是因地制宜所结出的硕果。

(二) 农业产业化是山东现代农业发展的核心

山东是全国农业产业化的发源地，潍坊又是在山东率先提出农业产业化的城市。经过多年的发展，山东农业产业化经营不断深化，已经取得了较大的成绩。山东农业企业的规模、数量，均列全国最大、最多，山东农业企业数量和产值一直位居全国第一，农业龙头企业由于规模大，资金雄厚，技术创新能力强，产品的市场占有率高，在农业一体化过程中，作为产业链的组织者，作用更为明显。农业龙头企业在农业产业化中引领农业技术创新和产品质量，引领产业转型升级。2001年年底，山东省农业产业化经营规模以上的龙头企业发展到2628家，龙头企业实现销售收入1077亿元；到2015年，规模以上的农业龙头企业达到9400多家，销售收入达到1.57万亿元，继续居全国首位。2014年，山东年产值销售收入过500万元的农业龙头企业数量达9220家，比2013年增加111家；实现销售收入14975亿元，同比增长6.5%；出口额达到169亿美元，连续多年居全国首位。其中，773家省级以上龙头企业实现销售收入6722亿元，占比达45%，骨干支撑作用日益增强。[1]为进一步培育壮大龙头企业，克服经济形势复杂多变、生产经营成本持续上涨等不利因素的影响，推动农业均衡发展，2015年，山东省设立了省农牧业产业基金，基金总规模15亿元，首期规模6.5亿元，主要投资山东境内的现代农业、现代畜牧业及相关产业拟上市或具有高成长性的未上市企业。[2]山东已形成了多种经营类型带动、多种经济成分并举、主导产业不断壮大、组织形式不断创新、联结机制不断完善、服务领域不断拓宽的发展格局，产业发展带动企业壮大、企业发展推动产业振兴的良性循环基本形成。全省农业产业化经营呈现出均衡发展、转型发展、创新发展和融合发展"四大态势"，实现了平稳增长。对加快全省现代农业建设、推进农业农村经济发展发挥了重要作用。

1. 均衡发展：山东农业产业化经营的一大特色。从地域来看，山东省呈现东中西均衡发展、梯次推进的发展态势。东部4市龙头企业数量达2570家，实现销售收入4650亿元，分别占全省总数的30%和31%；中西部地区6650家，实现销售收入10325亿元，分别占全省总数的70%和69%。分行业看，粮油、果菜、畜牧、水产四大主导产业龙头企业数量达6600家，实现销售收入1.1万亿元，占总收入的70%；茶叶、中草药、花卉苗木等特色产业龙头企业数量374家，同比增长17%，实现销售收入216亿元，同比

---

[1] 于洪光：《山东农业产业化经营呈现"四大态势"》，《农民日报》2016年1月5日。

[2] 同上。

增长23%。山东的农业产业化正逐步呈现新态势：由自发到自觉发展，逐渐形成了"企业跟着市场跑，结构围绕企业调，项目依托基地建，农民照着订单干"的良好局面；由价格支持到产权联结，形成"公司＋大户"或"公司＋农场"的形式；由经济功能到综合功能，龙头企业逐步将先进的经营理念、管理方式、物质装备、生产技术等要素导入农业和农村；由单向带动到双向互动，以龙头企业为中心，结合当地实际，或搞配套建设，或建中介组织，或延龙头链条。[①]

山东潍坊地区的产业化闻名全国，农业基本形成了以诸城、安丘、高密为主的禽肉、花生生产区；以安丘、寿光为主的蔬菜生产区；以"三北"地区为主的水产品生产区；以青州、临朐为主的干鲜果品生产区；以潍城、寿光、青州为主的花卉生产区等五大农产品出口基地。寿光作为中国北方最大的蔬菜市场、"中国蔬菜之乡"，蔬菜生产已成规模化、产业化和特色化。寿光市耕地面积10万公顷，现有15万农户、35万个大棚，仅蔬菜种植面积就达5.33万公顷，其中无公害、绿色、有机蔬菜面积达4.33万公顷，年产量达到40亿公斤，产值达38亿元，蔬菜收入占农民人均纯收入的70%以上。借助中国移动山东公司的蔬菜安全二维码追溯系统，寿光蔬菜在中国率先进入"拍码"时代，实现了对蔬菜生产、流通、消费的全过程监控；农民有了连接市场、增收致富的信息"金桥"。信息化助力山东农业，由锄刨肩扛的"靠天农业"向经济全球化背景下的"信息农业"迈进。寿光已成为中国重要的蔬菜集散中心、价格形成中心和信息交流中心。寿光蔬菜已远销中国27个省（直辖市、自治

[①] 张正斌、段子渊：《中国水资源和粮食安全与现代农业发展》，科学出版社2010年版，第160页。

区）的300多个大、中型城市，产品出口日本、韩国、新加坡等10多个国家和地区。①

2. 转型发展：向科技和品牌要竞争力。山东农业龙头企业等经营主体转变经营理念，注重科技、质量、品牌、管理等方面的提升，以增强企业的竞争能力。2014年，农业龙头企业科研投入达124亿元，获得省级以上科技成果奖396个；高新技术企业1371个，占企业总数的13%。龙头企业建有质检机构的有2947家，通过质量体系认证的3822家，分别占总数的24%和34%。有2232个企业的5647个产品获得"三品"认证，有1182个企业的1833个产品获得省以上名牌或著名（驰名）商标。2015年，山东从农业产业化财政资金列支1000万元，实施农产品加工技术服务平台项目。山东省农业厅和农业部农产品加工局共同举办全国农产品加工科技创新与推广活动暨农产品加工技术成果（济南）交易会，启动了科企对接网络服务平台（丰景网），为农产品加工企业和科研院校提供了技术对接支持。

3. 创新发展：新型经营模式不断出现。这几年，随着农业产业链条的不断延伸，一、二、三产业融合发展的步伐加快，为衍生新型经营模式提供了土壤。山东着力推进农村土地适度规模经营，托管经营、土地入股、联合经营等新型经营模式不断出现，推动山东农业产业化经营水平不断提升。

在山东，"工商资本+农村集体经济组织+土地入股+新型经营主体"等产业化经营模式开始萌芽。有1800多个工商资本通过土地流转、土地入股等方式进入农业，流转土地200多万亩，占全省土

---

① 张正斌、段子渊：《中国水资源和粮食安全与现代农业发展》，科学出版社2010年版，第161页。

地流转总面积的近10%,涉及农户40多万户。全省土地股份合作社发展到3500多个,入社农户24万户,经营土地178万亩,农民在产业化经营中的主体地位和利润分配比例大幅提升。在现代农业示范区、农业标准园区等平台上,各类经营主体共同出资、相互持股,发展起了多种形式的农业混合所有制经济。如在昌乐县五图街道庵上湖村,村民以"土地股份合作+现金入股"等形式,成立了华安瓜菜种植专业合作社。合作社又与山东矿机集团合作,按1∶5的比例共同出资600万元,成立了庵上湖农业科技发展股份有限公司,共同发展优质果蔬种植、"互联网+"等形式的品牌销售和采摘观光旅游等。①

4. 融合发展:辐射带动能力大幅提升。近年来,随着新型经营主体的快速发展,各类经营主体之间的利益连接关系由单纯的带动或依附,逐步转向相互融合、共赢发展。对此,山东推动合作制为主导的产业化经营体制,促进龙头企业与合作社等主体融合发展;发挥龙头企业的带动作用,为农民提供订单生产等系列化服务;以资本经营和优势产品为纽带,推进跨区域、跨行业、跨所有制的联合与合作。

通过融合发展,山东农业龙头企业的带动能力大幅提升。与龙头企业建立对接的合作社12292家,其中龙头企业直接领办或创办的1957家,专业批发市场491家。省级以上龙头企业发展订单基地6488万亩,有效解决了农产品销售难的问题。全省参与产业化经营的农户超过1800万户,户均增收2974元。龙头企业吸纳社会从业人员232万人,成为解决农村就业问题的重要力量之一。如"企

---

① 于洪光:《山东农业产业化经营呈现"四大态势"》,《农民日报》2016年1月5日。

业+合作社+农户"发展模式，企业负责工厂化育种、育苗、机械化移栽和收获，社员按公司的标准种植，企业以高出市场价回收，公司专注于强化深加工能力和品牌营销，摆脱了原先自己发展种植基地，雇用农民耕种，效果不好的局面。

目前，山东有四成以上的农业企业建有自属基地，八成以上的企业签署了订单基地，总面积近8000万亩，带动农户超过一千万户。在转变农民生产方式的同时，也潜移默化地改变着农民的生活方式。龙头企业带动了农业科技、农业服务、农民组织、农业经营形式的发展。全省规模以上的农业龙头企业近万家，年销售额1.6万亿元；农民合作社15.4万家，位居全国第一，家庭农场发展到4.1万家；各类农业社会化服务组织达20万个；全省土地经营规模化率超过40%。如寿光蔬菜，集科研、生产、服务、物流、信息、金融等为一体，而且其生产和经营触角已经扩展到了全国很多省市，目前配合信息化的设施发展很快，产品质量追溯系统、适时监控系统已经普及等。①

（三）科技创新是山东现代农业发展的支撑

山东现代农业的发展，与科技创新是分不开的。山东在全国率先提出了科技兴农战略，先后出台了一系列支持农业科技的政策，省财政逐年增加对农业科技的投入，设立了山东省农业良种工程、农业科技攻关、自然科学基金、中青年科学家基金、农业科技成果转化资金和农业科技园区建设资金等科技专项计划。各地围绕加强农业基础设施建设，提高农业科技含量，不断加大资金、设施、技术等要素投入，努力改善农业基础条件、科技手段和装备水平，将

---

① 于洪光：《山东农业产业化经营呈现"四大态势"》，《农民日报》2016年1月5日。

精耕细作传统与现代先进实用技术有机结合起来,加快了农业由粗放经营向集约增长的转变,促进了农业经营水平的提高。

近年来,山东大力实施科教兴农战略,逐步把农业生产的发展转移到依靠科技进步和提高劳动者素质的轨道上来,推广应用了一系列农业科学技术。第一,山东在全省实施农业科技入户工程。按照"专家进大户,大户带小户,农户帮农户"的技术推广思路,在全省开展以水稻、小麦、生猪、家禽和蔬菜为重点的农业科技入户试点。作为农业大省,其培育推广的"鲁棉"棉花系列新品种、"鲁麦"小麦系列新品种、冬暖式大棚蔬菜技术以及研究成功的作物转基因、克隆牛、克隆羊等高新技术,均产生了巨大的经济和社会效益。第二,大力推广优良品种。小麦品种从过去的蚰子麦、济南号、泰山号,发展到现在的鲁麦、济麦系列;玉米品种发展到鲁单系列良种,玉米亩产过千斤已成为现实;棉花发展到鲁棉研系列。20世纪80年代初山东做出了实施农业良种工程的决策,在种植、养殖等农业种苗使用问题上加快良种化进程。实施优质专用小麦、玉米、棉花良种推广补贴项目。山东的农业良种普及率最高,普及得最早。改革开放以来,山东农业出现众多的全国第一,这与农产品产量和质量优势的取得与良种工程的开展、普及是密切相关的。第三,地膜覆盖技术广泛应用。被称为"白色革命"的地膜覆盖技术,已被越来越多的人所接受。大棚蔬菜技术、地膜覆盖水果栽培技术应用广泛。[1]

(四) 品牌农业是山东发展现代农业的重要标志

发展品牌农业是转变农业发展方式的重要内容,也是发展现代

---

[1] 国家统计局农村社会经济调查司:《历史的跨越:农村改革开放30年》,中国统计出版社2008年版,第129页。

农业的重要标志。依托地方特色产业，山东大力发展特色品牌农业，倾力打造"中国食品谷"。经过多年发展，山东现有区域公用品牌达300多个，其中20个进入《2015年中国农产品区域公用品牌价值排行榜》百强，数量居全国首位，烟台苹果品牌价值105.86亿元，位列第二。此外，还有"张裕""鲁花""龙大""得利斯""金锣"等一大批家喻户晓知名品牌。

潍坊市发挥各地区域资源优势，大力发展特色农业，形成粮食、瓜菜、畜禽三大优势主导品牌产业。现已规划建成以寿光为中心的150万亩设施蔬菜生产区，以安丘为中心的100万亩出口蔬菜生产区，以昌乐为中心的40多万亩优质西瓜生产区，以临朐为中心的100万亩优质果品生产区，以诸城、昌邑为中心的3亿只肉鸡生产区，以昌乐、寒亭为中心的3亿只肉鸭生产区，以诸城、安丘为中心的1000万头生猪生产区等大规模特色品牌产业生产基地，以及以峡山生态经济发展区为中心的有机蔬菜生产基地。加大品牌培育和质量认证力度，全市"三品一标"（无公害农产品、绿色食品、有机食品、地理标志农产品）数量在全国地市级最多，其中"三品"品牌达到1653个，地理标志农产品28个，"三品一标"产地认定面积占食用农产品产地总面积的46.1%，绿色食品认证数量占全国的1/17；全市农业企业拥有13个中国驰名商标、67个山东著名商标、19个山东名牌产品，品牌数量在地级市中处于领先地位。目前，全市80%的园区蔬菜以品牌形式进入北京、上海等大中城市及欧美日韩等高端国际市场。为进一步促进农业转型升级，推动现代农业快速健康发展，建立了以寒亭为核心的功能区，寿光蔬菜种子谷、诸城肉食加工谷、安丘出口农产品标准化基地、峡山有机农产品生产加工基地等为外围功能区，涵盖农产品生产、加工、仓储、物流、研发、交易等环节，覆盖潍坊全域的"中国食品谷"，打造面向全省、辐射全国、走向世界的"食品硅谷"，使其成为引领未来潍坊现代农业发展的引擎，成为潍坊食品业品牌和质量安全的名片。①

山东邹城的食用菌产业一枝独秀。近年来，邹城市依托悠久的种植传统和良好的产业基础，按照培育大品牌、做强大产业的思路，强化科技支撑，打造产业龙头，拉长产业链条，推动集群发展，建成友硕、利马、常生源等20多家工厂化、智能化食用菌企业。小蘑菇产生的经济效益不容小觑，据了解，经过大力发展，邹城的食用菌种植面积已达1300万平方米，年产鲜菇26万吨，产值达20多亿元。2017年4月7—9日，中国食用菌行业大会暨（山东·邹城）国际食用菌博览会正式启动，关于食用菌产业的讨论和特色蘑菇的展示在当地及业内都掀起了热潮。邹城努力创建全国食用菌产业代表县的举动，不仅促进了当地经济的发展，其创新食用菌产业发展的新模式也为其他地方的农业改革提供样本。

建立生态农业观光旅游景区也是发展品牌农业的一项重要内容。山东大力发展生态旅游，把现代农业和旅游业结合起来，积极培育休闲农业和乡村旅游品牌，发展农村经济新业态，拓展农业新功能，打造农村一、二、三产业融合发展新亮点，推动全省休闲农业和乡村旅游健康快速发展。2016年8月12日，山东省农业厅、山东省旅游发展委员会联合下发《关于公布山东省休闲农业和乡村旅游示范创建名单的通知》，确定济南市长清区等14个县（市、区）为省级休闲农业和乡村旅游示范县，济南市槐荫区薄酒湾生态园等26家单位为山东省休闲农业和乡村旅游示范点，济阳县现代农业科技示范

---

① 王希军、黄晋鸿：《我们一起走过（2015）》，山东人民出版社2016年版，第140—141页。

园等24处园区为山东省生态休闲农业示范园区,济南市历城区藕池村等21个村(社区)为山东省美丽休闲乡村,济南市长清区万亩油菜花等20处景观为齐鲁美丽田园。2017年9月4日,山东省农业厅、省旅游发展委员会又再次联合评选出新一批休闲农业和乡村旅游示范创建单位,包括10个省级休闲农业和乡村旅游示范县、20家山东省休闲农业和乡村旅游示范点、22处山东省生态休闲农业示范园区、20个山东省美国休闲乡村和20处齐鲁美国田园。至此,全省共有省级休闲农业和乡村旅游示范县24个,省级休闲农业和乡村旅游示范点46家,省级生态休闲农业示范园区46处,省级美丽休闲乡村41个,省级齐鲁美丽田园40处。这些生态旅游区为传播现代农业新思想和技术,整体提高当地现代农业水平,增加当地经济收入,改善当地生态环境等方面都做出了很大的贡献。

第三章　山东现代农业发展的成就及意义

改革开放以来，我国经济以世界上少有的高速度持续发展，实现了从工业化初期阶段向工业化中后期阶段的历史性跨越。1979—2014 年，我国 GDP 年均增长 9.7%，高于同期世界经济年均增长率近 2 倍；经济规模的世界排名由 1975 年的第九位跃升至如今的第二位，约为排名第一的美国经济规模的 60%；人均国内生产总值由 1978 年的 382 元增加到 2014 年的 46629 元，按当年汇率均值计算达 7591 美元，进入中上等收入国家行列。如果同美国做一简单对比，就会更直观地了解新中国成立以来经济发展所取得的巨大成就。根据麦迪森主编的《世界经济二百年回顾》中的数据，1820 年美国 GDP 为 124 亿美元；1952 年中国 GDP 为 679 亿元人民币，按 1990 年汇价为 142 亿美元，与美国 1820 年的 GDP 大体相当。美国经过 180 年的发展，到 2000 年 GDP 达到 10.28 万亿美元；新中国经过 65 年的发展，到 2014 年 GDP 达到 10.36 万亿美元，与美国 2000 年的 GDP 大体相当。可见，从经济总量看，新中国用 65 年取得了美国用

180 年取得的经济成就。①

与全国经济快速发展的情况相适应，经过改革开放 30 多年的发展，山东成为全国的农业大省、人口大省、文化大省和经济大省，成就斐然。山东具有比较优越的自然条件和悠久的农耕文明，是全国重要的农产品生产、加工和供应基地，在粮食生产、农业装备水平、农业产业化经营、农业结构调整、创汇农业等方面都名列前茅，主要农产品产量占全国的 1/10 以上，加工量占 1/6 左右，出口量占 1/4 左右，特别在现代农业建设方面，山东取得了显著成绩。

近些年，山东深入贯彻落实科学发展观，围绕建设"大而强、富而美"社会主义新山东的发展目标，真抓实干，取得显著成就。中国国务院 2009 年 11 月 23 日正式批复《黄河三角洲高效生态经济区发展规划》（以下简称《规划》），中国三大三角洲之一的黄河三角洲地区的发展上升为国家战略，成为国家区域协调发展战略的重要组成部分。国务院通过了《黄河三角洲高效生态经济区发展规划》，标志着我国最后一个三角洲——"黄三角"在被提出 21 年后，正式上升为国家战略。黄河三角洲高效生态经济区的战略定位是：建设全国重要的高效生态经济示范区、特色产业基地、后备土地资源开发区和环渤海地区重要的增长区域。《规划》明确了发展目标，到 2015 年，基本形成经济社会发展与资源环境承载力相适应的高效生态经济发展新模式；到 2020 年，率先建成经济繁荣、环境优美、生活富裕的国家级高效生态经济区。国务院要求，《规划》实施要以资源高效利用和生态环境改善为主线，着力优化产业结构，着力完善基础设施，着力推进基本公共服务均等化，着力创新体制机制，

---

① 黄振奇、黄海燕：《中国花 65 年取得美国 180 年的经济成就》，《人民日报》2015 年 11 月 4 日。

率先转变发展方式，提高核心竞争力和综合实力，打造环渤海地区具有高效生态经济特色的重要增长区域，在促进区域可持续发展和参与东北亚经济合作中发挥更大作用。

2011年1月4日，国务院批复《山东半岛蓝色经济区发展规划》，标志着全国海洋经济发展试点工作进入实施阶段，也标志着山东半岛蓝色经济区建设正式上升为国家战略，成为国家层面海洋发展战略和区域协调发展战略的重要组成部分。山东半岛蓝色经济区的战略定位是：建设具有较强国际竞争力的现代海洋产业集聚区、具有世界先进水平的海洋科技教育核心区、国家海洋经济改革开放先行区和全国重要的海洋生态文明示范区。据《规划》提出的目标，到2015年，山东半岛蓝色经济区现代海洋产业体系基本建立，综合经济实力显著增强，海洋科技自主创新能力大幅提升，海陆生态环境质量明显改善，海洋经济对外开放格局不断完善，率先达到全面建设小康社会的总体要求；到2020年，建成海洋经济发达、产业结构优化、人与自然和谐的蓝色经济区，率先基本实现现代化。

2013年，山东省政府相继发布了《省会城市群经济圈发展规划》和《西部经济隆起带发展规划》，全省形成了"两区一圈一带"系统完整的区域协调发展总体格局，实现了区域发展战略的全覆盖。"两区一圈一带"战略实施以来，全省呈现出战略效应集中释放、综合实力快速提升、发展格局不断优化的良好态势。"十二五"期间，山东省通过实施"蓝黄一圈一带"区域发展战略，在全国率先实现了区域战略的省域全覆盖，探索出独具特色的区域发展新模式，开创了协调发展新局面。山东半岛蓝色经济区特色园区蓬勃发展，现代海洋产业体系加快建立，青岛西海岸新区和蓝色硅谷建设进展良好。黄河三角洲高效生态经济区循环经济得到长足发展，以高效生态为基础的产业体系不断健全，省会城市群经济圈一体化进程加快，省会济南辐射带动能力持续增强，圈内各市融合互动发展取得明显成效，济莱两市交通通信、户籍管理、公共服务同城化和产业协同发展步伐加快。西部经济隆起带加快崛起，发展后劲进一步彰显，东西部差距逐步缩小。山东是农业大省和特色产业大省。粮食产量一直居全国前列，林果业、畜牧业、渔业及相关副食品加工业也很发达，涌现了一批在全国享有盛名的农副土特产品，如"烟台苹果莱阳梨、沾化冬枣、章丘鲍芹大葱、黄河口大闸蟹、德州扒鸡、东阿阿胶、周村烧饼"家喻户晓，驰名中外，彰显山东现代农业发展的累累硕果。同时也体现了山东高端高效生态特色产业的蓬勃发展，给区域内农民和群众带来了丰厚的发展红利。山东省以品牌建设优势为引领，走出了一条"区域化布局、标准化生产、科技化管理、组织化经营、品牌化运作、市场化营销"的路子，承担起全国现代农业经营体制改革的先行区、环渤海地区高效精品农业的示范基地、全国都市农业现代化的典型示范、农业多功能的先行承载区的功能，2020年将在山东省率先基本实现农业现代化。

第一节 山东现代农业发展的成就

推进现代农业建设是农业和社会经济发展的客观要求，也是农业发展的潮流和趋势。改革开放后的30多年是山东农业和农村经济取得辉煌成就的30多年。这些年来，山东坚持把"三农"工作作为全党和全部工作的重中之重，在各级各部门和农民群众的共同努力下，农业克服严重自然灾害影响和国际金融危机冲击，保持了持续稳定发展的良好态势，传统农业向现代农业加速转变，农民收入持续增长，为经济社会发展全局提供了基础支撑。

一 粮食等主要农产品连年大幅度增产

山东是人口大省，受粮食供应短缺影响，吃饭问题长期不能解决。1978年，粮食总产只有2250万吨，每公顷单产2595千克，人均320千克。近几年，主要农产品产量稳定增长，粮食总产连续五年稳定在900亿斤以上，2016年达到940.14亿斤，是历史第二高产年，稳居全国第三位；油料总产326.8万吨，棉花总产54.8万吨，均居全国第二位；蔬菜及食用菌总产10327万吨，园艺水果总产1728万吨，肉蛋奶总产1473.7万吨，均居全国首位。山东无公害、绿色、有机农产品和地理标志产品6100个，"三品"原料产地认定监测面积2752万亩，产量3210万吨。主要农产品产量稳定增长，农业产业化经营不断深化，传统农业正在向现代农业转型，科技对生产的支撑作用不断增强，农业物质装备水平稳步提高，新型经营体系取得了长足进步。

山东的粮食等农产品连续增产的原因是多方面的，主要有以下几个方面。

（一）实施农业良种工程。自1982年实行品种审定制度、实施农业良种工程以来，山东省共审（认）定农作物品种1581个，主要农作物良种覆盖率达到97%以上，对粮食增产的贡献率达到45%。截至2015年年底，全省持证企业321家，省级以上发证企业173家，企业主营业务收入113亿元，比2010年增加70%。先后建成国家级农作物品种区域试验站9个、省级农作物品种区域试验站40个，建成部级、省级种子质量检测中心11个。①

（二）农业投入大。近五年，山东投入近10亿元进行高产创建，良种、良法、各种补贴集中发力，1300多万亩"旱能浇、涝能排"的高产田成为山东粮食增产龙头；全省农业综合开发安排省以上财政资金70多亿元，改造中低产田、建设高标准农田750万亩，新增粮食生产能力10亿斤以上，往日的短板成了粮食增产的生力军。从"十五"时期开始进行大中型水库和水渠的病重险加固，到"十二五"全面结束，这样对粮食的生产起了很重要的保障作用。

（三）培植粮食龙头企业、建设粮油产业园。通过科技兴粮、招商引资，加快了粮食产业的大发展。通过走"提质、提效、增产"之路，变"粮食负担"为发展优势，重点支持了莱阳鲁花，山东"发达"面粉等一批大型名牌民营粮油加工企业，建设了一批粮食产业园区，山东省旨在进行惠农、富民的两个"主渠道"建设，面向农村大市场，构建粮食购销主渠道，放心主食上餐桌，建设城乡居民主食社会化供应主渠道。例如，推广金德利和金利园"两金经验"，大力发展城乡居民主食社会化生产，力求把"小馒头"做成大市场、大产业。2004—2005年两年间，国务院总理温家宝先后4次对山东省章丘、莱州粮食产业发展经验做出批示，国家粮食局两次在山东省召开粮食产业现场会。从粮食生产到粮食产业的发展是山东省现代农业的一个特色。河北省重点发展蔬菜、水果和畜牧产业，要成为京、津环渤海地区的"后花园"；河南省通过发展优质小麦等食品加工，要成为中国的"后厨房"；山东省近年来通过发展蔬菜、畜牧业和水产等食品加工对外出口产业，要发展成为中国第一

---

① 孙杰：《山东农业占了仨全国第一》，中华泰山网（http://www.my0538.com/2016/0913/305263.shtml）。

大农产品出口大省，成为东亚地区乃至世界部分地区主要农产品出口国，即世界的"后花园"之一。①

二　农业综合生产能力稳步提升

改革开放30多年来，伴随着农业生产的大发展，封闭、半封闭的小农经济逐步被商品经济所代替，农业综合生产能力大大提升。至2015年年底，山东省农业增加值位居全国第一，农林牧渔业平稳增长。农业增加值2900.8亿元，比2014年增长4.7%；林业增加值98.4亿元，增长8.2%；牧业增加值1043.7亿元，增长3.1%；渔业增加值936.2亿元，增长3.2%。种植业增产提质。粮食总产量4712.7万吨，比2014年增长2.5%。无公害农产品产地认定面积101万公顷。绿色食品原料产地监测面积123万公顷，增长43.1%。无公害农产品、绿色食品、有机农产品和农产品地理标志产品共6705个，新增1354个。② 2015年，山东省农产品出口达到153.1亿美元，连续16年位居全国第一。截至2015年，山东省食品生产占全国的1/6，食品出口已经占全国的1/4。2016年，全省农产品出口额达到162.9亿美元，占全国的1/4左右，连续17年领跑全国。在"五十百千万工程"的推动下，山东9200多家规模以上龙头企业串起产业化经营大链条，主要农产品加工转化率超过60%，总产值突破1.5万亿元，比2011年翻番。"目前我省有农业标准化示范基地430个，出口农产品质量安全示范县92个。"蔬菜、果品、肉类、水产品总产量均居全国第一位。远洋渔业综合实力跃居全国第二位。

---

① 张正斌、段子渊：《中国水资源和粮食安全与现代农业发展》，科学出版社2010年版，第159页。
② 山东统计局：《2015年山东省国民经济和社会发展统计公报》，山东统计信息网（http://district.ce.cn/newarea/roll/201603/07/t20160307_9326191_2.shtml）。

农产品出口额占全国的 1/4，连续十五年保持第一。农产品质量安全检测体系不断完善，"三品一标"产品达到 6705 个，农产品质量安全例行监测总体合格率稳定在 98% 以上。农业科技支撑能力持续加强。全省农业科技进步贡献率达到 59.6%，粮食、畜禽、水产良种覆盖率分别达到 98%、95% 和 90%。农业经营体系创新步伐加快。全省 129 个涉农县（市、区）全部开展了土地承包经营权确权登记颁证试点，1.5 万个村（社区）完成了确权登记任务，全省土地流转面积达到 1567.9 万亩，占家庭承包经营耕地面积的 16.9%。农业生态建设取得新进展。全省畜禽粪便无害化处理利用率达到 60%，农作物秸秆利用率达到 81%，全省森林覆盖率达到 22.8%。山东农业现代化水平稳步提升，规模以上工业增加值年均增长 10.8%，高新技术产业和装备制造业比重持续提高。服务业增加值占比提高 8.7 个百分点，成为吸引投资、吸纳就业、创造税收的主体。知识产权创造能力和保护水平显著提升，全社会研发投入占生产总值的比重由 1.72% 提高到 2.23% 左右。"两区一圈一带"区域发展战略深入推进，东中西部差距不断缩小。农业转移人口市民化取得实质性进展，城镇化水平大幅提高。综合交通体系建设全面展开，17 市实现铁路网全覆盖，96% 的县（市、区）通了高速公路。全省发电装机达到 9716 万千瓦，比 2010 年增长 48%。南水北调东线一期工程、胶东调水主体工程投入使用。[①]

三 农业科技、设施装备条件明显改善

2013 年，习近平总书记视察山东省时提出了"给农业插上科技

---

① 郭树清：《2016 山东省政府工作报告》，2016 年 1 月 24 日，中国山东网（http://www.jiningbusiness.gov.cn/art/2016/1/25/art_6670_186983.html）。

的翅膀"的指示要求。山东认真落实总书记的指示精神，启动实施了农业科技展翅十大行动，加快构建农业科技创新、农业技术推广和农民教育培训三大体系，以省政府的名义印发了农作物种业、现代农业产业技术体系创新团队建设和新型职业农民培育三个实施方案。截至2015年，全省拥有公益性农业科研机构61所，建成国家级科研平台109个、省级科研平台105个。"十二五"期间，全省共取得省部级以上农业科技成果209项，数量居全国前列。农业科技进步贡献率达到61.8%，比"十一五"末提高了5.8个百分点。[①] 2016年，现代农业产业技术体系创新团队总数达到26个，基本实现了对主要农产品的全覆盖；省市县乡四级农技推广机构达到4771个，农技人员2.9万人，农业社会化服务组织20多万个；累计培训新型职业农民7万多人、认定1万多人；全省主要农作物耕、种、收综合机械化水平达到82%；农业科技进步贡献率达到62.6%，比2011年增加近5个百分点。[②] 目前，全省农业科技整体水平已进入全国前列，农业科技创新打开新局面。

山东重大水利工程加快推进，南水北调山东段干线工程2013年年底正式通水，续建配套工程稳步推进，胶东调水主体工程实现贯通，全省"T"形现代骨干水网初步形成。"旱能浇、涝能排"高标准农田发展到6295万亩，安全引黄河水70余亿立方米，创近年来最高纪录，南水北调东线一期工程、胶东调水主体工程投入使用，91%的村庄实现了集中供水。全面完成南水北调续建配套工程建设，实施引黄济青改扩建、雨洪资源利用和节水改造等重大水利工程，

[①] 孙杰：《山东农业占了仨，全国第一》，中华泰山网（http://www.my0538.com/2016/0913/305263.shtml）。

[②] 《山东举行近五年现代农业发展情况新闻发布会》，2017年6月7日，中国山东网（www.scio.gov.cn）。

支持建设水肥一体化示范基地。2016年山东新增供水能力5亿立方米以上。发展高效节水灌溉面积100万亩左右。[①] 在全国率先完成大中型水库除险加固任务，启动实施雨洪资源利用工程，农村饮水安全工程全面完成规划任务目标。农作物耕种收综合机械化水平达到81.3%，粮食生产基本实现全程机械化，农业科技贡献率达到61.8%，累计建成高标准农田3518万亩。山东大规模开展水系生态和小流域综合治理，完成水土流失治理面积1600平方公里。水文气象服务现代化建设不断加强，防灾减灾能力进一步提高。农业生产的整个过程机械化、电气化普遍实现，农业基础设施前所未有地改善，水利灌溉设备设施体系和农田水利工程体系功能更加完备、设施配套完善、更加适合当地实际，绿化屏障的水土保持功能也更加牢固，抵御旱自然灾害的能力明显提高。农业生产过程的各个环节中，人力、畜力及手工工具等传统农业工具基本被播种机、联合收割、喷灌滴灌等先进灌溉设备等现代设备所取代。由于先进设备的运用，传统农业逐步转变为带有科学特征的工业。

四 农业经营模式新型多元

山东各地充分发挥自己的优势，挖掘农业潜能，已经形成了不同的农业产业化经营模式。

（一）以寿光为代表的产地批发市场带动模式。寿光起步于20世纪80年代末90年代初，随着运营体制不断完善，市场规模迅速膨胀，带动能力明显增强，已经成为全国有影响的蔬菜市场信息交流中心、价格形成中心和批发交易中心。全国有30多个省市在此设

---

① 《中共山东省委 山东省人民政府关于深入推进供给侧结构性改革的实施意见》，《大众日报》2016年5月18日。

立了交易网点,在蔬菜批发市场的带动下,寿光市蔬菜品种实现了多次更新换代,取得了极为显著的成效。

(二)以诸城为代表的加工龙头企业带动模式。诸城市是山东省农业产业化经营的发源地,早在2000年,全市龙头企业加工粮食200万吨,是全市年粮食产量的3.3倍;加工畜产品55万吨,是全市年产量的2.5倍。现从事农副产品加工运销的企业上百家,吸纳农村劳动力二十多万人,不仅带动全市95%以上的农户进入产业化经营领域,而且还辐射到周边地区和有关省市。[①]

山东莱阳龙大食品集团有限公司和山东鲁花集团有限公司都是农业产业化国家重点龙头企业,也是莱阳经济的主力军。龙大集团主要经营食品加工、蔬菜基地建设、种猪繁养、包装制造等多种产业,先后从日本、新加坡、马来西亚引进牛蒡、黄秋葵、荷兰豆等30多个蔬菜新品种,基地覆盖山东、江苏、河北、河南、安徽等10个省区、70多个县市,吸纳从事种植、养殖、加工、运输等方面的劳动力50多万人。现已形成以蔬菜加工出口为链条,龙头带企业、企业带基地、基地带加工、加工带农户的大型产业链。

鲁花集团是中国目前最大的花生油专业生产企业,花生油年生产能力60万吨,葵花油生产能力10万吨,鲁花花生油被国家评为"中国名牌产品"。鲁花集团在全国拥有近1000万亩的花生种植基地,让千万农民成为鲁花的厂外员工,为推进农业产业化进程做出了重大贡献。张裕酿酒公司等企业也是通过龙头企业带动农场、基地、农户,创造了品牌,发展了企业,其葡萄基地已延伸到了宁夏,首先解决了老百姓担心的销售难问题。另外一个最大的作用就是实

[①] 张耀辉、陈和、蔡晓珊:《现代农业知识干部读本》,广东经济出版社2010年版,第217—218页。

现了农业到工业即一产到二产的连接和转化，使农业产品通过工业转化为工业产品以及消费品，进而带动第三产业的发展。

还有以农业龙头企业烟台中粮葡萄酒酿造有限公司为土地租赁者，租赁农民土地1.8万亩，建立葡萄庄园，农民成为庄园工人，进行葡萄种植，标准化栽培管理，在实现了葡萄增产的同时也实现了农民收入的增加。

（三）以德州为代表的专业大户带动模式。德州市在发展个体私营经济中，围绕产业化经营，立足资源优势，把农产品加工、储藏、运销作为发展重点。全市围绕粮棉、畜牧、蔬菜、林果等主导产业，已建立民营加工小区几百个，从业人员十多万人，这类龙头企业的特点是小规模、大群体，遍布城乡各地，适应性强，能带动周围的种养、种植大户，起到引领、辐射作用。

（四）以莱阳为代表的农业专业合作经济组织带动模式。莱阳市合作社，大都由农村专业大户牵头，农民自愿参加；自主经营，自我发展，利益共享，风险共担；组织形式多样，经营机制灵活，已成为农业产业化经营的重要组织载体和带动力量。

（五）以东营为代表的基地带动模式。东营大力发展现代农业、生态农业，打造特色鲜明的"北方鱼米之乡"，农业基地建设走在了全省的前列。2013年东营市被整建制列为国家现代农业示范区，一批现代农业重大项目在这里落地。如泰国正大集团投资20亿元的现代农业科技生态园已开工建设，5年内实现100万头生猪、100万亩现代农业项目规模，建成了世界一流的农牧业生产基地。大地乳业万头奶牛养殖等30个过亿元的现代农业项目正在实施。统计显示，东营市大闸蟹养殖达到80万亩；奶牛存栏达到6.7万头；海参养殖达到16.5万亩，成为全国规模最大的海参滩涂养殖区；工厂化食用菌生产能力达到20万吨,成为山东省最大的工厂化高档食用菌生产基地。①

近年来,东营管辖下的广饶县把发展食用菌产业作为转方式、调结构、促增收的主导优势产业来抓,加快工厂化、园区化食用菌发展。到2015年,全县标准化食用菌年产量达到30万吨,已成为全国最大的工厂化食用菌生产基地。与此同时,他们注重发展循环经济,将玉米、棉花等废弃秸秆作为食用菌生产的原材料,食用菌采摘完后,秸秆供食用菌生产后产生的菌糠,通过特殊工艺加工成有机肥等,降低了生产成本,提高了经济效益,保护了生态环境。当然,这只是山东发展高效生态、高端高质农业的一个"缩影",目前,具有"山东味道"的特色农产品正在全面兴起,一个山东现代农业的"升级版"正逐步展示在世人面前。②

无论是龙头企业,还是农业合作社、基地以及其他形式的生产组织,充分发展市场机制在资源配置中的作用,以资源配置市场化为导向,遵照自然发展规律和市场运行规律,充分发挥当地的文化、经济、区位、资源等突出优势,建立市场竞争力和经济规模的农业,形成有支柱产业的品牌产品和特色农业产业带,农产品的生产环节、加工环节、销售流通环节有机结合,形成了一个相对完整的产业链。以企业化经营为特点的专业大户、家庭农场、农民专业合作社和公司企业,成为农业生产的主体,在农产品加工流通环节起主导作用,种植养殖基本形成生产和销售,贸工农一体化的管理和经营模式。近年来,随着农业农村经济的快速发展,以家庭承包经营为基础,

---

① 中共山东省委宣传部:《聚焦2013 中央媒体眼中的山东》,山东人民出版社2014年版,第246页。
② 山东省网络文化办公室:《网论2013》,山东人民出版社2014年,第459—460页。

专业大户、家庭农场、农民合作社、农业龙头企业为骨干的现代农业生产经营新格局逐步在山东形成，各类新型农业经营主体呈现出蓬勃发展的良好势头。2014年，种植规模在50亩以上的种粮大户1.57万户，比2010年翻了近两番；规模以上养殖大户72.95万户；依法登记注册的家庭农场3.8万家；依法登记注册的农民合作社13.2万家，比2010年增长203.6%；年销售收入过500万元的农业产业化龙头企业达到9220家，比2010年增长14%。[①] 随着市场体系的不断优化，无论是生产成果、生产手段，生产加工过程中的所有中间产品，还是付出的劳务和必要的消费品以及其他相关的农业生产要素，包括农业设备、化肥、农药、种子及技术服务等，都实现了商品化，农产品商品化率空前提高，农业物质循环不再是只在内部之间进行，实现了开放式的与外部物质的交流与循环，从自给农业发展为市场化农业。

五 品牌农产品建设逐渐加快

品牌是一个国家综合实力的象征，正在成为全球市场竞争的核心。山东省作为农业大省，农产品品牌建设既是实施品牌强省战略、打造"好品山东"的重要组成部分，也是推进供给侧结构性改革、加快农业转型升级的重要措施。近年来，山东加快建立农产品品牌培育、发展和保护体系，提高涉农商标注册、运用、保护和管理水平，培育出了一批区域特色明显、市场知名度高、发展潜力大、带动能力强的农产品区域公用品牌和产品品牌，发布了知名农产品品牌目录，加上山东地理位置优越，得山靠海，气候宜人，物产丰富，

[①] 山东省农业厅：《山东省整体推进新型农业经营主体发展的实施方案（2016—2020）》，山东省农业信息中心（http：//www.sdny.gov.cn/zwgk/zfxxgk/jcgk/201612/t20161219_26742.html）。

· 115 ·

使得山东拥有一大批有一定影响力的极具山东特色的名优特产品。山东首批遴选了 11 个区域公用品牌、100 个企业产品品牌和 20 个品牌农产品体验店,全省区域公用品牌已达 300 多个,有 20 个进入全国农产品品牌百强榜,上榜数量居全国首位。山东现有中国名牌、中国驰名商标农产品 94 个,地理标志农产品 64 个,拥有绿色、有机、无公害"三品"认证产品 904 个。[①] 东阿阿胶、周村烧饼等传统中华老字号自不必提,烟台苹果、莱阳梨、潍坊萝卜、章丘大葱和鲍芹、沾化冬枣、黄河鲤鱼、黄河口大闸蟹、胶东刺参等早已名扬海内外。

　　山东的绿色经济、特色产业取得了丰硕成果,扶植山东品牌,宣传和保护同样重要。不宣传,外界无法了解你的名优产品,不保护,难以让品牌深入人心。烟台苹果的知名度不可谓不高,但近年来,陕西苹果迎头赶上,让烟台苹果感受到了前所未有的压力,"毒果袋"事件差点毁了烟台苹果的一世英名。沾化冬枣也面临保护难题,真正的沾化冬枣只有在每年的 10 月上旬才陆续采摘上市,但现在的问题是"山寨沾化冬枣"往往提早上市,价格又不高,普通人很难辨别真假,如果把"山寨冬枣"买回家,吃了之后肯定对品质有疑问,进而对正宗沾化冬枣产生误解和偏见。类似的问题还有很多,如果不认真对待并加以解决,将会严重影响山东的品牌形象。以往,山东人的朴实低调在做人方面是美德,但在宣传自己的好东西方面就显得不大适应时代潮流。孔子曾经说过,独乐乐,与人乐乐,孰乐?对于自己家的好东西,要敢于展示,甚至炫耀都不过分。近年来,山东开始让人们知道山东,了解山东,让人们有机会走近

---

① 温跃、赵小亮:《全力支持山东现代农业发展》,《金融时报》2013 年 1 月 25 日。

山东,品味山东。

2013年,山东省委宣传部、山东省网信办联合举办的"品味山东——全国媒体齐鲁行"活动启动。此活动的主要目的在于大力宣传山东在发展高效生态、高端高质农业等方面所取得的显著成绩,充分展示我省绿色经济、特色产业取得的丰硕成果,进一步提升烟台葡萄酒等国际知名品牌原产地的影响力和美誉度,引领广大网民更生动、直观地品味"山东味道"。至2016年10月,已连续举办了三届,这一活动进一步提升了山东省名优特色产品的知名度和美誉度,为山东"在全面建设小康社会中走在前列"、加快经济文化强省建设营造了浓厚的舆论氛围。[①]

2015年5月,山东省人民政府办公厅印发《关于加快推进农产品品牌建设的意见》(以下简称《意见》),《意见》指出,山东将以"齐鲁灵秀地、品牌农产品"为主题,打造山东农产品整体品牌形象,培育区域公用品牌和企业产品品牌,构建品牌农产品营销体系。首批认定11个区域公用品牌、100个企业品牌和20家品牌产品专营体验店。计划到2015年,完成山东农产品整体品牌形象的设计方案,并面向国内外正式推出。到2020年,实现整体品牌形象在国内外具有较高的知名度和影响力,品牌价值达到100亿元以上;同时,到2020年,培育知名区域公用品牌50个,企业产品品牌500个,打造培育一批粮食、油料、果品、蔬菜、食用菌、苗木花卉、茶叶、中药材、畜产品、水产品等十大产业知名企业产品品牌。放大烟台苹果、沾化冬枣、胶东刺参、东阿阿胶、寿光蔬菜、金乡大蒜、苍山大蒜、鲁西黄牛、莱芜黑猪等品牌效应。到2020年,"三品一标"

[①] 山东省网络文化办公室:《网论2013》,山东人民出版社2014年版,第461页。

产地认定面积占种植业食用产品产地面积的比例达到60%，认证并有效使用标志的农业"三品"数量达7500个，认证无公害畜产品3000个以上，登记畜产品地理标志40个以上。

为进一步打造山东农产品品牌，2016年11月，山东省农业厅组织专家，评选出山东省首批知名农产品区域公用品牌名单：1. 烟台苹果；2. 胶东刺参；3. 日照绿茶；4. 金乡大蒜、苍山大蒜；5. 昌乐西瓜；6. 滕州马铃薯；7. 莱芜生姜；8. 胶州大白菜；9. 无棣金丝小枣；10. 黄河口大闸蟹10个山东知名农产品区域公用品牌，以及100个企业产品品牌。

在山东农产品品牌建设前行的道路上，聊城市、临沂市后来居上，取得的成绩显得格外扎眼。素有"江北水城·运河古都"之称的山东省聊城市是闻名遐迩的农耕宝地，盛产各色优质安全农产品。"聊·胜一筹！"聊城农产品区域公用品牌在北京第七届中国国际现代农业博览会期间隆重推出。聊城成为中国香瓜之乡、鲁西黄牛之乡、中国鸭梨之乡、圆铃大枣之乡、油用牡丹之乡、中国蔬菜第一市……"聊城样本"开创农业发展新纪元。

临沂已经推出了一大批自己的名优品牌走向全国，"苍山大蒜""蒙阴蜜桃""沂南黄瓜"品牌价值分别为43.09亿元、34.76亿元、23.51亿元；"蒙阴蜜桃""双堠西瓜"2012年荣获最受消费者欢迎的中国农产品区域公用百强品牌。现在，临沂农产品源源不断地输送到"长三角""珠三角""京津唐"和"东三省"等区域性大市场，苍山蔬菜成为上海世博菜，占世博会蔬菜总量的50%以上；"沂南黄瓜"畅销全国20多个省100多座大中城市，并出口东南亚；金锣冷鲜肉销售网络遍及全国。临沂市入选山东首批知名品牌位居全省第一。

山东在提升山东省农产品品牌知名度和美誉度的同时，不忘抓品牌质量建设。2014年，在全国率先以省政府令形式出台了农产品质量安全监督管理办法，健全了省市县乡村五级监管队伍；2015年，重点抓了农产品质量安全县创建和追溯体系建设，先后在3个市和53个县开展了国家级和省级安全县同步创建；2016年，以韭菜、羊肉为突破口开展了重点农产品的专项整治，绘制了全国首张精准韭菜地图，将种植面积半亩以上的韭菜地块全部纳入网格化动态监管，实现了精准监管，提升了消费者对山东农产品的信心。

六 现代农业产区领先全国

山东要把产业现代农业区建设作为落实中央"一号文件"精神的实际行动，带好头、领好向，立足于山东自身的特有优势条件，2009年山东省政府出台了《关于实施标准化战略的意见》，2012年出台了《关于用产品质量标准化和认证推动产业优化升级的意见》，2014年印发了《山东省人民政府办公厅关于推进"山东标准"建设的意见》，全省十七个地市都出台了相关的实施现代农业标准化战略的意见。政府的重视，政策的引导，资金的支持，使得山东省的农业标准化工作开展得扎实有效。山东省国家现代农业示范区有22个，分为三批由农业部颁布，位居全国前列。第一批：山东省滕州市国家现代农业示范区；山东省寿光市国家现代农业示范区；山东省平度市国家现代农业示范区。第二批：山东省威海市国家现代农业示范区；山东省东营市国家现代农业示范区；山东省莱州市国家现代农业示范区；山东省泰安市岱岳区国家现代农业示范区；山东省沂水县国家现代农业示范区；山东省陵县国家现代农业示范区；山东省青岛市莱西市国家现代农业示范区。第三批：山东省金乡县国家现代农业示范区；山东省聊城市国家现代农业示范区；山东省莒县国家现代农业示范区；山东省淄博市临淄区国家现代农业示范区；山东省巨野县国家现代农业示范区；山东省潍坊市国家现代农业示范区；山东省德州市国家现代农业示范区；山东省青岛市国家现代农业示范区；山东省枣庄市国家现代农业示范区；山东省滨州市滨城区国家现代农业示范区；山东省博兴县国家现代农业示范区；山东省招远市国家现代农业示范区。

近年来，山东省各地以黄河三角洲高效生态经济区和山东半岛蓝色经济区上升为国家战略为契机，紧密围绕省委、省政府提出的"一体两翼"区域发展战略，着力培育新型农业经营主体，加快构建现代农业经营体系，促进农业主体多元化、农业经营规模化、农业服务社会化；以典型开路，以农业标准化产业区创建活动为载体，突出标准化生产，提高农产品质量安全水平，叫响一批山东农产品品牌，打造一批完整、高端的农业产业链条和一批自主创新能力强、加工水平高、处于行业领先地位的现代农业产业区，在农业领域代表着山东农业标准化试示范区的发展水平。

（一）山东省寿光市国家现代农业示范区

山东省寿光市国家现代农业示范区是国家第一批现代农业示范区。在授予国家现代农业示范区之前，寿光蔬菜在国内处于领先水平，但是与美国加利福尼亚、荷兰兰辛格兰、西班牙阿尔梅利亚等三大传统的世界蔬菜区域优势中心相比，仍有一定差距。为了瞄准国际先进水平推进蔬菜产业转型升级，寿光坚持走科学发展之路，在继承传统的优良品种和种植技术的基础上，采用有机肥料、土杂肥、杀虫灯，不使用任何化学肥料和化学农药，保证了"绿色放心食品"的品质。寿光以进军世界第四蔬菜区域优势中心为目标，实施蔬菜"园区发展、种业研发、培育主体、质量提升"战略性工程，实施农业标准化园区发展工程，加快建设现代化蔬菜产业，引领和提升蔬菜产业。2012年12月，寿光政府制定了《加快蔬菜种业发展的意见》，提出实施种业研发工程，建设蔬菜种业创新创业基地，打造中国蔬菜种业"硅谷"，争取每年自主研发10个以上蔬菜新品种。设立了蔬菜种质资源保护开发资金；每年整合两亿元，支持蔬菜种子研发和种苗繁育产业；对省级以上审定的新品种和推广万亩以上新品种，分别奖励20万元和100万元；对国家和省级蔬菜科研中心，给予100万元和50万元奖励；对到寿光创新创业的蔬菜专家，奖励50万至300万元；引进博士人才，实行"工作在企业、人事在事业"，其编制、工资、职称等按事业单位管理。2012年年底，寿光将政府所有的山东蔬菜工程中心和寿光蔬菜研究院"送"给蔬菜种业集团，实现了与蔬菜种业集团科技资源的优化整合。如今，寿光正在致力于打造我国蔬菜种业研发"第一县"，已有110多家国内和8家国外种子企业在寿光建立了蔬菜种子研发、种苗繁育和示范基地，形成了由19位知名专家和83位博士硕士组成的蔬菜研发队伍，自主研发蔬菜新品种22个，初步构建起了以寿光研发机构为骨干、国内外研发力量为主体的蔬菜种子研发体系。如寿光蔬菜产业集团现代农业园区，投入达3亿元，占地约2000亩，建设了261个高标准日光温室和8组智能温室；采用了水肥一体化自控、物联网控、荷兰栽培模式等新技术，实现了光、温、水、肥、湿等全程自动化管理。蔬菜产业集团农业园区仅仅是寿光现代农业园区的一个代表。早在2010年年初，寿光邀请中国农科院等编制了《国家级现代农业示范区规划》和《现代农业园区建设方案》。市区，以蔬菜为主，以国际先进水平为目标，规划建设5万亩现代农业园区，打造"科研成果转化区、良种研发繁育区、现代模式展示区、高端产业聚集区";在乡镇,统一规划设计,以农业企业为主体,加快土地流转,建设 5 至 15 个 300 亩以上的国内先进标准的蔬菜园区。①

(二) 山东省东营市国家现代农业示范区

此示范区是继陕西杨凌农业高新技术产业示范区外全国第二家农业高新技术产业示范区,示范区建设用地面积 2.96 平方公里,科研试验、示范农业用地面积 117.04 平方公里。黄河三角洲农业高新技术产业示范区将深入实施创新驱动发展战略,按照布局集中、产业集聚、用地集约、特色鲜明、规模适度、配套完善的要求,建立可复制、可推广的创新驱动城乡一体化发展新模式,努力成为促进农业科技进步和增强自主创新能力的重要载体,成为带动东部沿海地区农业经济结构调整和发展方式转变的强大引擎。2015 年省区域专项资金安排 8200 万元用于黄三角农高区的基础设施建设,切实增强了农高区发展的后劲和活力。②

(三) 山东聊城现代农业示范园区

2015 年,聊城成功获批为第三批国家现代农业示范园区,为聊城现代化农业发展提供了新的发展机遇和动力,山东聊城也从自身实际出发,打造了自己的农产品区域公用品牌——"聊胜一筹"。中国香瓜之乡、鲁西黄牛之乡、中国蔬菜第一市等闻名遐迩……2016 年年初聊城被列入国家京津冀协同发展区,这些战略部署都为聊城建设发展现代化农业示范区创造了难得的战略机遇。由农业大市向农业强市转变。莘县作为"中国蔬菜第一

---

① 于洪光、吕兵兵:《山东寿光迈向"世界蔬菜区域优势中心"》,《农民日报》2013 年 6 月 13 日。
② 李剑桥:《黄三角农高区成为带动东部沿海农业发展引擎》,《大众日报》2016 年 1 月 5 日。

县"在建设国家现代农业示范区进程中更是加快速度,做好带头示范作用,莘县农业结构调整起步早、规模大、产业特色鲜明,现代化企业发展渐臻完善,2015年被批准为国家现代农业示范区,莘县蘑菇、香瓜、西瓜、韭菜已成为具有特色的地理标识农产品品牌,为山东土特产增添了新活力。目前,山东正在打造西部经济隆起带,着力发展高效生态、高端高质的特色农业,以章丘鲍芹、沾化冬枣、章丘大葱为代表的传统特色农业已是星罗棋布。这些"农字号"的山东特产正以独具特色、各具千秋的气质和品位,为舌尖上的"山东味道"增光添彩。章丘大葱,突出的特点是高、大、脆、白、甜,平均株高1.75米,最高可达2米多,被誉为"葱中之王",北京全聚德所有门店烤鸭都统一使用章丘绣惠镇专供的大葱。章丘鲍芹凭借自身的实力,"叫板"鲍鱼,被誉为"水果蔬菜"佳品。"天下第一古村"周村的烧饼,薄、酥、香、脆,深受各地人民喜爱。这一张小小的烧饼,承载了古村千百年的历史,也成就了这个古村。"周村烧饼制作技艺"入选第二批国家级非物质文化遗产名录,世界各地的游客来到周村,将周村烧饼带出国门,将鲁商文化远扬到海外。有老百姓唱道:"君不见,章丘大葱高过人;君不见,芹菜叫板鲍鱼鲜;君不见,周村烧饼酥又香……君可见,这山东味道美名传!"[①]从山东的美食里可以吃出山东的历史,可以体会山东的文化,山东的美食更承载着勇于探索的山东人,在传承传统文化的基础上,发展创新,不断进取。

以上示范区符合《山东半岛蓝色经济区发展规划》中发展"蔬

---

① 山东省网络文化办公室:《网论2013》,山东人民出版社2014年版,第482页。

菜、优质果品、特色作物等高效农业及现代水产养殖业"的要求和《黄河三角洲生态经济区发展规划》中发展"绿色种植业、生态畜牧业等高效生态农业"的要求，体现了山东省的标准化工作服务于"一体两翼"区域发展战略和"一黄一蓝"区域带动战略的发展大局，实现了区域发展战略全覆盖。今后，山东将根据国家总体战略需要明确自己的定位，即"山东半岛蓝色经济区与黄河三角洲高效生态经济区"，更好更快地实施农业现代化工程，打造具有国内先进水准和鲜明区域特色的农业升级版。加快黄河三角洲农业高新技术产业示范区建设，建设黄河三角洲现代农业研究院等一批国家级创新服务平台和示范基地，培育一批销售收入过100亿元的农产品加工园区和销售收入过200亿元的县（市）。发挥园区载体优势，集聚资源要素，采取市场化运作，吸引各类经营主体入驻，构建集农产品生产、加工、流通于一体的农业综合体，打造公司制、混合所有制的现代标准化农业园区，打造农业现代化的"新引擎"。到2020年，山东全省粮食、棉花、油料、蔬菜、食用菌、果茶、中草药、土肥监测、植保、生产服务十大类农业地方标准及相关农业生产技术规程基本完善。山东全省瓜菜、果品、茶叶、食用菌、中草药、粮食、棉花、油料等农业标准化示范区或基地达到1000余家（包括省、市示范区），山东全省"三品一标"产地认定面积占同类农产品产地面积的比率达到60%，有效使用标志"三品一标"的数量达8680个。

七　生态农业建设扎实推进

　　农业可持续发展必然要求资源环境的现代化，环境保护越来越受到重视。在农业现代化进程中，不仅是生产方式等的现代化，而且保护农业资源环境的方式也要现代化。近年来，山东把生态环境的治理与保护放在农业发展中的重要位置，逐步探索出"有机农业""生态农业"等农业发展模式。2014年，山东省在全国率先启动实施了耕地质量提升计划，连续四年每年投入7000万元，先后在100多个县（次）开展了试点，重点实施了土壤改良修复、农药残留治理、地膜污染防治、秸秆综合利用、畜禽粪便治理、重金属污染修复6项工程，探索了一批可复制可推广的耕地质量提升技术模式，取得了明显的成效。生态循环农业快速发展，累计在131个县（次）实施了生态能源类项目，全省规模以上示范基地面积达1000多万亩，农作物秸秆综合利用率达到87%，畜禽粪便处理利用率达到73%。节本增效技术推广应用步伐进一步加快，全省配方肥推广面积5200万亩，绿色防控技术推广面积4500多万亩，水肥一体化技术推广面积130万亩。

建设生态文明要求，发展节约型、循环型、生态型农业，既要实现经济增长，还要保护好自然资源与生态资源，真正实现可持续发展，使农业经济增长的发展与农业生态环境质量的改善更加协调，做到生产、生态、生息协调可持续发展。

八　农民生活水平持续提高

"小康不小康，关键看老乡。"农村居民人均可支配收入稳定增加，2013年首次突破万元大关，达到10620元，2016年达到了13954元，连续五年均高于GDP增速和城镇居民人均可支配收入增速。2015年，山东省实现第一产业增加值4979.1亿元，按可比价计算，比2010年增长21.9%，年均增长4%；农村居民人均可支配收入12930元，比2010年增长85%，年均增长12.9%，实现了"十二五"期间年均两位数增长。城乡收入比由2.70缩小到2.44，农村贫困人口每年减少100万人以上。农民收入增幅连续6年高于城镇居民，城乡居民收入差距由 2010 年的 2.85∶1 缩小到 2015 年的 2.432.85∶1。

在经济下行压力加大的情况下，山东党和政府坚持民生优先，不断深化养老、医疗、教育等领域改革，民生事业持续改善，民生保障网越织越牢。在农村主要是提升便利化程度和环境宜居水平，重点推进"七改"：改路，大力加强公路隐患整治、危窄桥改造、老油路改造等公路防护工程建设，改造完成农村公路 3200 公里；改电，实施配电网建设改造行动计划、新一轮农村电网改造升级工程，2016 年全面实现自然村动力电"村村通"，2017 年实现中心村电网"村村改"、机井电力"井井通"；改校，扎实推进"全面改薄"工作，两年投资 135 亿元，规划建设校舍 710 万平方米，解决好普通中小学"大班额"问题；改房，推行按最低 7 度抗震设防标准新建改建农村住房，2016 年改造农村危房 5 万户；改水，实施农村饮水巩固提升工程，推进农村新型社区集中供水，加快农村上下水设施建设，农村自来水普及率稳定在 95% 以上；改厕，全面改善农村居民如厕条件，2016 年完成 200 万户以上农村无害化卫生厕所改造；改暖，启动农村供暖改造工程，推广环保取暖设施，推动城镇集中供暖向农村延伸。

近五年累计减少贫困人口 595.5 万人，其中建档立卡贫困人口 245.5 万人。2016 年，按照省委、省政府关于坚决打赢脱贫攻坚战的要求，山东各地启动实施了"11546"农业脱贫攻坚行动，具体来说，就是出台一个扶贫文件、制定一个实施方案、实施五大脱贫工程、帮扶 40 万贫困人口、帮包 6 万人脱贫。2016 年，全省用于扶贫脱贫的省级农业项目资金达 3.13 亿元以上，帮扶贫困户 28.45 万户贫困人口 56.47 万人；农业系统"第一书记"帮包村精准帮扶贫困户 10604 户贫困人口 21238 人，超额完成年度扶贫任务。①

山东统一了城乡居民基本养老保险制度，提高"新农合"筹资水平，农村社会保障体系基本建立，率先建立城乡统一的居民基本养老、医疗保险制度。居民养老保险参保 4534.2 万人，居民医疗保险参保 7331.4 万人，基本实现应保尽保。社会救助体系不断健全。农村劳动力转移就业连续 12 年超百万人。② 人均预期寿命提高 1.5 岁，达到 78 岁左右。婴儿死亡率由 7.69‰ 下降到 4.77‰，高中阶段毛入学率达到 97.4%，高等教育毛入学率达到 48.1%，人均受教育年限 8.87 年，提高 0.11 年。城乡人均住房建筑面积增加约 5 平方米，分别达到 36.4 平方米和 40.9 平方米。农村劳动力转移就业 665 万人，城镇每百户拥有汽车由 19.9 辆提高到 49.4 辆，农村由 5.4 辆提高到 23.6 辆。农村自来水普及率达到 95%，基本实现农村人口饮水安全。互联网普及率提高 13.9 个百分点，达到 48.6%。③

农业产业化经营继续向纵深推进。其中，新型农业经营主体的崛起和现代农业经营体系的构建为农民增收打通了一条高速通道。14 万多家合作社、4 万多个家庭农场引领，40% 以上的土地走向规模化经营；引入"互联网+"，新思维重构农业各要素，农村电商、新型职业农民勾画出现代农业新模式。

山东综合交通体系建设全面展开，村村通柏油路、通自来水、通电视、通信息网络"四通"任务基本完成。17 地市实现铁路网全

---

① 《山东举行近五年现代农业发展情况新闻发布会》，2017 年 6 月 7 日，中国山东网（www. scio. gov. cn）。
② 山东省人民政府：《山东省"十三五"农业和农村经济发展规划》，《齐鲁晚报》2016 年 11 月 22 日。
③ 郭树清：《2016 山东省政府工作报告》，2016 年 1 月 24 日，中国山东网（http://www.jiningbusiness.gov.cn/art/2016/1/25/art_ 6670_ 186983.html）。

覆盖，96%的县（市、区）通了高速公路。新建农村新型社区6562个，1400万人改善居住和生活条件。林木绿化率达25%。实施大气污染防治规划和行动计划，建立空气质量第三方监测和财政补偿制度。2017年空气质量比2013年改善35%左右，可吸入颗粒物平均浓度改善13.8%，二氧化硫下降47.7%，二氧化氮减少12.8%，新能源发电装机增加837万千瓦，占比提高7.1个百分点。节能减排指标超额完成，淮河、海河流域治污国家考核连续多年保持第一。城市污水集中处理率由87.9%提高到95.5%，治理水土流失面积8085平方公里，湿地保护面积新增300多万亩，植树造林1561万亩。加强生态文明乡村建设，开展乡村文明行动，城乡环卫一体化实现镇村全覆盖。①不少地方的新农村建设，引入人才、技术、资本等高端要素，引导组织农民开发农业生态旅游、观光休闲等项目，推进园区优势产业集聚、产业创新和产业升级，打造创新发展新亮点。坚持农业高科技产业、文化、旅游"三位一体"和生产、生活、生态融合发展，按照产城一体化、产园一体化思路，充分整合各类资源，因地制宜规划建设了一批农业优质产业、农业观光旅游、乡土风味文化等"特色小镇"，建设布局合理、功能完善、环境优美的生态小镇，为社会主义新农村建设提供了示范。

山东的民生事业持续改善，发展的成果全民共享。习近平总书记指出，中国梦归根到底是人民的梦，必须紧紧依靠人民来实现，必须不断为人民造福。到2020年，农民生活将达到全面小康水平，山东省半数以上的县（市、区）基本实现农业现代化。

改革开放以来，山东各级党委和政府十分重视坚持以人为本，

---

① 郭树清：《2016山东省政府工作报告》，2016年1月24日，中国山东网（http://www.jiningbusiness.gov.cn/art/2016/1/25/art_ 6670_ 186983.html）。

把维护好、实现好、发展好农民的物质利益和民主权利作为制定各项政策的出发点,保护和调动了农民的生产积极性,为建设平安山东、和谐山东创造了良好的环境。山东现代农业发展取得的成就,原因是多方面的,从客观上来说,山东地处东部沿海的独特地理位置,为农业发展提供了得天独厚的条件;"两区一圈一带"区域发展战略深入推进,带动东中西部差距不断缩小;山东是人口大省,为现代农业发展提供不可或缺的人口红利;勤劳的山东农民为农业的发展做出突出贡献。从主观上来说,党和国家一系列惠农政策为农业发展提供了可靠保证,为农业和农村经济发展提供了强有力的政策支撑;城乡经济统筹发展方略的实施,为农业发展提供了动力;山东农业体制和制度上的探索创新为农业发展增添了活力;广大基层干部和人民群众团结奋斗、勇于拼搏、扎实苦干,为山东现代农业的发展做出了突出贡献。

第二节 山东现代农业发展的重要意义

山东作为我国农业大省,改革开放以来全省农村改革全面推进,农村经济和农业发展取得了引人注目的成就,农产品有效供给水平显著提高,主要农产品总量大体平衡、丰年有余,从数量上的满足向提高质量水平发展,走出了一条具有山东特色的现代农业道路。山东改革开放30多年来传统农业向现代农业转变的实践发展,使得山东现代农业的发展有了质的飞跃。

一 农业产品摆脱了长期短缺的困境

山东农产品突破了传统农业主要从事初级农产品生产的局限性,

实现了种养加、产供销、贸工农一体化生产，使得农工商的结合更加紧密。粮食由短缺变为盈余，粮食生产不断创历史最好水平。主要农产品产量稳定增长，粮食、油料、棉花、蔬菜及肉蛋奶均居全国领先行列。粮食等主要产品连年丰收的实践一再证明，中国农业已有足够的能力为快速发展的工业化和城镇化提供足够的食品和工业所需的农产品，农产品质量的提高和数量的增长已处于同等重要的地位，天然、优质、安全的农产品市场空间持续扩展。农业产业结构主要是以粮为主的单一生产结构得以改变，农产品门类齐全。无论是粮食、蔬菜、水果、水产、畜牧，山东都很发达，水果、蔬菜生产都很突出，生姜、大蒜生产几乎具有垄断性地位。渔业发达，主要是海洋渔业，与蓝色经济相呼应，建立了海上粮仓。逐渐形成了胶东半岛果品与水产品、鲁中和鲁南蔬菜、鲁西和鲁南粮棉和沿黄畜牧等优势产业带，形成区域化布局、专业化生产、规模化经营新格局。山东农产品出口一直保持第一，主要是因为特色农业发展好。

二 传统农业改造取得突破性的进展

在工业化进入中后期的大势下，农业至少也进入工业化的中期阶段。自然经济条件下的传统农业采用人力、畜力、手工工具、铁器等为主的手工劳动方式，利用世代积累下来的传统经验，以自给自足为主。改革开放以来，山东农业的经济性质发生了根本性的变革，即由传统农业向现代农业迈进了一大步，农业投入和产出的商品化、市场化程度大大提高，由此带来农业生产力一系列深刻的变化：从过去注重"物"的静态管理向更加注重生产经营主体的动态管理服务转变。既要加强对农业发展的"物"的要素的管理，更要因势利导，强化对各类新型主体等"人"的要素的管理服务，加快构建多种主体竞合发展、互利共赢的新型农业经营体系。突破了传统农业部门分割、管理交叉、服务落后的局限性,实现了按照市场经济体制和农村生产力发展要求,建立一个全方位、权责一致、上下贯通的管理和服务体系;突破了传统农业封闭低效、自给半自给的局限性,发挥资源优势和区位优势,实现农产品优势区域布局、农产品贸易国内外流通。[①] 资本替代劳动,机械力替代人力、畜力,资本化经营首先进入畜牧业、园艺(果蔬)业,专业化、规模化不断扩大,并逐步向粮食等种植业扩展。经营主体多样化,农村商业、科技、机械、技艺等兼营种养业的农户与专业大户、农民合作社、农业企业等新的经营主体各显其能,各得其所。生产储运加工基地化、专业化、品牌化、产销直接对接的产业运行方式初步形成。农业内涵已由传统的种植业、养殖业延伸到生产资料工业、食品加工业等第二产业和交通运输、技术、信息服务等第三产业,成为一个围绕着农业生产的产业群体。相应地,农业的田间劳动大为减少,农业科教、农用工业、农业服务等岗位的就业量扩大。从田间到餐桌上的生产、收储、加工等各个环节分工专业化、服务社会化,农户坐在家里,手持电话,呼风唤雨,要什么有什么,悠闲作田;一些农户居住在城镇,驾车进村,耕作农田,早出晚归,走耕成族。农业的功能由生产向观赏、休闲、美化等方向延伸,假日农业、休闲农业、观光农业、旅游农业等新型农业遍地开花。农产品国际贸易空前繁荣,大量国外农产品进入国内市场,减轻了国内农业的负荷,也让国内农业刮目相看。

---

① 山东省统计局:《山东发展统计报告 2008》,山东大学出版社 2008 年版,第 366 页。

三 现代农业产业体系逐步完善

在山东现代农业发展中，先进的、科学合理的经营管理方式被广泛采用，从过去注重生产环节向全产业链谋划转变。不再是只注重产前管理，而忽略产中和产后环节，而是三个环节有机衔接、紧密相关，形成完整系统的农业产业链条，组织化程度较高。实践证明，就生产抓生产、只满足于生产初级农产品是没有出路的，必须转向全产业链谋划，更多向产业"微笑曲线"的两端延伸，让农民更多享受技术创新和加工流通的增值收益。农产品的销售、加工和转化渠道都有了统一的组织管理，不仅相对稳定，而且高效，现代农业管理体系有效地将分散农民的组织起来。山东以工促农、以城带乡、工农互惠、城乡一体的体制为农业、农民撑起了坚实的保护伞。山东发展现代农业，从"工业反哺农业、城市支持农村"的战略出发，建立健全现代农业产业制度体系，为现代农业提供支撑。山东提出重点推进"标准化体系、产业化经营体系、公共服务体系、农业科技支撑体系、生态保护体系、物质装备体系、农业支持保护体系、产业体系"八大现代农业产业制度体系建设，为山东现代农业的发展提供了强有力的保证。生产要素的合理流动和组合农田整理、道路、水利、电力等公共设施，公共提供，得到较大的改善。农业的净收益得益于政府补贴和市场供需的价格调节稳步走高。农民的各种社会保障全面起步，突破了传统农业远离城市或城乡界限明显的局限性，实现了城乡经济社会一元化发展，城市中有农业、农村中有工业的协调布局，科学合理地进行资源的优势互补，有利于城乡发展。

改革开放30多年来，粮食、棉花、花生、蔬菜等总产量，都曾在中国一度第一或目前依然保持第一，这些农产品产量和质量优势的取得与山东的正确的农业政策是分不开的。从20世纪80年代的贸工农一体化,到90年代的高产高效农业,再到农业产业化、农业现代化,不同的年代,山东都有不同的探索。随着黄河三角洲高效生态经济区和山东半岛蓝色经济区相继上升为国家战略,"蓝黄"经济区建设必将对山东省现代农业的发展产生巨大的驱动作用。

从另一个角度来说,山东农业的现代化进程就是农业制度、技术、结构和发展模式的探索、发展和变迁,这是一个相互影响、相互促进的过程,这四个方面都成功实现加速发展,在现代农业发展中走在了全国的前列,做出了自己的突出贡献。

四 农业供给侧结构性改革深入推进

一是农业结构调整扎实推进。山东按照国家"藏粮于地、藏粮于技"的要求,深入开展粮食绿色高产高效创建,全省粮食高产创建示范面积达到1800多万亩。在此基础上,积极推进农业结构调整,做好农牧结合文章,重点是调整玉米种植结构,也就是适度减少籽实玉米种植面积,扩大青储玉米、苜蓿等饲草作物的种植面积。目前,已经在19个县开展了"粮改饲"试点,2016年全省收储全株青贮玉米200万亩以上,杂粮杂豆种植面积增加了10多万亩。

二是农村综合改革扎实全面进行。2013年,山东省被国家确定为农村承包土地确权登记颁证三个首批试点省之一,截至2015年年底,全省2016年95.9%的有耕地村(社区)和98.1%的承包耕地完成确权任务,在全国率先基本完成土地确权登记颁证工作,得到了国务院领导的肯定。目前,已有95个县提交的数据达到国家标准,全省2016年6月底前基本完成汇交任务。在此基础上,各地加快推进确权成果应用,有10个县承担了国家土地经营权抵押贷款试点,72个县开展了农村合作金融试点,农村土地流转面积达到

2746.4万亩，占家庭承包经营面积的29.3%，全省土地经营规模化率达到40%以上。①

山东作为全国的农业大省，秉承"绝不放松粮食生产，大力发展多种经营"的方针，采取了一系列发展农业的措施，探索出一条适合山东省实际省情的农业现代化发展道路，从过去注重生产力发展向发展生产力与调整生产关系并重转变。在继续推进农业生产力发展的基础上，更多地依靠改革促进发展，向改革要动力，靠改革添活力，依靠改善农业生产关系，调动方方面面的积极性，凝聚推进农业现代化的强大合力。目前已经形成了以市场为导向，以科技进步为依托，合理配置利用各种农业资源，农林牧渔业综合发展的良好态势，农业现代化建设进入全面发展的新时期，成就有目共睹。回顾"十二五"，在财政收入增速放缓的背景下，山东做到了农业投资总量有增加、结构有优化，明显改善了物质技术装备条件，夯实了农业现代化的基础。积极拓展投入渠道，与农业发展银行、国家开发银行等金融机构深度合作，引导金融资本投入农业。山东省与有关金融机构探索建立了"无缝对接"机制，通过"政府担保+财政补贴"等方式，撬动金融资本参与农业基础设施建设。试点示范实现新突破，认定了一批国家、省级农业示范区，在示范区开展了农业改革与建设试点，总结推广了一批发展典型模式。因地制宜建成了一批省级现代农业示范区或现代农业园区，打造了农业现代化的先锋队。协调发展迈出新步伐，着力推进区域均衡发展，加大粮食主产区、西部地区和革命老区农业建设支持力度，强化定点扶贫、片区扶贫、特殊区域帮扶等工作，着力融入国家区域发展战略，出

---

① 《山东举行近五年现代农业发展情况新闻发布会》，2017年6月7日，中国山东网（www.scio.gov.cn）。

台了"两区一圈一带"区域发展规划。着力优化生产力布局,深入实施优势农产品和特色农产品区域布局规划,打造了一批农产品优势区、现代农业强县,农业生产的集中度显著提高。农村经济迅速发展,科学技术全面应用到农业生产中,促进了从传统农业向现代农业、农业经济向非农业经济、农业大省向城市化大省转型,这种转型波澜壮阔,不可阻挡。在进入21世纪的今天,农业生产的外部条件及农业现代化的内涵都发生了深刻变化,从山东省传统农业向现代农业转型的实践发展进程中,就可以看出中国农业现代化的变迁。"中国改革看农村,农村改革看山东。"从现代农业发展的实践来看,山东农村改革发展已经成为全国的典型代表。

山东农业现代化发展的成就告诉我们,没有农业的现代化就没有中国特色的社会主义现代化;农业现代化是一个国家和地区现代化的重要内容;农业现代化的过程是农村物的现代化、管理手段现代化和人的现代化有机结合的实现过程。

第四章 山东现代农业发展的制约因素

山东农业历史悠久，耕地率属全国最高省份，是我国的农业大省，农业增加值长期稳居中国各省第一位，农业发展一直走在全国前列，是我国经济最发达、经济实力最强的省份之一，各项指标在全国处于领先地位，粮食生产、棉花、畜产品、水产品、水果、蔬菜都名列前茅。2007年至今以来经济总量居全国第三位。无论与过去相比，还是与其他省市相比，山东今天的农业现代化建设取得了卓越成效，在农业转方式、调结构、促改革等方面进行了积极探索，为进一步推进农业转型升级打下了一定基础。但是，粗放的发展方式，也伴生着巨大的风险与挑战，积累了一系列深层次的问题和矛盾：经济结构不合理，老龄化社会已经到来；分散经营的农业生产体系，相对滞后的农业产业政策，在一定程度上制约了农业现代化进程；农产品供求结构失衡、要素配置不合理、资源环境压力大、农民收入持续增长乏力等问题仍很突出，增加产量与提升品质、成本攀升与价格低迷、库存高企与销售不畅、小生产与大市场、国内外价格倒挂等矛盾亟待破解。与农业在国民经济中的基础地位要求相比，山东农业的脆弱性仍然明显；与飞速行进着的城镇化和工业化相比，山东农业现代化相对滞后的矛盾仍然十分突出；与人们生活水平提高对农业现代化期待相比，仍然存在着落差，面临很多问题；与发达省份以及山东农业大省的地位和发展现代农业的要求相比，还有一定差距；与全面建设社会主义新农村的目标相比，还存在着一定的差距和不足。农业靠天吃饭的局面没有根本改变，土地产出率、资源利用率、劳动生产率低下，集约化、可持续发展进度缓慢。农业发展是以追求数量、追求单产为主的生产方式，在提高农业供给、增加农业供给的同时也带来很多问题，比如，农药化肥使用过高、土壤肥力大幅度下降、资源浪费严重、农业污染严重等都是问题。建设现代农业强省、加快实现农业现代化还面临一些矛盾和问题，如耕地保护与工业化、城市化发展的矛盾；人均资源少与实现规模经营的矛盾；山东农业经济区域发展差距大，农业增长过于依靠投资和出口拉动，结构调整还远远没到位，粗放增长方式还在持续。总体来说，山东正处于农业由大向强跨越、转变的关键时期，传统与现代交织，机遇与矛盾并存，传统优势逐渐消减，兄弟省份赶超势头强劲，还没有从整体上完成从传统农业到现代农业的转型，发展山东现代农业建设中遇到的瓶颈问题以及困境，使山东现代农业发展面临着前所未有的挑战。山东现代农业发展的制约因素主要体现在以下几个方面。

第一节 农村劳动力老龄化加剧

山东人口基数大，户籍人口和常住人口数量均是全国第二位。但人口老龄化处于加速发展期，老年人口在全国按规模排在第一位，从全国来看，大约十个老人中山东占一个。老龄化社会的到来，严重制约现代农业经济的发展。

一　山东农村地区较早进入老龄化社会

早在2010年，山东省60岁以上人口1413万人，占14.75%，高于全国13.26%的水平，65岁以上人口占总人口的9.84%，高于全国8.87%的水平。2016年年底，山东常住总人口9946.64万人，比2015年增加99.48万人。其中，全省有65岁及以上老年人1310.97万，占总人口的13.18%，较2015年提高0.97个百分点，增幅相当于全国的3倍多，人口老龄化形势十分严峻。[①] 国际通行老龄化标准是60岁以上达到10%，而山东省早已达到这一标准。据统计，山东省每年60岁以上老年人口增速为70万以上。据预测，到2020年65岁及以上老年人口总量将达到1503.6万人，占总人口的15.0%，2030年2125.5万人，占总人口的21.3%。

此外，山东省农村地区于1993年进入老龄化社会，比山东省整体进入老龄化社会的时间早了2年，比我国整体进入老龄化社会早了5年，其发展速度由1991年的1.55%逐年上升至2011年已达到12.42%，远高于其他地区的老龄化水平[②]。可见，与城市老龄化相比，山东省农村地区人口老龄化问题出现时间早、发展速度快、程度更为严重，且老龄人口绝对数量大。究其原因，随着经济的发展，破除城乡二元结构的改革日益深入，生产要素在市场机制的调解下逐步在城乡之间产生虹吸效应，生产要素在城乡两个市场间的自由流动更多地表现为城市对稀缺农业生产要素的争夺，土地、资金及劳动力等主要生产要素不断从农业农村中流失，其突出表现就是为

---

　　① 山东省人民政府：《2016年山东省国民经济和社会发展统计公报》，《大众日报》2017年2月28日。
　　② 山东省统计局：《山东省统计年鉴2011》，中国统计出版社2011年版，第32页。

了追求更高的经济收入、更好的生活条件，大量农村青壮年涌入城市，使得城市中青壮年的比例日益上升而农村中老年人口的比例也急剧上升，这反而导致城市人口老龄化的速度放慢，如果这种情况继续下去，那么未来农村人口老龄化在程度和速度方面都将会远远超过城市人口老龄化。

二 农村劳动力老龄化制约着现代农业的发展

一方面，农村劳动力的转移直接影响投入农业生产的劳动力的数量。随着青壮年劳动力的迁出，从事农业生产的劳动力的数量急剧下降，留守老年人只能再次参与农业生产，但是老年劳动力在体力、精力、反应速度上远不如青壮年劳动力，致使农村劳动力的身体素质整体下降。老年劳动力参与农业生产，降低了耕种质量，甚至因为年龄偏大无法进行体力劳动而在个别地方出现抛荒现象；另一方面，农村劳动力的转移也影响着农村劳动力的质量。因为在现代农业里，农民要有现代科学知识，否则不能掌握先进的农业生产技术和市场信息进行判断，不能做出正确的决策。目前在农村从事劳动的人口大多在50岁以上，由于历史因素的影响，他们大多数人荒废了学业，文化底子薄，思想保守，影响了对科技的理解与应用；年龄大的农村劳动力逐渐丧失了自主学习的能力，他们抵制新科技的推广，墨守成规，不思变革，对市场变化的反应慢，最终导致农村劳动力文化水平始终处于较低的阶段，而且老年人在使用机械作业的灵巧与熟练程度等各方面与年轻人有着较大的差距，甚至许多农业基础设施由于老年劳动力身体素质差而无法建设与维护，这也阻碍了农业的发展。

第二节 土地矛盾紧张程度已达极限

山东省一直是全国的人口大省,加上工业化进程不断加快、人口持续增长等因素,省内的人均耕地占有量不断减少,质量下降,人地矛盾突出,对粮食生产能力构成威胁。如潍坊市人均耕地面积只有 1.27 亩,低于全国平均水平。

一 人地矛盾尖锐

山东省现有人口 9082 万人,全国排名第二。据 2015 年统计数据,全省土地总面积 15.79 万平方公里,约占全国总面积的 1.6%,居全国第十九位,土地利用率 90% 以上。耕地总面积 1.145 亿亩,人均耕地 1.18 亩,低于全国平均水平,且耕地后备资源严重不足,且逐渐减少,无法满足粮食安全和农业可持续发展的需要。[①] 山东省耕地面积的减少呈现出明显的阶段性特征。总体上看,大致经历了以下三个阶段:第一阶段是 1990—1999 年的低速减少期,8 年间耕地减少了 21.34 万 hm^2,年均减少耕地 2.37 万 hm^2;第二阶段是 2000—2003 年的急剧减少期,4 年间耕地减少了 26.43 万 hm^2,年均减少 6.61 万 hm^2,为 1990—1999 年年均减少量的 1.95 倍;第三阶段是 2004 年至今,据统计,山东省在 2014 年耕地面积总量为 744.0033 万 hm^2,人均土地面积有所下降。人均耕地少、耕地后备资源不足的基本省情没有改变,耕地问题仍十分突出。而现代农业

[①] 山东省农业厅:《山东省耕地质量提升——土壤改良修复实施方案》,2016 年 12 月 19 日,山东省农业信息中心 (http://www.sdny.gov.cn/zwgk/zfxxgk/jcgk/201612/t20161219_526716.html)。

对耕地往往是进行规模化、集约化的生产活动，耕地面积的减少势必会影响省内现代农业的发展。可以说，耕地资源短缺是山东省现代农业发展的瓶颈因素。就1990年至今的耕地变化而言，山东耕地安全不容乐观。根据山东省近年来的GDP年均增长率及人口年均增长，如果按照10%的经济增速和0.5%的人口增速计算，到2020年山东的耕地面积将减少175.03万hm^2，人均耕地减少到0.046hm^2，将明显低于联合国粮农组织划定的人均耕地0.053 hm^2的警戒线，届时人地矛盾将更加尖锐。① 另外，随着山东省经济社会的发展，各类生产建设活动日益增多，土石方挖填、取土、弃渣等活动对地貌扰动严重，水土流失问题十分突出，"十二五"期间全省有水土流失面积22160平方公里，水土流失最严重的地区是临沂市，其次是烟台市、潍坊市、威海市、泰安市、日照市等地市水土流失情况都很严重。②

二 耕地零碎化现象普遍

耕地零碎化是伴随着历史的进程，适应自然条件和社会经济状况不断演进所形成的，但其目的是在平等的基础上防止竞争，在一定程度上解决了农村土地产权的问题，与土地零碎化不同的是集约化是有目的、有计划、有步骤，经过认真设计和规划的土地整治活动。集约化的目的非常明确，就是通过农业机械化和灌溉的便利化等来提高农业生产率，减轻农民体力的负担。20世纪80年代以后，随着家庭联产承包责任制的推行，产权问题又重新出现了。尽

---

① 山东省统计局：《2014年山东省统计年鉴》，中国统计出版社2015年版，第211页。
② 朱洪蕾：《山东十分之一土地消失，临沂、烟台流失最严重》，《齐鲁晚报》2016年12月19日。

管现在农民所承包的土地名义上还是集体所有，但实际上使用权归农民，虽然目前清除了土地收益分配中的平均主义，却又导致了土地使用权的平均化和经营主体的细小化，从而极大地阻碍了土地的适度流转和集中，制约了农业规模化程度的提高。近年来在局部地区出现了土地使用权的转包转让、租赁、拍卖、股份制等形式的土地流转，但由于缺乏法律规范与制度保障，导致了土地流转基础的非市场化，土地流转内容的不完整性、土地流转价格的随意性，以及土地流转格局的不稳定性，很难普遍培育出符合市场要求的经营主体。基于公平而导致耕地细碎化与基于效率要求耕地规模经营是传统农业和现代农业发展中必须处理好的一对矛盾，也成为现代农业进行集约化生产时所面临的一大难题。

三 土地违法违规问题较为严重

城市化和工业化进程中，占用一些耕地是合理的需求，但是，一些地方政府受利益驱动，存在以未批先建、以租代征等方式违法占用大量耕地，甚至大量占用基本农田的问题。1987—2001年，全国依法审批的非农建设占用耕地3394.6万亩，而卫星遥感资料表明，违法占地数量占一般占地总量的20%—30%，有的地方多达80%。另有对部分市县调查发现，实际占用数量是国家土地利用规划数的4—6倍，[①] 反映出近年来土地管理的确存在失控问题，而山东省也同样存在这样的状况，近年来，各地违法案件仍然十分严重。2010年山东省内发生五起土地违法案件，其中包括非法占用耕地修路、非法转让等；据国家土地督察济南局监测，山东省部分市、县

---

① 李新、郭宁、宋芙蓉：《1990年以来山东耕地变化及与人口·经济发展的关系》，《安徽农业科学》2009年第6期。

及部分重点领域土地违法违规问题较为严重，2013年度土地卫星监测图斑面积大，典型违法案件比较多。因为土地违法占用，山东省每年有上千人受党纪政纪处分，甚至被追刑责。2010年，山东省因土地违法处理1955人，其中县处级干部5人；2011年处理2099人，其中县处级干部3人；2012年，处理2507人，其中县处级干部5人；2013年，处理1196人。有的地方，借"农村道路"名义大量占用农用地修建公路，个别宽度达二三十米，占用1000多亩耕地。有的地方，引入效益不高的企业大量圈地，政府睁只眼闭只眼，纵容其违法占地行为。同时，违法占地行为的"名义"花样繁多，借城乡建设用地增减挂钩、迁村并点、村（镇）改造、新农村建设、城中村改造等名义，违法进行社区建设的行为；借设施农业建设、农业园区建设、农业产业结构调整等农业开发等名义，违法进行非农业建设的行为；借工程项目建设施工、地质勘探、抢险救灾、采矿用地方式改革试点等临时用地名义，违法进行永久性建设的行为；借农村道路建设名义，违法进行道路建设的行为，乱征、乱批、乱租、乱圈、乱占土地等问题仍然存在，耕地锐减的形势依然严峻。

耕地占补平衡作为耕地保护的一项基本制度，不仅对于遏制耕地锐减的势头，实现耕地总量动态平衡目标和经济社会可持续发展等具有重要意义，而且直接关系到山东省政府耕地保护责任目标的实现与否。自实施这项制度以来，耕地占补平衡工作已取得巨大成绩，在一定程度上缓解了因非农建设占用所造成的耕地压力。但由于目前农村耕地后备资源严重匮乏，加之对新增耕地的质量缺乏衡量标准和检验机制，对开发后的成果管理等方面缺乏有效的监督保证措施，导致补充耕地的质量难以达到被占用耕地的质量，"占优补劣"现象较为突出。国家要求城市建设占用耕地的同时，要通过土地整理复垦，确保耕地占补平衡。然而，近年来的情况显示，耕地占补平衡一直存在着占优补劣的质量问题。城市建设用地主要用于工业和商业用途，必然会产生工业对城市附近的耕地造成不利影响的后果。

另外，在山东耕地数量减少、质量下降的情况下，农民土地权益保护问题也成为严重的问题，致使农民的土地保护意识不强。农村土地集体所有的制度安排加上个体农户长期稳定地承包土地经营，激发了农业的生产活力，保障了农业生产近30多年的增长势头。但土地集体所有的不确定性，在某种程度上仍然影响着农民的土地权益。一是土地权属不清，导致了土地分配上的不公平，例如，村干部多占土地。二是导致了征地补偿过低，土地确权与土地流转、土地财产功能（抵押、租赁）等问题，以上这些因素都导致了耕地的大量流失。

第三节 农业产业结构不合理

世界各国的农业结构呈现出两个特点：一是经济欠发达的国家或地区大多以种植业为主，以生产粮食为主；二是经济发达国家或地区则以畜牧业为主，或农牧兼营。农业结构演变的趋势是：种植业比重下降，但生产力不断上升；畜牧业比重越来越大，发展速度超过种植业。近几年，全省农业产业结构虽然显著改善，但从发展市场经济的要求和提高农业的整体水平看，农业的内部产业结构不合理，其表现如下。

一　农林牧渔结构不太合理

山东农林牧渔结构不尽合理，畜牧业、渔业在四业中所占的比重仍然较低，优势不突出。在山东省的农业产业结构体系中，农、林、牧、渔业结构由2000年的56.72.85:2.12.85:26.12.85:15.1调整为2009年的53.72.85:1.82.85:28.12.85:12.5，可见，虽然产业调整取得一定成效，但是与发达地区相比仍然存在很多差距，需要进行进一步的优化。2012年，全省有产业化组织21904个，其中种植业13025家，占总数的59%；畜牧业5420家，占总数的25%；水产业912家，占总数的4%；林特产业1655家，占总数的8%；另有4%的产业化组织从事其他农业产业类型的产供销活动。① 根据对山东省农业产业结构的分析，农业生产产值所占比重比较高，且种植业、畜牧业和渔业间的生产结构以及产品结构还相当不合理，如农业内部结构未能实现最优；种植业内部结构整体竞争力不足，尚需调整；农业品种结构中优质品种率低，产品质量不高，有些农产品生产大起大落，谷贱伤农、菜贱伤农、果贱伤农等问题时有发生，还没有从根本上解决。因此，要不断调整过去重粮轻畜、重菜轻花的思想，加大对畜牧业、花卉、设施农业等高附加值产业的开发，实现农业产业的优化升级。

二　各地农业产业结构趋同

山东各地结构调整大而全，小而全，趋同现象严重。山东省中西部农业主要区域的产业结构相似系数都在0.92以上，除济南、淄博等外，山东省相对欠发达地区的临沂、德州、聊城、滨州、菏泽

---

① 朱世英、董长瑞：《山东省农业结构与竞争力的动态偏离份额分析》，《山东社会科学》2003年第7期。

地市相对于其他地市的平均相似系数都高达 0.97 以上[①]，这说明主要农业地区之间农业产业结构严重趋同，具有同构特征。不仅如此，将山东省 2005 年与 2000 年的数据相比，除了沿海四市的相似系数相对于往年有所降低外，其他内陆地市的相对系数总体上都有所上升。可见，山东省农业产业结构趋同趋势总体上有所强化，而农业产业结构同构会制约现代农业的发展：其一，农业产业结构趋同不利于特色产业的形成和主导产业的培育。特色优势产业的形成客观上要求各地根据实际情况，发挥自己的比较优势，做大做强优势产业。但如果各地区在农业产业结构调整及农产品的选择上一哄而上、盲目发展，则会导致主导产业不主导，支柱产业不支柱。尽管区域间存在竞争，但区域经济缺乏竞争优势。目前，山东省中西部地区农业产业结构趋同现象就较为严重，种植业、畜牧业的产品品种也多有雷同，没有形成较大的、各具特色的产业经济带、经济区，缺乏竞争能力强的主导产业和产品，没有形成"数村一品""数乡一品"和"一县一业"的经济格局，因而这些地区相对于东部地区缺乏竞争优势。其二，农业产业结构趋同不利于农业产业结构升级和农业经济水平的提高。从已进行的实践来看，农业产业结构的趋同会使产业结构失衡加剧，甚至出现国民经济宏观总量的结构性失衡，同时，还可能抑制和延缓农业产业结构的升级过程。其三，农业产业结构趋同会导致过度竞争。目前，山东省农产品品种还存在着普通品种多、优质特色与专用品种少，这样会不可避免地强化区域内农业经济主体之间的过度竞争，出现增产不增收的现象。[②]

---

① 王丙毅、徐鹏杰：《农业产业结构趋同的负效应与政策建议——基于山东省农业产值数据的分析》，《农村经济》2008 年第 2 期。

② 王丙毅、徐鹏杰：《农业产业结构趋同的负效应与政策建议》，《农村经济发展》2008 年第 2 期。

三　农产品的市场竞争力不强

近年来，山东省农业市场化程度不断加深。山东省商务厅统计，2013年全省农产品进出口总量达4099336万美元，同比增长12%。其中，进口2578147万美元；增长19.4%，出口1521189万美元，增长1.2%。2016年山东省农产品出口首次突破1000亿元大关，连续18年出口总量保持全国第一。然而其农产品的市场竞争力却不占优势。总体上讲，农产品品质结构、质量保障与居民消费需求有一定的差距。其主要表现在两个方面：一是农产品质量安全保障工作亟待加强。质量是产品的生命，也是影响市场竞争能力的最重要因素。近年来，山东农产品质量安全工作全面展开，监管体系建设不断加强，农产品质量安全监管能力不断提升，但从总体上看农产品质量安全问题仍然突出。比如，种植业蔬菜过量使用农药、抗生素；农产品质量不合格，标准化生产水平低，存在假冒伪劣、滥用、错用问题；一些农产品生产者法律意识淡薄，道德诚信水平低下等。"潍坊峡山生姜""滨州阳信假羊肉"等突发事件充分暴露出现存的农产品安全问题还未彻底解决，风险隐患还未完全消除，长效机制也未建立等问题。这些问题严重影响了公众对食品安全的信任度。二是品牌效应亟待提升，企业内部的产品加工模式还没有从初级加工转为深加工。在农业产业化过程中，全省各地响应省委省政府提出的结合当地实际情况的号召，创造出了以农副产品加工或流通企业为龙头，带动农户从事专业生产，重点围绕一种或几种农产品，企业与农户、生产基地通过契约，建立有机的联系，并通过这种一体化经营建立起风险共担、利益共享的经济共同体的龙头企业带动模式。但是龙头企业不突出，企业整体素质还有待提升。据统计，目前山东省的龙头企业以中小型企业居多,省级以上重点龙头企业仅832家,且都是20世纪80年代发展起来的,而销售收入过百亿元的仅有3家,相比蒙牛的七年过百亿元、双汇十几年过百亿元而言,发展十分缓慢。在全国农产品加工七大行业十强评比中,全省仅有八家企业进榜,只有一个水产企业位居第一,其他行业进三强的只有两家,缺少农产品产供销领域的行业领头羊。同时,龙头企业的整体生产水平不高,以对农产品的初级加工居多,农产品加工转化率只有45%,其中二次以上深加工仅仅占20%,产品附加值低。虽然采用有限责任公司和股份有限公司两种所有制形式的龙头企业数量占到了总数的50%,但其管理模式与私营企业类似,多为家族式管理,在一定程度上限制了企业的发展[1]。此外,生产者品牌意识不强,产品品牌特点不突出。产品设计特点不明显,往往在品质、加工、名称、外包装设计上有雷同。有的地方甚至出现抢注品牌等不良现象,导致宣传乏力、恶性竞争,没有形成合力和品牌效应。市场流通的大多数产品无品牌、无包装、无分级,致使流通利润低,给农产品流通向现代物流的转变增加了困难。农业科技含量低,不利于优势农产品市场竞争力的发挥。农产品加工与营销服务落后,很多初级品只是经过简单加工就流入市场,产品附加值低。农情信息网等高科技的作用没有得到充分发挥,营销体系不完善,农民不能及时掌握市场变化的趋势,迟滞了农产品的销路。

要想尽快解决上述农业产业结构问题,适应市场经济发展的要求,就必须以市场为导向,优化配置农业资源,综合发展农林

---

[1] 苗元振、王慧:《山东省农业产业化二十年发展状况研究》,《农业经济》2014年第1期。

牧渔各业，积极发展农村二、三产业，形成合理的产业结构，使农业成为高产优质高效的现代基础产业，确保农产品的有效供给和农民收入的不断提高，加速实现农业的商品化、专业化和现代化。

第四节　农业技术推广应用相对落后

技术是农业发展的第一推动力，只有从依靠资源和物质投入真正转到依靠科技进步上来，才能加快现代农业的发展。近年来，山东省的农业技术有所推广，省内涌现出大量的农业专业技术协会，到2012年，农业专业合作社的数量达到了69880个，其中已在工商部门登记的有65828个，被农业主管部门认定为规范化管理的有8760个，整体社员数量达到3450127人[①]。但是目前农业技术的推广应用仍然存在很多问题。

从推广方面来看，山东省农业科技人才短缺，相关人员素质较低。虽然省内农业技术推广从业者的数量绝对不少，但真正的基层"农业技术人才"却严重短缺，当前推广人员的自身素质和能力也亟待提高。此外，现存的基层农业科技推广组织在推广方式、服务效果等方面还不成熟，作为主要的农业技术推广组织，政府主导农业技术推广组织采用集中决策制度，农业技术推广信息"自上而下"单向传递，大部分农户被动地接受技术信息，缺乏信息反馈。由于政府主导农业技术推广组织机构复杂，技术信息传

[①] 秦宏：《沿海地区农户分化之演变及其与非农化、城镇化协调发展研究》，博士学位论文，西北农林科技大学，2006年。

递的中间环节较多，运行路线较长，信息传递速度较慢，导致所推广的农业技术相比于技术需求具有明显的滞后性，从而使技术推广系统的工作效率降低。农业技术信息传递的及时有效很大程度上影响着所采用技术的报酬高低，如果信息传递畅通，便能够使农业技术的供需信息得到及时传播和反馈，进而使农业生产技术的研发、推广和应用等各个环节之间的联系变得更加紧密，最大程度地发挥农业技术成果的潜力；反之，农业技术的研发、推广和应用等各个环节之间将会变得松散甚至脱节，导致农业生产技术进步的速度减缓[①]。此外，长期以来，我国农村信息化建设几乎是空白的，导致农村市场信息严重闭塞，农民无法适应瞬息万变的市场形势，缺乏市场信息，就无法及时发现市场需求，也就不能使农业经济得以持续健康发展。

从农业技术的应用方面来看，目前还存在着农业技术的成果质量不高、技术转化率低等问题。由于农业生产具有很强的实践性，农业技术只有解决农户在生产实践中的问题，切实提高生产效率，才能进行推广。这就要求农业技术必须具有很强的应用性。然而，山东省农业技术成果综合质量并不高，供给的农业技术成果与农户的实际需求有一定的差异，不适用；缺乏系统化、配套化的技术成果，不成熟；理论与实践相脱离，技术成果可行性较差，难以被接受，无法迅速转化为现实的生产力，使得科技成果无法落实到实际的农业生产当中。

---

① 王康：《山东省农业技术推广体系中技术供需主体适应性分析》，硕士学位论文，中国海洋大学，2014年。

第五节　农民增收难度加大

当前,山东农业经济运行中的主要矛盾,不在于主要农产品的供给,而在于农民的增收。农民增收幅度下降,且农民收入上涨难度较大。农民的增收幅度下降是内外因共同引起的,外在因素是经济下行压力,不少实体企业经营困难,造成吸收农民工数量减少,农民工就业环境、条件与过去几年相比较差;内在因素在于山东农业生产规模狭小,基本上还是以家庭为单位,农村基本上还没有走出"靠天吃饭"的传统模式,这不仅导致农业劳动生产率低,而且阻碍了新的农业生产工具和农业技术的广泛推广应用,经营性收入下降,导致农民增收缓慢。

一　农业的综合效益差

农业的生产经营成本上升,会在一定程度上影响农民经营性收入。论成本,山东每亩地平均粮食投入2100元,纯收益却不到388元。农业的基础莫过于耕地,山东1亿多亩耕地,高产田面积不足40%,它们却生产了全省60%左右的粮食,而60%的中低产田只贡献了40%。目前,仍有1100多万亩旱薄地靠天吃饭,水利等基础设施老化失修,比重达40%,水资源支撑保障能力不强,农业增长仍然没有完全摆脱过度开垦土地资源和开采地下淡水资源。马克思说:"这种生产方式是以土地及其他生产资料的分散为前提的,它既排斥生产资料的积累,也排斥协作,排斥同一生产过程内部的分工,排斥社会对自然的统治和支配,排斥生产力的自由发展,它只同生产和社会的狭隘的自然产生的界限相容。"① 这种小规模生产方式在现代商品经济下实质上是一种小农经济的经营模式,在商品经济条件下不利于农业生产率水平的提高,不适应社会化大生产的发展要求。而传统农业向现代农业转变的过程实际上就是不断增加农业投入,使农业经营方式由粗放型向集约型转变。因此,在建设农业现代化的过程中,要重视农业生产要素的投入,采用农业资本集约或技术集约的方式提高农业的集约化水平,从而提高农业的土地生产率和劳动生产率,增加农民的收入。

二 城乡差距进一步拉大

农民增收难、就业难,山东省面临着城乡差距进一步拉大的压力。从外部看,经济增长换挡降速,农民外出务工和工资性收入增长明显受限,财政收入增速放缓导致对农业农村投入的增幅明显回落。从内部看,国外低价农产品进来了,国内竞争力跟不上;农民增收传统动力减弱了,新的动能跟不上。要缩小城乡差距,推进城乡一体化,一个重要前提就是要使农民的收入增长速度高于城镇居民的收入增长幅度,而要做到这一点,是十分困难的。如果没有得力的政策和措施,不仅城乡一体化难以实现,甚至城乡居民收入差距还会进一步扩大。脱贫攻坚任务艰巨。截至2016年年底,山东省还有省级贫困标准以下贫困人口46万户89万多人,其中国标以下贫困人口15万户31万多人,在西部地区最多。贫困人口呈插花式、分散式分布,且东西部地区不均衡,自我发展能力差。按照三年完成脱贫任务,两年巩固提高的进度安排,脱贫攻坚任务繁重。农村发展滞后,政府面临着向农村提供与城市平等的公共产品和公共服务的压力。随着经济发展进入新常态,影响农民收入的外部环境和

---

① 《资本论》(第1卷),人民出版社2004年版,第830—831页。

内生机制发生重大变化。一方面，企业经营面临的风险和挑战增多，大幅增加财政"三农"投入难以持续。受成本"地板"和价格"天花板"的双重挤压，农业比较效益偏低，产业发展和农民增收空间受到限制；另一方面，粮食等主要农产品国内外价格倒挂，农业补贴接近"黄箱政策"极限，农业支持保护体系亟待完善。另外，农业产业链过短，是农业收入低的原因之一。农业生产的产前、产中、产后各环节的连接问题，是关系到今后农业发展潜力的重要议题之一。目前，经营比较成功的产业链，是围绕着龙头企业建立的，即龙头企业+合作社+农户，是一种从上游向下游扩张的模式。如果能够以农户为基础，向合作社和龙头企业发展，应该是一种更符合农民利益的模式。

三 落后地区农业资金投入不足

山东省农业发展的后劲不足，主要原因是长期以来对农业的资金支持不够，对农业的物质和科技资金投入严重不足。山东省虽然已进入工业化中期阶段，又是沿海经济大省，经济总量位于全国前列，但是东西部差距巨大，区域间经济发展水平不协调。从山东现代农业综合评价结果看，东中部地区综合实力较强，西部地区综合实力较弱。综合得分排在前六名的潍坊、青岛、烟台、东营、济南、泰安主要集中在东中部地区；综合得分排在后六名的临沂、淄博、日照、德州、聊城、菏泽主要集中在西部地区。而西部地区农业资源存量丰富，农业发展落后，农业可持续发展潜力大，加快西部地区现代农业和农业产业化发展，是促进山东省农业经济均衡发展的潜力所在。西部地区由于人口压力大，人均经济指标仅在全国处于中游水平。特别是山东省的地方财政收入较低，中央转移支付少。县乡两级财政大部分地区都十分困难，属于"吃饭财政"，无力向广大农村提供必要的公共产品和公共服务。按照统筹城乡发展的思路，山东省农村面貌落后，支付能力不足，要向农村提供与城市大致均等的公共产品和服务，基层政府的压力特别大。要完成从剥夺农业向支持保护农业，加快发展农村的转变，山东省还面临着异常艰巨的任务。

农业是一个社会效益大、比较效益低的弱质产业，与其他高投入高产出的产业相比，投资农业生产不会在短期内有巨大收益。但农业是个基础产业，甚至影响决定着其他产业的发展。因此加强农业投资，加快农业发展不仅是经济问题，在某种程度上也是个政治问题、社会问题。但是在山东省欠发达地区普遍存在农业投入不足，而投入不足势必引发基础设施薄弱的问题。而经济上的发展差距又直接影响了欠发达地区对发展农业现代化的财政支出，导致山东省农业产业化经营地区发展不平衡。东部半岛沿海的潍坊、烟台、青岛和威海四市，农业产业化经营兴起时间较早，目前整体水平不断提升，已经由量的扩张进入质的提高阶段，农民收入提高迅速；而中部的莱芜，西部的菏泽、聊城等地区财政扶持资金较少，在信贷支持、税收减免等方面的扶持政策也还存在力度不够和落实不力的问题，致使农民收入增长缓慢。今后要从财政、信贷等多方面加大对农业的投入，保证粮食生产在相当长的时期内不受大的影响或产生大的波动。另外，增加农业投入，一方面，加强农业的综合开发，加大对农业基础设施建设的投入；另一方面，加快对中低产农田的改造步伐，增强粮食生产后劲，提高农产品价格，从而增加农民生产的积极性。随着国家改革的不断深入，加大农村的改革力度，相信今后几年农民收入增长是会有新的亮点和空间的。

第六节 农业生态环境问题严重

良好的生态环境是现代农业可持续发展的基础,是农产品质量安全的源头保障。近年来山东省的生态环境遭到不同程度的破坏,资源环境约束与生产发展的矛盾日益凸显,资源环境承载能力到极限了,绿色生产跟不上。山东是农业大省,用全国5.4%的耕地,生产了全国7.6%的粮食、13%的蔬菜。但是,为了能够生产更多的农产品,山东省付出了很大的代价。山东省农业复种指数、资源利用系数、化肥农药施用量在全国是最高的,生态环境、承载能力透支严重,农业生态系统恶化、水土流失严重,化肥、农药、薄膜、畜禽养殖、农村生活污染等农业内外资源污染日益突出。山东的经济总量占全国的1/10,产业特别是工业偏重,能源原材料工业占了很大的比重,所以能源消耗也占全国的1/10,2011年全国节能减排考核山东省排名第一。[①] 2015年,山东环境污染处罚额超两亿元,关停取缔企业1896家。[②] 近年来,山东省化学农药、化肥、地膜等农资产品的投入量大幅增加,但农药利用率仅有20%—30%,约70%的农药被浪费并污染了环境,畜禽粪便污水处理能力滞后,农业面临的污染问题日益凸显,全省30%的大棚出现板结,20%的大棚出现盐渍化。[③] 从数字上足可以看到山东环境污染的严重。

---

① 晓博:《姜大明谈"生态山东":想家的时候抬头可见繁星闪烁》,2012年3月7日,齐鲁网(http://www.sina.com.cn)。
② 梁犇:《山东今年山东环境污染处罚额超两亿,关停取缔企业1896家》,2015年8月20日,中国新闻网(http://sd.people.com.cn/n/2015/0820/c166192-26054370.html)。
③ 郭炉、赵洪杰:《"生态循环"破解农业污染》,《大众日报》2016年1月16日。

山东是中国严重缺水的省份之一,年均水资源总量为308亿立方米,人均仅为350立方米,只有中国平均水平的14.7%。正常年份该省缺水率为29%,干旱年份则高达46%。如山东潍坊人均淡水资源占有量不足300立方米,仅为全国平均水平的1/7。人多地少、水资源短缺一直是制约其现代农业快速发展的瓶颈。2017年春季胶东大旱,受高温天气影响,山东胶东地区的青岛、威海、烟台、潍坊等地旱情加重,小麦、玉米、花生等作物大幅减产,造成经济损失上亿元人民币。由于农作物受损,农民购肥的积极性不高,传统肥料的销量严重减少。山东省荣成市遭遇三十年不遇的罕见干旱,因水位下降露出古墓而成为网红的后龙河水库,河床龟裂严重,裂口宽达两厘米;被风干的僵鱼、河蚌壳随处可见,让人触目惊心。自古以来,农民都是靠天吃饭,正如老话所说,"庄户人种地,种在人,收在天"。虽然现在随着现代农业的发展,传统农业已经得到了发展和改变,但是在大的天灾面前,农民还是无能为力。看到小麦绝产、蔬菜绝收、田地干涸,让人既无力又心痛。

　　山东农业在很大程度上成为"石化"农业,化肥、农药用量相当大。占全国5.6%的耕地,用了全国8%的化肥,氮肥利用率仅30%左右,与发达国家的60%左右相去甚远。2010年,山东省化肥、农药年施用量分别在430万吨和14万吨左右,地膜覆盖面积在93.33万公顷左右,而化肥的利用率只有30%—40%,农药的利用率也只有10%左右[1],化肥、农药的低利用率,使得化肥、农药大量流失,严重污染了农业环境和粮食作物,催生了农产品安全问题,而且降低了土壤肥力和农业发展潜力,威胁到农业的安全。同时,

---

[1] 张正斌、段子渊:《中国水资源和粮食安全与现代农业发展》,科学出版社2010年版,第165页。

山东地膜在农业生产中应用广泛，不可降解的塑料地膜残留严重，分解缓慢，也影响了粮食等农作物的根系生长。近几年，随着山东省农业集约化经营程度的不断提高、规模化养殖业的快速发展和乡村城镇化的迅速推进，每平方公里土地平均载畜量是全国的6.5倍，畜禽粪便污水的无害化处理滞后，养殖污染越来越大，同时也造成湖泊、水库、河流水质的富营养化、水质恶化，土壤质量退化和一系列的农产品安全隐患问题，"看不见"的重金属污染已成为农产品的"隐形杀手"。化肥过量使用会造成土壤酸化，进而会诱发土壤重金属离子活性的提高。土壤的pH酸碱度每下降一个单位，重金属镉的活性就会提升100倍，增加骨痛病等疑难病症的患病风险。农业面源污染的最大特点是隐藏性、长期性和分散性，处理起来困难重重。针对山东当前生态环境受损、资源过度开发利用等问题，要切实抓好耕地质量提升，加快推进土壤改良修复、农药残留治理、地膜污染防治、秸秆综合利用、畜禽粪便治理、重金属污染修复等工程的建设。

总体来说，山东现代农业的基础不牢，农业靠天吃饭的局面没有根本改变，土地产出率、资源利用率、劳动生产率低下，集约化、可持续发展进度缓慢，农业农村经济发展受人口、资源、环境的约束越来越明显，面临着人口增加、资源减少、生态环境恶化的压力。随着工业化和城市化的加速推进，土地面积将进一步减少，人口进一步增加，人均土地、淡水等资源呈下降趋势，工业和城市废弃物的污染有增加趋势。一味地追求土地等资源生产率，而劳动生产率则相对较低，导致农业生产成本高，缺乏市场竞争力，国际国内农产品价格差扩大，同时也带来了农产品安全隐患多，农业稀缺资源过度消耗，农业生态功能难以发挥的现代农业的世界性通病。要尽快推动化学农业向现代农业转变，让透支的资源环境得到休养生息，不断改善和优化人与自然的关系,将对大自然的"征服""挑战",转变为与自然和谐相处、共同发展,走产出高效、产品安全、资源节约、环境友好的现代农业发展道路,实现农业的可持续发展。山东省农业正处于一个新的发展阶段、一个新的历史起点上,机遇与挑战并存,机遇大于挑战。即将召开的党的十九大一定会为农业发展指明前进方向,提出新的更高要求。发挥自身的优势,发扬成绩,接受教训,克服缺点,坚持走山东特色农业现代化的道路,是山东现代农业发展的必由之路。

第五章　新常态下山东现代农业发展的政策选择

2012年以来,中国经济运行呈现新特征,潜在增长率下降,经济增速放缓,经济增长出现根本性转换,中国经济已经进入一个与过去多年高速增长期不同的新阶段。新常态作为治国新理念首次提出并见诸媒体是2014年5月9日至10日,习近平总书记在河南考察,他指出:"我国发展仍处于重要战略机遇期,我们要增强信心,从当前我国经济发展的阶段性特征出发,适应新常态,保持战略上的平常心态。在战术上要高度重视和防范各种风险,早做谋划,未雨绸缪,及时采取应对措施,尽可能减少其负面影响。"2014年11月9日,习近平总书记在亚太经合组织工商领导人峰会开幕式上的演讲,首次详细阐述中国经济新常态,新常态的特点、新常态的影响力,新常态将给中国带来新的发展机遇。他认为,中国经济呈现出新常态有几个主要特点:一是从高速增长转为中高速增长;二是经济结构不断优化升级,第三产业、消费需求逐步成为主体,城乡区域差距逐步缩小,居民收入占比上升,发展成果惠及更广大民众;三是从要素驱动、投资驱动转向创新驱动。新常态将给中国带来新的发展机遇：第一，新常态下，中国经济增速虽然放缓，实际增量依然可观；第二，新常态下，中国经济增长更趋平稳，增长动力更为多元；第三，新常态下，中国经济结构优化升级，发展前景更加稳定；第四，新常态下，中国政府大力简政放权，市场活力进一步释放。同时，我们也应认识到，新常态往往伴随着新矛盾、新问题，一些潜在风险渐渐浮出水面，能不能适应新常态，关键在于全面深化改革的力度。

"新常态"重大战略判断，高度概括了当前中国经济包括农业经济的发展变化情况，深刻揭示了中国经济发展阶段的新变化，充分展现了中央高瞻远瞩的战略眼光和处变不惊的决策定力，可以说是深谋远虑之举。近年来，我国经济发展的内外环境发生深刻变化。从国际看，世界经济处在危机后的深度调整期，国际金融市场波动加剧，地缘政治等非经济因素影响加大。从国内看，我国进入上中等收入国家行列，过去支撑经济高速增长的要素条件和市场环境发生明显改变，经济潜在增长率趋于下行，与此同时，趋势性、阶段性、周期性矛盾相互交织，"三期叠加"的阵痛持续显现。面对新情况、新变化，以习近平为核心的党中央高瞻远瞩，运筹帷幄，做出我国经济发展进入速度变化、结构优化、动力转换的新常态的科学判断，指出新常态是我国经济向形态更高级、分工更复杂、结构更合理的阶段演化的必经过程，明确提出经济发展进入新常态，改革进入深水区，经济社会发展进入新阶段，并围绕经济发展进入新常态带来的趋势性变化，从消费需求、投资需求、出口和国际收支等九个维度做了系统分析。这些趋势性变化集中体现在三个大的方面，即速度变化，经济增长速度由高速增长转为中高速增长；结构优化，经济结构由低端产业结构、低端产业布局转为高端的产业结构和布局；动力转化，推动经济发展的动力由过去更多依赖土地、劳动力等资源要素的投入，转为更多依靠科技创新。经济发展进入新常态，对包括农业在内的各个行业发展都有深刻影响。同时，现代农业自身的变化也是经济发展变化的重要组成部分，必须科学认识现代农业发展的趋势性变化，认识新常态、适应新常态、引领新常态，正确认识农业农村发展所处的内外部环境，是当前和今后一个时期我国经济发展的大逻辑。

新常态的提出，意味着中国经济要摆脱"旧常态"。所谓旧常态，是指一段时期增长速度偏高、经济偏热、经济增长不可持续的因素积累，并带来环境污染加剧、社会矛盾增加以及国际压力变大的严峻挑战，这也是改革滞后形成的"体制病"和宏观失衡"综合征"。所谓新常态，一是告别了闯冒式高歌猛进的发展和暴风骤雨式的变革，进入一个冷静理性、不急不躁、顺势而为的新阶段；二是新阶段出现了许多令人欣慰的超迈前古的新亮点、新经验；三是这些新亮点、新经验具有趋势性、不可逆转性；四是这一发展新阶段的形态不是短期而是长期的，至少到21世纪中叶，即基本上实现现代化，都是这个样式。如果回到政策文本，则是党的十八届三中全会提出的一系列方针政策的综合表述，是对新阶段的总描述。

"新常态"的提出，深刻地体现了宏观调控的实事求是的精神：依规律化解矛盾，以积极的政策去消解客观进程中的消极因素和弊端，再次证明了党中央面对复杂经济形势时，科学把握历史进程、理性驾驭经济社会发展演化创新的过程与智慧，是唯物辩证法原理在新时期、新形势下的一次出色运用，是马克思主义中国化的一次新的尝试和一项新的成果。进入新常态后，针对持续加大的经济下行压力，以及社会上未能完全摆脱的"速度情结"和"换挡焦虑"，习近平总书记一再强调"保持战略上的平常心态",指出我国经济发展长期向好的基本面没有变,经济韧性好、潜力足、回旋余地大的基本特征没有变,持续增长的良好支撑基础和条件没有变,经济结构调整优化的前进态势没有变。"四个没有变"凸显了党中央"乱云飞渡仍从容"的战略定力,传递出对经济发展前景的坚定信心,稳定了市场预期,起到了定盘大局的作用。它对于我们研究与解决当前和未来山东各地区的现代农业发展问题具有根本性的指导意义。

我们正在协同推进新型工业化、信息化、城镇化、农业现代化,农业现代化是短板。农业是国民经济的基础产业和第一大产业,又是整个国民经济的一个部门并受其制约,无疑也适应新常态的研判。因此,紧密结合农业发展的实际,全面认识农业发展的新亮点,准确分析农业发展的新特征,完善适应农业发展新常态的新举措,对于到 21 世纪中叶,在实现工业化、城镇化、信息化的同时实现农业现代化,具有重大的现实意义。

改革开放以来,伴随山东省农村改革发展取得巨大成绩的同时,农业生产基础不牢固、资源环境约束加剧、新型经营体系不完善、服务体系建设滞后等长期积累的各种结构性、深层次矛盾和问题也进一步凸显。当前农业面临的诸多矛盾和难题,表现各不相同,但"病根"都出在结构方面。推进农业供给侧结构性改革,是兴农之要。解决好这些问题,迫切需要来一次思想大解放,倘若继续沿用解决总量不足的需求进行经济刺激的惯常做法,无异于抓错药方难除病根。要从实际出发而不是从根本出发,更不是从成见出发,而是从理论和实践的结合上真正把思想统一到新常态上来,坚定走向农业发展新常态的信念。加强农业供给侧结构性改革,实现农产品由低水平供需平衡向高水平供需平衡跃升;加快农村政治、文化和社会体制对经济新常态的适应性变革,加快农业发展方式转变,牢牢把握粮食生产、农民增收、农产品质量安全、农业生态环境等重点任务,突出抓好基础设施条件建设、科教进步、体制机制创新、农产品市场开拓等支撑条件建设,加快实现农业转型升级。可以说农业发展的目标已明确,问题已凸显,农业亮点已闪耀,农业发展的特征已明确,农业发展的成果已可及。新的历史时期,适应新常态,破解当前农业发展的突出问题,更有利于农业健康可持续发展,增强现代农业的活力,这是山东今后一个时期农业农村工作的重要任务。

第一节 发挥政府引领、组织和支持作用

一 明确农业发展新方向

农业滞后于工业,原因有很多,一些地方政府缺乏农业现代化综合测评标准和农业工程规划设计规范是其中一个重要原因。即在工业化、城市化的发展过程中,对农业现代化没有总体的发展战略部署,往往还是延续过去的惯性,一定程度上压抑了农业的发展。长期以来各个部门、各个行当,各吹各的号,各唱各的调,以致在地方要找出一个已基本建成的综合配套的现代农业区、农业园或农场,并不容易。早在2007年中央"一号文件"印发的《中共中央、国务院关于积极发展现代农业扎实推进社会主义新农村建设的若干意见》中就曾提出:"要用现代物质条件装备农业,用现代科学技术改造农业,用现代产业体系提升农业,用现代经营形式推进农业,用现代发展理念引领农业,用培养新型农民发展农业,提高农业水

利化、机械化和信息化水平，提高土地产出率、资源利用率和农业劳动生产率，提高农业素质、效益和竞争力。"但时至今日，除了各级制定的五年计划和年度规划以及少量工程设计以外，具体到一个区域直至一个村庄，如何实现上述"装备""改造""提升""推进""引领""发展"的配套设计和建设，似乎还长期处于等待之中，不说政府部门，就是一些农业部门的专业技术人员，也很难说清本地区、本行业离农业现代化还有多远，还缺少什么。此外，在农业发展方面，各种争论不休不止。"农民真苦、农村真穷、农业真危险"之声未息，"农户兼业化、村庄空心化、人口老龄化"忧心又起，以致在实践中是非不明，举步维艰，时有发生，或一步三回头担惊受怕，或者频翻烧饼，进一步退两步，严重地制约了农业的发展，拉大了农业与二、三产业和中国农业与发达国家农业的差距。没有农业规划就没有农业现代化。因此，要科学认识农业新常态，明确农业发展新方向，制定现代农业综合测量标准和农业工程规划设计规范。要随着市场化、信息化、生态化、全球化和营养结构的转变，制订或修订农业计划，按照自然地理和农学、人文和经济地理以及生态地理三个维度，规划农业发展规划，特别是对都市农业、郊区农业和乡村农村提出明确指导意见。要在吸收此前关于农业现代化测评指标研究成果的基础上，适应我国幅员辽阔、地形地貌气候条件和经济社会发展差异多样化的特点，区分不同的农业区域，建立一套科学的现代农业测量标准和农业工程规划设计规范，变随意农业为"设计农业"，像搞工业园区、工业项目、工厂管理那样来规划设计、建设、管理现代农业，与工业化、城镇化和信息化同步实现农业现代化。

　　进入21世纪以来，党中央、国务院从经济社会发展全局和统筹城乡工农的角度，推出了建设现代农业的重大任务。农业现代化建设连续多年成为中央"一号文件"的关键词。2013年，"加快发展现代农业"；2014年，"加快推进农业现代化"；2015年，"做强农业必须要走产出高效、产品安全、资源节约、环境友好的现代农业发展道路"；2016年，"落实发展新理念，加快农业现代化，实现全面小康目标"；2017年，"强化科技创新驱动，引领现代农业加快发展"。我国现代农业的发展目标：力争到2020年，现代农业建设要取得突破性进展，基本形成技术设备先进、组织方式优化、产业体系完善、供给保障有力、综合效率明显的新格局，主要农产品优势区基本实现农业现代化。

2013年11月27日，习近平总书记在视察山东时指出："解决好'三农'问题，根本在于深化改革，走中国特色现代化农业道路。当前，重点要以解决好地怎么种为导向，加快构建新型农业经营体系；以解决好地少水缺的资源环境约束为导向，深入推进农业发展方式转变；以满足吃得好吃得安全为导向，大力发展优质安全农产品。""三个导向"的提出，也为山东省加快现代农业建设提供了方向。深入推进农业供给侧结构性改革，加快转型升级，着力构建了现代农业经营体系、生产体系和产业体系。一是以解决"谁来种地、地怎么种"为导向，加快构建现代农业经营体系。扎实推进农村综合改革，大力培育新型经营主体，在全国率先基本完成了土地确权登记颁证工作，出台了规范引导农民合作社、家庭农场健康发展的意见和培育新型职业农民的实施方案，被农业部认定为全国新型职业农民培育整体推进示范省。二是以解决"地少水缺"的资源环境约束为导向，加快构建现代农业生产体系。大力发展生态循环农业，在全国率先开展了耕地质量提升计划，按照"一控两减三基本"和化肥农药"零增长"的要求，提出了化肥农药减量10%以上的目标，打响了农业环境资源保护的攻坚战。三是以满足"吃得好吃得安全"为导向，加快构建现代农业产业体系。

二 发挥政府在发展现代农业中的职能作用

发展现代农业需要遵循市场决定资源配置这一市场经济规律，但市场先天具有的自发性、盲目性、滞后性，决定了它又不是万能的。同时，鉴于当前我国农业仍存在基础设施薄弱、科技含量不高、规模效益偏低、人才资源短缺、抵御市场和自然灾害冲击能力差、发展后劲不足等问题，这就需要充分发挥政府职能，让政府做市场做不了、做不好的事情。如政府要在创新农业经营主体方面发挥组织作用，在科技体制创新方面发挥导向作用，在农业人才培养方面发挥主导作用等，绝不能因为强调发挥市场在资源配置中的决定性作用，就忽视甚至弱化政府在推进农业现代化进程中的重要职能。实践证明，在发展现代农业的实践中，要在发挥市场配置资源决定性作用的同时，更好地发挥政府作用，真正做到政府不越位、不缺位。

（一）加强组织领导

各级党委政府要把解决"三农"问题放在全部工作重中之重的位置，列入重要议事日程，在政策制定、工作部署、财力安排、组织考核等方面向"三农"倾斜，把工作重心和主要精力放在"三农"上，从思想上、行动上切实推进农业现代化进程，确保抓"三农"工作的精力不转移、劲头不减弱、工作不松懈。注重选派熟悉"三农"工作的干部进市、县党政领导班子，发挥好县级党委"一线指挥部"作用，选好农村基层党组织带头人，抓住农村改革发展的重点领域和关键环节，把握好农村改革的方向和节奏，落实好各项政策措施。

农业现代化已成为农业农村经济发展的主旋律，作为政府部门，要强化组织领导。要求发展计划工作加快调整主攻方向。习近平总书记多次强调，农业的根本出路在于现代化；没有农业现代化，国家现代化是不全面、不完整、不牢固的。相对于快速发展的新型工业化、信息化、城镇化，农业现代化依然是短板。政府组织部门作为各级农业部门的参谋部和农业现代化业务的规划者、组织者、实施者，要自觉扛起重任，主动加强发展谋划、建设支撑、示范引领，推动走产出高效、产品安全、资源节约、环境友好的农业现代化发展道路，为实现"四化同步"发展和如期全面建成小康社会奠定坚实基础。

（二）加大财政支农力度

要加大政府投入力度，健全完善农业农村支持保护体系，优先保障财政对农业农村的投入，确保总量不降低、力度不减弱，多层级整合涉农资金，实施涉农资金管理改革试点，逐步将省级涉农资金整合为农业综合发展、农业生产发展、水利发展、林业改革发展、农村社会发展、扶贫开发等几大类。如2012年山东省投入22.1亿元财政资金推动现代农业发展，改造中低产田、建设高标准农田145万亩，扶持龙头企业和农民合作社291个，项目受益农民达到46万户140多万人，人均增收500—600元。[1]

充分发挥政策导向方向和财政支农资金的杠杆作用，通过融资担保、股权参与、农业保险、项目推进、政策联动等途径，将财政

---

[1] 山东省网络文化办公室：《网论2013》，山东人民出版社2014年版，第483页。

扶持政策与金融、担保、保险等相关政策有机结合，创新财政支农方式和投入机制，逐步形成多形态、多层次、多元化的"三农"投融资体系。着力发挥省级股权投资引导基金撬动作用，鼓励和指导各级政府要设立涉农投资引导基金，吸引和带动更多社会资本投向农业农村。加大专项建设基金对脱贫攻坚、重大水利、农村产业融合发展等"三农"领域重点项目和工程支持力度，推进农业"三项补贴"改革试点，探索开展农业领域模式创新试点。提高农业补贴政策效能，新增补贴向粮食等重要农产品、新型农业经营主体、主产区倾斜。

继续建立健全全国农业信贷担保体系，推进省级信贷担保机构向市县延伸，支持有条件的市县尽快建立担保机构，实现实质性运营。拓宽农业农村基础设施的投融资渠道，支持社会资本以特许经营、参股控股等方式参与农林水利、农垦等项目的建设运营。鼓励地方政府和社会资本设立各类农业农村发展投资基金。加大地方政府债券支持农村基础设施建设的力度。坚持把农业农村作为财政支出的优先保障领域，确保农业农村投入适度增加，着力优化投入结构，创新使用方式，提升支农效能。固定资产投资继续向农业农村倾斜。发挥规划统筹引领作用，多层次多形式推进涉农资金整合。推进专项转移支付预算编制环节源头整合改革，探索实行"大专项+任务清单"管理方式。创新财政资金使用方式，推广政府和社会资本合作，实行以奖代补和贴息的政策，支持建立担保机制，鼓励地方建立风险补偿基金，撬动金融和社会资本更多投向农业农村。在符合有关法律和规定的前提下，探索以市场化方式筹集资金，用于农业农村建设。研究制定引导和规范工商资本投资农业农村的具体意见。对各级财政支持的各类小型项目，优先安排农村集体经济组织、农民合作组织等作为建设管护主体，强化农民参与和全程监督。

附5-1　山东省2013年投入653亿元推动现代农业发展①

2013年，山东省筹集653亿元财政资金，用于推动山东现代农业发展。其中山东省级财政预算安排支持"三农"资金389.5亿元，比2012年预算增加66亿元，增长20.4%。据山东省财政厅介绍，2013年山东省将加大财政支农投入力度，贯彻工业反哺农业、城市支持农村和多予少取放活的方针，健全支农投入稳定增长机制，持续加大财政用于"三农"的支出。

在农业基础设施建设方面，山东省筹集资金147.07亿元，支持水利基础设施建设和高标准基本农田建设，加快农业机械化进程，改善农业生态环境，加强农产品流通设施建设，夯实现代农业发展基础。

山东省筹集资金20.81亿元，加强农村金融服务，支持龙头企业和农民专业合作组织加快发展，提高政府公共服务能力，强化农产品市场调控，完善现代农业社会化服务体系；筹集资金用于积极改善山东农村生活条件，推动农村教育、文体和计生事业发展，提高农村医疗卫生和社会保障水平，实施农村扶贫开发，促进小城镇加快发展，逐步实现城乡公共资源均衡配置。

（三）完善农业补贴制度

农业是弱质农业，对农业进行支持和保护是政府的重要责任，各国的支持方式不同。当代工业化国家一般都给农业以高度支持

---

① 席敏：《山东省2013年投入653亿元推动现代农业发展》，《经济日报》2013年2月26日。

和保护，对农业和农村发展的投入一般都占财政支出的10%以上，如美国对每公顷土地直接补贴100—150美元，欧盟的补贴额为300—350美元。作为发展中国家，尤其是对于正处于现代化起步阶段的国家来说，农业生产性支持政策是不可缺少的。如印度2000年以后大幅度改革农业补贴政策，实施直接支付政策，实行市场化改革。但印度的改革并不理想，随后根据WTO框架协议，印度政府对农业生产性补贴又有所加强。这表明，直接支付政策只是取代了原有以收入补贴为主要目标的间接补贴，但不能完全替代原有的生产性补贴政策。因此在农业补贴政策改革中，不能以为有了直接补贴，就可以取消原有的间接补贴和专项补贴。[①] 山东乃至全国也处在农业补贴政策改革进程中，要分清不同补贴的目标，在把以收入支持为主要目标的间接补贴改为直接补贴的同时，要保留各种生产性补贴政策。

鉴于山东的实际情况，还应该重点完善农业补贴制度。目前山东人均GDP超1万美元，达到10193美元。[②] 有条件完成从减轻农民负担到取消农民负担、从提取农业剩余转向保护支持农业的任务，从根本上解决好现代化进程中的农业、农村和农民问题。山东要建立规范的、农民能够直接受益的、符合WTO贸易规定的农业支持保护制度。可以参照发达国家的经验，建立农业科研、技术推广、土地休耕、基础设施建设、粮食安全储备、农作物保险、贫民救济、环境保护、农产品加工、种苗工程等方面的直接补贴制度，让农民直接增收。进一步提高农业补贴政策的指向性和精准性，重点补贴

---

① 崔健、黄日东：《广东现代农业建设研究》，中国农业出版社2009年版，第76页。
② 尹明波：《山东5年经济转型升级：取消6万辆公车，人均GDP超1万美元》，《济南时报》2017年6月8日。

主产区、适度规模经营、农民收入、绿色生态。深入推进农业"三项补贴"制度改革。落实完善对种粮农民的直接补贴、粮种补贴、农机补贴、重点粮食品种最低收购价等政策。完善粮食主产区利益补偿机制，稳定产粮大县奖励政策，调整产粮大省奖励资金使用范围，盘活粮食风险基金。完善农机购置补贴政策，加大对粮棉油糖和饲草料生产全程机械化所需机具的补贴力度。深入实施新一轮草原生态保护补助奖励政策。健全林业补贴政策，扩大湿地生态效益补偿实施范围。目前，山东各项农业补贴除了包括粮食直接补贴、良种补贴、农资综合补贴和农机具购置补贴等四项主要项目外，还增加了果蔬项目、畜产品项目、水产品项目等补贴，并且补贴力度还在逐步加强。

2016年，中央财政安排1亿元资金，支持开展马铃薯产业开发试点，研发不同马铃薯粉配比的馒头、面条、米线及其他区域性的特色产品，改善居民饮食结构，打造小康社会主食文化。2016年，国家下放山东中央预算内投资13.5亿元，可新建高标准农田112.5万亩，山东73个县从中受益。根据规划，项目区内的农田每亩地投资不少于1500元，其中国家拿1200元，省里补贴300元。截至目前，整个项目山东境内已经累计投资73.6亿元，其中争取中央预算内投资近60亿元，建成高标准农田740多万亩。"十三五"期间，山东通过实施新增千亿粮食产能田间工程，建设集中连片的高标准农田，为实现2020年千亿斤粮食产能目标奠定坚实基础。

附5-2 山东今年安排22亿元专项资金支持脱贫攻坚[①]

新华社济南2017年4月8日电，记者从山东省财政厅获悉，今年山东省财政安排专项扶贫资金22亿元，用于脱贫攻坚重点区域、重点人群以及重点产业和项目等。

据山东省财政厅介绍，今年（2017）山东省财政资金将聚焦扶贫重点区域，对建档立卡贫困人口最集中的菏泽、临沂2个市以及20个脱贫任务比较重的县，200个省级重点扶贫乡镇和2000个扶贫任务重点村加大省级资金扶持力度；以脱贫攻坚重点人群为核心，实现扶贫资金由"大水漫灌"向"精准滴灌"转变，以全省贫困户、贫困人口为支持对象，支持实施扶贫特惠保险，实现保险精准扶贫全覆盖、风险保障全方位、保险服务全配套等，切实提高贫困群众防范化解风险能力。今年，山东省将支持贫困村、贫困户开发当地优势资源，发展特色产业，实现就地脱贫，省财政专项扶贫资金用于产业发展的资金比例达到52%；通过积极支持实施特色产业、小额信贷、乡村旅游、农村电商等产业扶贫项目，切实增强贫困村、贫困户的内生动力和自我发展能力。

第二节 实施创新驱动发展战略

党的十八明确指出："要适应国内外经济形势新变化，加快形成新的经济发展方式，把推动发展的立足点转到提高质量和效益上来，

[①] 席敏：《山东今年安排22亿元专项资金支持脱贫攻坚》，2017年4月10日，新华网（http://sd.ifeng.com/a/20170410/5538229_0.shtml）。

着力激发各类市场主体发展新活力,着力增强创新驱动发展新动力,着力构建现代产业发展新体系,着力培育开放型经济发展新优势,使经济发展更多地依靠内需特别是消费需求拉动,更多依靠现代服务业和战略性新兴产业带动,更多依靠科技进步、劳动者素质提高、管理创新驱动,更多依靠节约资源和循环经济推动,更多依靠城乡区域发展协调互动,不断增强长期发展后劲。"其中出现最多的一个字是"新",核心内容就是"创新驱动",实施创新驱动是新形势下发展农业现代化的必然选择。党的十八大以来,以习近平同志为总书记的党中央围绕实施创新驱动发展、加快推进以科技创新为核心的全面创新,提出一系列新思想、新论断、新要求。2016年5月,中共中央、国务院印发《国家创新驱动发展战略纲要》,对实施创新驱动发展战略做出总体部署。农业的根本出路在现代化,创新是农业现代化的第一动力,农业现代化的关键在科技进步和创新。

改革开放30多年来,山东农村改革与发展概括来讲可以说有几大创新。一是土地的家庭承包经营,使农民成为独立生产和经营的主体,极大地解放了农村生产力,从根本上解决了农民的温饱问题,被称为中国农业的第一个飞跃;二是乡镇企业的"异军突起",打破了过去农民只能从事农业劳动的桎梏,使农村的经济结构发生了根本性的变化,走出了有中国特色的农村工业化道路;三是大批的农村富余劳动力从农村向城市转移,冲破了城乡二元结构的樊篱,部分农民完成了职业角色的转换,为中国的工业化和城市化做出了突出贡献;四是创造了农业产业化的现代农业经营方式,拉长了农业的产业链条,实现了农工商一体化经营,提高了农业的附加值,解决了农产品进入市场的难题;五是培育了各类新型农村合作经济组织,各类农民专业协会、专业合作社、股份制组织不断涌现,提高了农民的组织化水平,发育了新的市场微观主体;六是探索了土地流转和适度规模经营的路子,部分地区通过对土地使用权的转让、转包等形式,促进了土地相对集中的适度规模经营,形成了一些农业大户和现代农业企业,为农业的第二个飞跃探索了路子;七是逐步走上农业国际化道路,在加入WTO的背景下,山东农业从封闭走向开放,大力引进农业外资,发展出口加工企业,实施农业标准化生产,提高了农业的科技水平、管理水平和竞争力;八是实行了村民自治,大力开展农村民主政治建设,使农民直接行使当家做主的权利,开创了中国民主政治的先河。可以说,农村改革的过程,也是农民从各种束缚中不断解放出来的过程,是中国农业和农村一步步走向小康和现代化的过程。

没有创新,山东农业不会取得上述成就;没有创新,山东农业现代化的未来将不可想象。山东作为沿海开放省份,开放型经济为其重要特点,农业发展靠农产品出口拉动,是前一阶段旧常态下的重要优势。国务院也早在关于2012年进出口等情况的新闻发布会上就指出:2012年中国外贸进出口总值仅比2011年增长6.2%,外需疲软,内需不足,贸易保护以及由国内生产成本上涨导致出口产品竞争优势减弱成为主要原因,山东和全国一样也出现了这种情况,培育开放型经济发展新优势已相当紧迫。旧常态下的思维已经跟不上形势,必须创新。劳动力能否从廉价向质优转变、科技能否从引进吸收向自主创新转变、产品能否从廉价制造向品牌创新转变等问题,既是创新驱动发展的重要内容,又是山东能否获得持续竞争优势的关键。创新驱动发展是着力培育山东现代农业经济发展新优势的必然选择。

山东要坚持创新驱动,以结构调整为主线,积极适应和引领新常态，培育形成多元动力体系。要致力于发挥创新驱动的原动力作用，更多地支持创新型企业、充满活力的中小企业，促进传统产业改造升级，尽快形成新增长点和驱动力。必须紧紧依靠科技进步和创新，推动现代农业发展。把加快转变农业发展方式作为推进农业现代化的根本途径，着力转变农业经营方式、生产方式、资源利用方式和管理方式，推动农业发展由数量增长为主转到数量质量效益并重上来，由主要依靠物质要素投入转到依靠科技创新和提高劳动者素质上来，由主要依赖资源消耗的粗放经营转到可持续发展上来，走产出高效、产品安全、资源节约、环境友好的现代农业发展道路。

一　农业发展理念创新

理念是行动的先导，是指导实践的旗帜。知之愈明，则行之愈笃。我国经济发展进入新常态，发展理念也要因时而变，这才符合时代发展的要求。以习近平同志为总书记的党中央瞄准经济运行中的突出问题，聚焦实现更高质量、更有效率、更加公平、更可持续发展，党的十八届五中全会强调，实现"十三五"时期发展目标，破解发展难题，厚植发展优势，必须牢固树立并切实贯彻创新、协、绿色、开放、共享的发展理念。这五大发展理念既是对以往经济运行中存在问题的"反思"，也是解决现实问题的"金钥匙"。

在五大发展理念中，创新发展理念是方向、是钥匙，要瞄准世界现代农业前沿，全面提升农业自主创新能力。创新发展居于首要位置，是引领发展的第一动力。坚持创新发展，培育农业转型升级新动力。以创新推动新旧动力转换，加快转变农业发展方式，深化农村综合改革，推进农业科技创新、制度创新、模式创新、体系创新，着力构建现代农业产业体系和经营体系，打造农业农村发展新引擎。

坚持协调发展，必须重点促进城乡区域协调发展，促进经济社会协调发展，促进新型工业化、信息化、城镇化、农业现代化同步发展。山东一直十分重视和强调区域协调发展，而当前山东存在的东中西差异、南北差异仍非常显著。山东省也先后实施了"三个突破""一体两翼""一群一圈一区一带"以及"两区一圈一带"等宏观调控政策，积极引导产业项目、财政转移支付、重大基础设施和公共服务设施向中西部地区倾斜，力图缩小区域差距，培育区域联动协同发展的长效动力。坚持协调发展，构建产业融合新体系。大力推动农业内部协调发展，拓展农业多种功能，积极发展农村新产业、新业态，促进农村三次产业深度交叉融合，推动产业链相加、价值链相乘、物流链相通，实现"三链重构"。

坚持绿色发展，引领现代农业新方向。绿色发展已成为衡量农业发展的重要标志，农业本身就是绿色工厂，绿色发展既能增收又能增效。以绿色发展为指引，牢固树立生态文明理念，统筹保障粮食安全、水安全和生态安全，更加重视土地、水、森林等资源的保护和合理利用，加强山水林田湖的保护和修复，加快发展资源节约型、环境友好型和生态保育型农业。按照"减增消"的原则，即减少用量，增加效率效益，消除原有污染，不断强化农产品产地环境治理和农业投入品监管，逐步构建生态修复补偿机制，为现代农业发展营造安全优美的生态环境。有人测算，绿色农业可能带来比食物型、传统型农业高数倍以上的市场价值。发展计划系统必须牢固树立绿色发展理念，更加注重绿色政策创设、绿色工程建设、绿色模式推广，不断加强资源保护和环境治理，向绿色要效益、要竞争力，实现生产生活生态协调兼顾。坚持绿色发展，要特别重视发展循环农业，循环农业是一种以资源的高效利用和循环利用为核心，以"减量化、再利用、资源化"为原则，以低消耗、低排放、高效率为基本特征的农业发展模式，这是一种符合经济可持续发展理念的模式。加快发展循环农业，是推进现代农业建设，实现农业可持续发展的重要途径，促进农业农村由过度依赖资源消耗和满足数量需求，向绿色生态、注重满足质量需求的转变。

坚持开放发展，顺应我国经济深度融入世界经济的趋势，拓展对外合作新空间。充分利用好国际国内两个市场、两种资源，引进吸收先进技术和管理经验，拓展农业发展战略空间，切实提升农业全球资源配置力、市场掌控力和国际影响力，加快形成进出有序、优势互补、互利共赢的农业对外开放新格局。

坚持共享发展，增进农民的新福祉。深入推进新型城镇化和美丽乡村标准化建设，促进城乡基本公共服务均等化，改善农民群众生产生活条件，加快脱贫攻坚步伐，推动农民收入持续稳定增长，让广大农民平等参与现代化进程、共同分享现代化成果。

推动农业农村改革发展，必须牢固树立和深入贯彻落实"创新、协调、绿色、开放、共享"的发展新理念，围绕农业现代化取得明显进展这一目标，崇尚创新，健全现代农业支撑体系；注重协调，提升现代农业发展质量；倡导绿色，引领现代农业永续发展；厚植开放，拓展现代农业发展空间；推进共享，促使农民分享更多成果。在新理念的指导下，相信山东经济结构会加速优化，转型升级加快推进，新兴动力加速积聚，人民生活进一步改善，经济活力更加迸发，前景更加美好。

众所周知，山东是孔孟之乡，又是农业大省，现代农业发展理念相对保守、滞后，形成思想抑制，急需与经济发展相匹配的新理念的支撑，启动服务实体经济的新一轮思想解放势在必行。如果说创新是山东发展的新引擎，那么改革就是山东必不可少的点火器，要采取更加有效的改革措施把创新引擎全速发动起来。以新理念指导新实践，促进现代农业经济发展稳中有进、稳中有好，是新一轮现代农业发展的逻辑。要解放思想，更新观念，抢抓机遇，进一步放开手脚，只要符合"三个有利于"，就大胆试，大胆闯。山东省委、省政府提出的"一圈一带"发展规划就是新理念创新的产物。所谓的"一圈一带"是指，山东中部，以济南为核心，构建经济紧密型和一体化发展的城市群经济圈；在山东西部，以条形布局、邻边经济为特征，打造相对于周边地区而言的经济隆起带。"一圈一带"与山东半岛蓝色经济区和黄河三角洲高效生态经济区相互支撑，相互促进，展现了新一轮发展的态势。在经济新常态下，做好"一圈一带"规划，发展好现代农业，各级政府始终坚持五大发展理念，谋民生之利，解民生之忧，更多的惠民政策密集出台，更多的民生改革加速发力，更多的普通百姓分享到发展成果。

加快发展山东现代农业，关键是创新山东发展思路，掌握科学的方式方法，实现工作指导理念的"四个转变"。一是从过去注重生产力发展向发展生产力与调整生产关系并重转变。在继续推进农业生产力发展的基础上，更多地依靠改革促进发展，向改革要动力，靠改革添活力，依靠改善农业生产关系，调动方方面面的积极性，凝聚推进农业现代化的强大合力；二是从过去注重生产环节向全产业链谋划转变。实践证明，就生产抓生产、只是满足于生产初级农产品是没有出路的，必须转向全产业链谋划，更多地向产业"微笑曲线"的两端延伸，让农民更多地享受技术创新和加工流通的增值收益；三是从过去注重"物"的静态管理向更加注重生产经营主体的动态管理服务转变。既要加强对农业发展的"物"的要素的管理，更要因势利导,强化对各类新型主体等"人"的要素的管理服务,加快构建多种主体竞合发展、互利共赢的新型农业经营体系;四是从依靠行政项目推动工作向更多依靠法治思维、市场手段推动工作转变。既要发挥政府的行政力量,依法监管农业农村经济秩序,也要充分发挥市场在资源配置中的决定性作用,促进市场主体健康发展,提升依法护农、依法兴农、依法治农的水平,增强以市场手段推进农业农村经济发展的能力。

二 农业经营主体创新

从中国国情以及山东农业实践来看,在生产领域,适合土地经营的主体还是以农户为主。在今后相当长时期内,普通农户仍占大多数,要继续重视和扶持其发展农业生产。因此,现阶段,要坚持家庭经营的基础性地位,积极培育新型经营主体,发展多种形式的适度规模经营,巩固和完善农村基本经营制度。农民是我国人数最多的一个阶层,执政党要代表最广大人民群众的根本利益,首先应该代表农民的利益,把维护农民的经济利益和保障农民的民主权利作为农村工作的立足点。要尊重农民的选择,坚持农民的主体地位,维护农民合法权益,把选择权交给农民,发挥其主动性和创造性,加强示范引导,不搞强迫命令,不搞一刀切。但由于我们国家的土地经营规模太小,对青壮年劳动力没有吸引力,农业后继乏人需要高度关注。据统计,2013年全国农民工数量近2.7亿人,约占农村劳动力总数的45%,其中外出6个月以上的农民工达到1.7亿人,占农村劳动力总数的1/3。原来家家户户种地的农民出现了分化,越来越多的农户把农业当副业,有的不再精耕细作,有的甚至出现撂荒现象,未来"谁来种地"问题日益突出。解决这个问题,关键是提升农业的经营规模,让农业经营有好的效益,让农民成为体面的职业，培养多种新型农业经营主体。农业供给侧改革不仅仅是对农产品结构的改革，也是对农产品经营主体的改革。可以说，农民收入是否增加是衡量改革成果的一把标尺。党的十八大提出了新型农业经营体系要有集约化、专业化、组织化、社会化四大特征。现代农业带有商品化的特点，就要求从业者要对市场需求敏感，农业经营行为要适应市场的变化。中共山东省委在关于制定山东省国民经济和社会发展第十三个五年规划的建议中指出："加快构建新型农业经营体系，积极培育新型经营主体，培养新型职业农民。"因此，构建以农户家庭经营为基础、合作与联合为纽带、社会化服务为支撑的立体式复合型现代农业经营体系是未来现代农业发展的方向。

（一）农业家庭农场

家庭农场作为新兴的农村经济组织，是新农村建设新阶段中央倡导和推广的农村微观经济组织形式。中国农村实行家庭承包经营后，有的农户向集体承包较多土地，实行规模经营，也被称为家庭农场。很多农业能人通过承包更多土地、开展规模种植、特色种植等方式当上了名副其实的"家庭农场主"，"家庭农场"模式符合农民的需要，符合农业农村发展的需要，符合国情。"家庭农场"模式可以进一步促进土地资源的优化配置，可以进一步激发农民的积极性、释放农业的潜力。由于"家庭农场"实行规模化、集约化、商品化生产经营，因而具备较强的市场竞争能力。我们有理由相信，在国家惠农政策的鼓励扶持下，"家庭农场"必将成为农业农村改革发展的排头兵和骨干力量。现今，山东家庭农场已经进入第二代发展模式，从农业集约化、规模化、商品化生产经营群体开始转向利用科技农业向大棚化、绿色化、无公害化的水培种植城市家庭农场模式发展，形成现代式家庭农场，解决了农村抛荒地的问题，解决了城市人口的蔬菜问题，使得城市人也可以吃上新鲜绿色无公害蔬菜。下一步要重点培育以家庭成员为主要劳动力、以农业为主要收入来源，从事专业化、集约化农业生产的家庭农场，使之成为引领适度规模经营、发展现代农业的有生力量。分级建立示范家庭农场名录，健全管理服务制度，加强示范引导。

（二）专业合作社

传统的一家一户的耕作方式已经不能适应时代的需求，针对这种情况，开始出现农民专业合作社，打破了以往农民单兵作战的情况，农户有效参与市场活动以及规避市场风险通过加入专业合作社组织或者农业产业龙头企业来实现。可以说，农民加入专业合作社是进入标准化农业生产的第一步，基本实现了化肥、农药和其他农资的统一供应，使用方式、用量上都有了统一要求。对外，合作社公司化经营，农产品由合作社统一管理、销售、注册品牌。农民个人不再是和市场打交道的主体，改变了以往个人卖家因产品时限问题只能就近销售，好产品也卖不了好价钱的局面，也改变了一旦出现滞销农民损失惨重的局面。让农民不再费心采买农药、化肥、找销路，可以安心致力于农业生产，专心提高个人农业技术水平。同样，规范化管理也减轻了监管部门的压力，合作社把控了农产品质量的第一道关卡，内部建立产品质量追溯体系，一旦出现问题，监管部门通过合作社就能找到责任个人。政府部门应当大力鼓励个体农户加入专业合作社，力争山东省境内每个行政村都覆盖有专业合作社，帮助合作社找寻、培养专业化管理人才，打造农业品牌，确保专业合作社健康、有序地发展。对于合作社内统一化、标准化施肥、施药、防控病虫害、土壤改良等专业技术的转型升级加大财政补贴力度，帮扶专业合作社组织完善。

（三）农业龙头企业

为适应市场需求，新型农业必定要实现产业化，就要求生产、加工、销售紧密结合，形成一、二、三产业相互融合发展，这也就要求对农产品进行精深加工，加工技术高度集成，一些专业合作社做不到这种程度，只能由农业龙头企业来完成。农业龙头企业是集约化、专业化、组织化、社会化相结合的另一种表现形式。农业龙头企业以从农户手中收购农产品作为加工原料为主，经深加工使其具备高附加值后流向市场。反过来，农业龙头企业会对所采购原料的品质有所控制，促使农民生产符合条件的高质量农产品。农业龙头企业和农户之间有机结合，相互促进，带动农业产业化发展。要以龙头企业为经营主体，带动周边农户、专业合作社加入或入股龙头企业，使农民都参与到产业化经营活动中来。对此，政府部门应加强对于农业产业龙头企业的补贴与优惠力度，提升企业对于联农带农的积极性，使农产品在原产地就得到加工，就地增值。同时加强对企业监管，确保专项补贴专款专用，在农产品原材料采购活动中农民利益不受损害，权益得到保障，从而保证农民收入不断增加，实现农业经济结构的调整。在山东，农业的土特产之所以"特"，是因为在种植业、农产品深加工领域，专业大户和家庭农场正在成为新型的农业经营主体。比如，山东沾化的冬枣产业，在当地政府狠抓特色培育、狠抓规模和标准化发展、狠抓合作社龙头企业带动、狠抓市场开拓的前提下，一条不断提升本地土特产品牌影响力和市场附加值的大路正越走越宽。山东烟台南王山谷君顶酒庄租用了周边农民的土地作为葡萄基地，既解决了土地流转问题，又因为农民就地打工而解决了就业和收入问题，破解了农村经济中的一道难题。龙大、张裕等都走了这样的路子。加快经营主体的转变速度，创新农业经营主体，是一项政策性很强的工作，要尊重农民和基层的创造，从实际出发，不追求一个模式、一个标准。这些年，在创新农业经营体系方面，广大农民在实践中创造了多种多样的新形式，如专业大户、家庭农场、专业合作、股份合作、农业产业化经营，等等。在粮食等大田作物的生产上，适度规模经营的家庭农场，加上比较完备的农业社会化服务体系，形成了耕种收靠社会化服务、日常田间管理靠家庭成员的经营样式。从各地实践看，各种经营主体、各种经营形式，各有特色、各具优势，在不同地区、不同产业、不同环节都有各自的适应性和发展空间，不能只追求一个模式、一个标准。要根据各地实际，根据不同农产品的生产特点，让农民自主选择他们满意的经营形式。总体来说，未来的现代农业发展趋势就是种植大户、家庭农场、专业合作组织和农业龙头企业成为农业生产的经营主体，鼓励各地整合涉农资金建设连片高标准农田，并优先流向家庭农场、专业大户等规模经营农户。积极创建示范家庭农场、农民专业合作社示范社、农业产业化示范基地、农业示范服务组织，加快培育新型经营主体。构建新型经营主体政策扶持体系，完善新型经营主体财政、信贷保险、用地、项目扶持等政策。引导新型经营主体与承包农户建立紧密利益联结机制，带动普通农户分享农业规模经营收益。支持新型经营主体相互融合，鼓励家庭农场、农民专业合作社、农业产业化龙头企业等联合与合作，依法组建行业组织或联盟。山东省政府在2017年印发《山东省农业现代化规划（2016—2020年）》（以下简称《规划》），《规划》提出，每个涉农县（市、区）重点培育省级以上示范家庭农场10—20家，鼓励专业大户、家庭农场、农民合作社和农业企业等新型经营主体开展多种形式的合作与联合，鼓励发展多种形式适度规模经营，到2020年，全省农村土地经营规模化率达到50%以上。

附5-3　山东加大投入，着力扶持新型农业经营主体，促进农业增效、农民增收[①]

2016年，山东加大投入，着力扶持新型农业经营主体，促进农业增效、农民增收。山东省通过评审论证，择优选项，立项实施农业综合开发产业化经营财政补助项目351个，投入3.12亿元财政资金，集中打造农产品优势特色产业带与产业集群。从扶持新型农业经营主体情况看，1.47亿元财政资金被用于扶持农业龙头企业113个，占财政补助资金的47.1%；1.56亿元财政资金扶持农民专业合作社223个，占财政补助资金的50%；另有部分财政补助资金被用于扶持15个家庭农场；从扶持优势特色产业情况看，立项项目均围绕《山东省农业十大产业振兴规划》布局，符合山东省农业综合开发"十三五"规划和各市县《农业综合开发扶持农业优势特色产业规划（2016—2018）》，每市不超过5个，每县不超过2个；从扶持项目类型看，山东安排财政资金1.52亿元，扶持种植基地项目196个；安排财政资金0.74亿元，扶持养殖基地项目85个；安排财政资金0.49亿元，扶持农产品加工基地项目39个；安排财政资金0.21亿元，扶持流通设施项目23个；安排财政资金0.16亿元，扶持有机肥等试点项目8个。

[①] 严文达、马志顺：《山东加大投入，着力扶持新型农业经营主体，促进农业增效、农民增收》，2016年7月1日，齐鲁网（http://finance.dzwww.com/sdcj/201607/t20160704_14564064.html）。

三 农业科技创新

农业科技创新，就是用现代科技改造农业，用现代产业体系提升农业，提高农业信息化水平，引导农业科技示范企业、农产品精深加工企业的发展，构建现代农业产业体系，等等。在现代农业实践中，各国都比较重视发挥科技的重要性。如印度，自从20世纪60年代以来，就一直致力于依靠以科技为导向的"绿色革命"来推动本国农业的发展。为了实践这一战略规划，印度迅速建立了从中央到地方由研究、推广、应用和支持系统组成的完整的科研体系，并逐步进行完善，仅仅用10多年的时间就实现了粮食自给。随后印度根据自身经济社会发展的特点陆续开展了"白色革命""蓝色革命"和以生物技术、信息技术等为重要依托的"第二次绿色革命"，进一步提高了农业的综合效益，增加了农民收入。同样，巴西也非常重视农业技术的研究、应用和推广，拥有专门的农业科研机构和完善的科技推广网络，通过科技扩大了农业用地面积，增强了农业发展潜力。[1] 为有效推进"互联网+"现代农业行动，加强农业与信息技术融合，提高农业信息化水平，引领驱动农业现代化加快发展，2016年5月，农业部8部门联合印发《"互联网+"现代农业三年行动实施方案》。其总体目标：到2018年，互联网与"三农"的融合发展取得显著成效，农业的在线化、数据化取得明显进展，管理高效化和服务便捷化基本实现，生产智能化和经营网络化迈上新台阶，城乡"数字鸿沟"进一步缩小，大众创业、万众创新的良好局面基本形成，有力支撑农业现代化水平明显提升。

山东自然资源相对不足，尤其是人均拥有耕地面积少，科技在

---

[1] 崔健、黄日东：《广东现代农业建设研究》，中国农业出版社2009年版，第76页。

农业生产发展中的贡献率相对也较低,因此必须加大科研投入、创建完善的农业科研体系来促进现代农业发展。在国家农业部和科技部的指导和协调下,在继续发挥国家农业科研机构作用的同时,以高校为枢纽,以农企为骨干,以网络为平台,以技术为支撑,以信息为纽带,以服务为抓手,以市场为导向,促进合作创新,促进技术转移,提高创新能力,提高农业效率。深化农业科技体制改革,推进科研成果使用、处置、收益管理和科技人员股权激励改革试点,完善成果转化激励机制。统筹协调各类科技资源,重点围绕生物育种、绿色农业、智慧农业、设施农业、农业物联网、粮食安全、农产品质量安全等领域,实施农业科技创新重点专项和工程,培育一批突破性新品种,突破一批农业重大关键共性技术。继续深入实施"良种工程",加快构建以产业为主导、企业为主体、基地为依托、产学研相结合、育繁推一体化的现代种业体系,培育一批具有国际竞争力的民族种业龙头企业。健全农业科技推广体系,推进现代农业产业技术体系创新团队建设,实施、完善"万名科技人员下乡"行动计划,以服务新型农业经营主体为重点,对基层农技推广公益性和经营性服务机构提供精准支持。加快黄河三角洲国家农业高新技术产业示范区建设,发展一批省级农业高新技术产业开发区,推进省级农业科技园区建设,加快推广新型"互联网+"农业科技综合服务模式,搭建农业科技创新的载体平台,力争到2020年,山东省农业科技贡献率达到65%以上。

四 农业生产体制创新

发展现代农业,最大的"创新"是体制创新。目前,山东现代农业发展的困境是一种体制困境。过去,山东的农业发展过度依赖人口和土地的"红利",现如今,不能延续过去的体制来发展现代农业，必须转向依靠创新和深化改革而形成的"制度红利"上来。著名经济学家、诺贝尔经济学奖获得者库兹涅茨认为，虽然某些时代创新在很大程度上是属于技术性的，但利用创新带来的增长潜力常常需要许多社会创造即改变制度以诱导人们在经济活动方面合作和参与。体制变革是创新时期增长的核心。每个社会在采用新技术时必须调整现有的体制结构，因为技术背后是体制。一个国家能不能进入现代经济增长过程，以及进入这一过程的时间长短，取决于体制和观念的更新所花费时间的多少。在新常态下，山东要实现增长动力的转换，一方面通过技术进步；另一方面更需要体制创新来提高现代农业发展水平的创新驱动。创新主要通过有效的生产和组织模式的更新来增加社会生产的有效性，发挥资源和劳动努力的更大作用。到目前为止，山东农产品基本解决了短缺问题，甚至部分农产品出现过剩，同时人民生活水平要求更高的标准。在这种情况下，农业发展方式必须转型，转变到以追求效益、生态、可持续发展为主的思路上来。从过去主要依靠拼投入、拼资源的"高投入、高产出、高代价"路子，转到主要依靠科技进步和提高劳动者素质、合理开发利用资源、可持续发展的轨道上来。当前，山东省现代农业发展对体制机制创新的要求，突出表现为"三个如何、三个确保"，即如何在土地资源有限、农业劳动力外流、农业兼业化的新情况下，确保提高农业综合生产能力；如何突破土地分散经营、农民组织化程度低的难题，确保农业增效、农民增收；如何适应新农村社区化发展，健全新型农业经营服务机制，确保不断满足农民生产生活服务新需求。要围绕提高土地规模经营集中度，在粮食主产区推广大田托管土地综合服务；围绕增强农民组织化程度，引领带动各类农民专业合作组织提档升级；围绕解决农村金融服务短缺问题，大力发展农村信用互助和新型金融服务组织；围绕促进农业增效农民增收，探索农业经营服务体系整合新模式；围绕提升农村基本公共服务水平，加强乡镇、农村社区农业综合服务中心和农村社区服务中心建设。①"十三五"是山东农业提质增效转型升级的关键期，也是补齐农业现代化短板的攻坚期，力争在转变农业发展方式、推动农业现代化方面继续走在全国前列，形成一整套农业创新制度体系。山东诸城密州街道第十七联合党总支部为发挥五里堡居委会在资金、技术、土地、人才、信息、市场等方面的优势，与外围村的土地、劳力优势实行对接与交流，租用外围村的山岭荒地，建立了占地4000亩的东山养殖基地。他们引进大森村特种动物养殖合作社，由其全面负责基地的运营和管理，用合作社科学的组织、规范的管理、系列化的服务、标准化的生产、规模化的经营来促进生产基地的快速发展，解决了一家一户分散经营的难题。诸城市还创造性地开展了"政府主导、多方参与、科学定位、贴近基层、服务农民"的农村社区化服务。把区域相邻的几个村庄规划为一个社区，选择一个发展潜力大的村庄为中心村，配套设立社区服务中心，由社区服务中心承接和延伸政府对农村的公共服务职能与部分社会管理职能，创造了为农民提供近距离公共服务的有效机制，也为农村经济的发展奠定了良好的基础。这些体制机制的创新，激活了农村的各种生产要素，充分调动了各方面的积极性，形成了加快农村经济发展的合力。

---

① 苏庆伟：《新热点 新观察》，中国经济出版社2016年版，第137页。

第三节 落实现代农业发展规划

规划是行动的先导。现代农业发展规划作为农业现代化发展的引领者,助推农业现代化事业大发展。

2007年中央"一号文件"明确提出"积极发展现代农业,扎实推进社会主义新农村建设"。在此背景下,全国各地纷纷出台了现代农业规划,指导当地现代农业的建设。但由于各地区经济发展不平衡和农业改造程度不同,现代农业不可能同步,只能分地区分阶段实施。因此,中央提出"沿海发达地区和大中城市郊区要提高农村经济发展水平,有条件的地方要率先基本实现现代农业"。现代农业作为经济社会发展到一定阶段的产物,只有具备了相应的条件和需要才能产生。党的十八大以来,山东以十八大精神和习近平总书记一系列重要讲话精神为指导,扎实推进经济社会发展各项工作,确立了"两区一圈一带"区域发展战略,为未来山东发展描绘了一幅新的蓝图。按照"两区一圈一带"规划,山东东部以发展"山东半岛蓝色经济区"和"黄河三角洲高效生态经济区"为主导,大力实施两个国家战略;中部,以济南为核心,构建城市群经济圈;西部,以条形布局、邻边经济为特征,打造相对于周边地区而言的经济隆起带。"一蓝一黄"拓空间,"一圈一带"促发展。全新的区域战略布局,为山东省农业经济的升级发展注入了巨大的动力。在农业方面,"十三五"时期是中国农业发展的关键时期,促进现代化农业转型升级、全面深化农村改革的重要时期,中国农业的发展目标要进行相应的战略性调整。编制和实施好"十三五"农业农村经济发展规划具有重要意义。"十三五"时期是山东农业加快转型升级,实现由大向强转变的重要战略机遇期。山东省委、省政府高度重视"十三五"规划编制工作,于2015年5月,山东省政府办公厅印发《关于开展"十三五"省级专项规划编制工作的意见》,将山东省"十三五"农业和农村经济发展规划纳入32个省级重点专项规划,并对编制工作提出明确要求。按照山东省政府部署要求,山东省发展改革委牵头会同省农业厅、林业厅、农业科学院、山东农业大学等部门编制完成。2016年11月10日,《山东省"十三五"农业和农村经济发展规划》(以下简称《规划》)出台。《规划》根据东部率先实现现代化的国家区域发展战略,充分衔接《全国农村经济发展"十三五"规划》,紧密结合山东"三农"发展实际,确立了建设现代农业强省,加快实现农业现代化的目标定位,研究提出了一系列重点工作任务和政策保障措施,是"十三五"时期全省农业和农村经济发展的纲领性文件,对于指导现代农业发展具有重要的积极意义。

一 《山东省"十三五"农业和农村经济发展规划》的亮点

(一)明确农业"十三五"战略定位 《规划》根据东部率先实现现代化的国家区域发展战略,充分衔接《全国农村经济发展"十三五"规划》和《全国农业现代化规划(2016—2020年)》,紧密结合山东省"三农"发展实际,确定了建设现代农业强省,加快实现农业现代化的"十三五"目标定位,《规划》的出台实施,对于推动山东农业由大向强加快转变、促进全省农村经济持续健康发展,将起到积极的规划引领和科学指导作用。

(二)坚持农业问题导向和目标导向 《规划》在系统总结"十二五"农业农村经济发展成就的基础上,深入分析"十三五"发展机遇和面临问题,坚持创新、协调、绿色、开放、共享"五大发展理念",从粮食等主要农产品供给保障、加快农业现代化进程、深化农村综合改革、农民增收、建设美丽乡村等方面提出了发展的总体目标和主要目标,定性与定量相结合,既体现了加快发展的要求,又遵循农村经济发展的客观规律,符合全省"三农"发展实际。

(三)突出农业重大任务和重点工作《规划》围绕建设现代农业强省、加快实现农业现代化的总任务,研究提出推进农业结构调整、实施精致农业战略、发展适度规模经营、提升设施装备条件、深化农村各项改革、坚持绿色发展方向、持续改善农村民生七项重点工作任务,着力构建现代农业产业体系、生产体系、经营体系,对"十三五"农业农村经济发展具有很强的针对性和可操作性。

二 《山东省"十三五"农业和农村经济发展规划》的主要内容

《规划》全篇共分五大部分。

第一部分,"十二五"农业农村经济发展主要成就。对"十二五"期间农业农村发展取得的成绩进行概括性总结,主要包括农业综合生产能力稳步提升、农业设施装备条件明显改善、新型农业经营模式多元发展、农业农村各项改革扎实推进、生态文明乡村建设成效显著、农村居民生活水平持续提高六个方面内容,并通过5个专项图表和1个汇总表格予以呈现。

第二部分,"十三五"农业农村经济发展环境分析。主要分为发展机遇和面临问题两个方面。发展机遇从宏观政策环境更加有利、农业转型升级开始提速、农村各项改革纵深推进、农业发展布局思路清晰、农业开放合作形势有利五个方面进行了阐述。从山东省"三农"发展实际出发,坚持问题导向,对加快实现农业现代化过程中,面临的资源要素约束趋紧、农民增收难度加大、国内外竞争日趋激烈、脱贫攻坚任务艰巨等问题进行了深入分析。

第三部分，"十三五"农业农村经济发展总体思路。分指导思想、基本原则和主要目标三个方面，指导思想围绕贯彻落实中央和省委、省政府关于"三农"系列决策部署，牢固树立"五大发展理念"，以"走在前列"为目标定位，把建设现代农业强省，加快实现农业现代化作为实践目标。基本原则共分为坚持创新发展，培育转型升级新动力；坚持协调发展，构建产业融合新体系；坚持绿色发展，引领现代农业新方向；坚持开放发展，拓展对外合作新空间；坚持共享发展，增进农民群众新福祉五个方面。主要目标是，到2020年，第一产业增加值稳定增长，主要农产品供给充足、保障有力；农业现代化进程不断加快，产业结构更加合理，物质技术装备条件显著改善，建成农产品质量安全示范省；农村综合改革进一步深化，城乡发展一体化体制机制基本建立，基本公共服务均等化总体实现，生态保护与建设取得明显进展；农民生活质量持续改善，美丽乡村建设水平切实提高，农民收入增速年均8.5%左右，高于经济增速和城镇居民收入增速，圆满完成脱贫攻坚任务，如期实现农村全面小康。这一部分对"十三五"时期农业和农村经济发展的主要指标，6个大项19项预期性或约束性指标进行了明确。

第四部分，"十三五"农业农村经济发展重点任务。主要从七个方面提出了重点任务，设置了七个重大工程内容：一是推进农业结构调整，实现农村产业融合发展。在确保粮食安全的基础上，加快优化农业产业区域布局，调整种植业结构和农业内部结构，推动粮经饲统筹、农林牧渔结合、种养加一体发展，促进农村一、二、三产业深度融合，不断提高要素配置效率，形成更加合理的农村经济结构。到2020年，粮食播种面积稳定在1亿亩左右，青贮玉米、苜蓿、黑小麦等饲草作物种植面积发展到1000万亩以上，全省畜禽标准化规模养殖比重达到85%，全省木本粮油、果品、木本药材等特色经济林面积达到2720万亩，全省水产品总产量达到1000万吨，蛋白质含量相当于粮食400亿斤；全省乡村旅游综合收入达到3200亿元。二是实施精致农业战略，推动提质增效转型升级。坚持以质量求生存，向品牌要效益，大力发展精致农业，积极推动农业提质增效转型升级，巩固发展农业外向型经济，拓展农业发展空间，提高农业市场竞争力、国际影响力。到2020年，农产品标准化生产达到85%以上，"三品一标"产地认定面积占种植业食用产品产地面积的比率达到60%，打造在国内外享有较高知名度和影响力的山东农产品整体品牌形象，品牌价值达到100亿元以上。三是发展适度规模经营，构建现代农业经营体系。积极培育规模化经营主体和社会化服务主体，加快建设职业农民队伍，密切利益联结机制，促进不同主体之间的联合与合作，发展多种形式的适度规模经营，推动现代农业经营主体、组织方式、服务模式的有机组合，解决好"谁来种地"和经营效益问题。到2020年，规模以上龙头企业超过1万家、销售收入超过2万亿元，农民合作社入社农户达到850万户，家庭农场达到8万家，种植规模50亩以上的种粮大户发展到7万户。四是提升设施装备条件，增强农业综合生产能力。坚持用现代物质装备武装农业，用现代科学技术服务农业，用现代生产方式改造农业，着力提高农业资源利用率、土地产出率和劳动生产率，增强农业综合生产能力和抗风险能力。到2020年，全省集中连片、旱涝保收的高标准农田累计达到5982万亩；农田灌溉水有效利用系数提高到0.646，有效灌溉面积达到7800万亩；农作物耕种收综合机械化率达到84%；农业科技贡献率达到65%以上。五是深化农村各项改革，激发"三农"发展活力。坚持和完善农村基本经营制度，基本完成农村集体产权制度改革，深化农村金融、户籍等改革，着力破除城乡二元结构的体制障碍，进一步激发农村发展活力，为推进农业农村现代化提供制度保障。到2020年，全省农业保险险种达到20个以上，2017年年底全面完成国有林场改革任务，全省涉农乡镇供销社为农服务中心实现全覆盖。六是坚持绿色发展方向，促进农业资源永续利用。牢固树立生态文明理念，加强生态保护与建设，大力发展生态循环农业，着力打好农业面源污染防治攻坚战，实现农业可持续发展。到2020年，全省林木绿化率达到27%，浅层地下水超采量全部压减，深层承压水超采量压减50%，率先建成让江河湖泊休养生息的示范省；新增高效节水灌溉面积500万亩，水肥一体化推广面积达到750万亩，化肥、农药利用率提高到40%，化肥、农药用量均减少10%以上；农作物秸秆综合利用率达到92%。七是持续改善农村民生，促进城乡协调均衡发展。把基础设施建设和社会事业的重点放在农村，加快小城镇和农村新型社区建设，持续增加农民收入，打好脱贫攻坚战，加快形成政府主导、多元参与、城乡一体的基础设施和基本公共服务体系。到2020年，改路、改电、改校、改房、改水、改厕、改暖的农村"七改"工程扎实推进，美丽乡村标准化建设水平全面提升；实现1000万左右农业转移人口和700万人左右城中村、城边村原有居民市民化；累计建成7000个农村新型社区，2000个农村新型社区纳入城镇化管理，农村社区化服务与管理实现全覆盖；建档立卡农村贫困人口全部脱贫，稳定实现"两不愁、三保障"。

第五部分，保障措施。主要从强化组织领导、强化目标导向、强化资金投入、强化政策支持、强化责任落实等五个方面提出了政策措施，保障"十三五"农业和农村经济发展规划顺利实施。健全工作责任分工，细化实化政策举措，建立责任落实、跟踪评价、监督考核、激励奖惩和工作推进机制。加强行业部门分工协作，各级涉农部门要强化服务"三农"意识，实行工作重心向下，利益向下，根据本规划要求制定专项规划和区域规划，深化落实各项目标任务和政策措施。其他相关部门要按照职责分工，抓紧出台相关配套政策。建立健全督查机制，强化督查职能，发挥督查在打通关节、疏通堵点、推动落实、提高成效中的作用。充分发挥科学发展观综合考核和奖惩机制的导向激励作用，增加考核权重，把"三农"工作的实绩作为考核领导班子和领导干部的重要依据。

第四节　优化农业内部结构

优化农业内部结构，关键是推进农业供给侧结构性改革。2017年的中央"一号文件"《中共中央、国务院关于深入推进农业供给侧结构性改革加快培育农业农村发展新动能的若干意见》中，"供给侧结构性改革"成为最大的主题。

农业供给侧结构性改革始自2015年的中央农村工作会议，会议强调要"要着力加强农业供给侧结构性改革，提高农业供给体系质量和效率，使农产品供给数量充足、品种和质量契合消费者需要，真正形成结构合理、保障有力的农产品有效供给"。农业供给侧结构性改革这一概念的提出是基于当前我国农业生产的新形势和主要矛盾变化，即农业的主要矛盾已经由总量不足转变为结构性矛盾。2016年的中央农村工作会议再提农业供给侧结构性改革，并从"着力加强"变为"深入推进"，夯实了今后农业农村经济的主线。2017年中央"一号文件"提出，必须顺应新形势新要求，坚持问题导向，调整工作重心，深入推进农业供给侧结构性改革，提高农业综合效益和竞争力，这是适应市场需求、提高农业效益、促进农民增收、增强农业竞争力的需要，也是改善农业生态环境的需要，是当前和今后一个时期山东农业政策改革和完善的主要方向。

一　稳定粮食生产，保证粮食安全

稳定粮食生产、保证粮食安全是发展现代农业的首要任务。"粟者，王者之本事也，人主之大务，治国之道也。"保障粮食安全是一个永恒的课题，任何时候都不能放松，"务农重本，国之大纲"。历史经验告诉我们，一旦发生大饥荒，有钱也没用。解决中国人民的吃饭问题，要坚持立足国内。耕地是关系十几亿人吃饭的大事，事关国家粮食安全、生态安全和社会稳定，始终是国计民生的头等大事，绝不能有闪失。粮食对于国家的安全是第一位的。习近平总书记2013年11月视察山东时指出，作为一个人口大国，13亿人的饭碗必须牢牢端在自己手中。2016年，全国全年粮食产量达到12325亿斤，山东粮食总产量940.14亿斤，连续五年稳定在900亿斤以上；农产品例行监测合格率99.5%，畜产品合格率98.9%。经过多年的不懈努力，粮食连续多年实现丰收，"吃饱"早已不是问题，农业农村发展取得了显著进步。但农产品供求结构失衡、要素配置不合理、资源环境压力大、农民收入持续增长乏力等问题仍很突出，增加产量与提升品质、成本攀升与价格低迷、库存高企与销售不畅、小生产与大市场、国内外价格倒挂等矛盾亟待破解。农业的主要矛盾由总量不足转变为结构性矛盾，突出表现为阶段性供过于求和供给不足并存，矛盾的主要方面在供给侧。比如，尽管这些年国内粮食总产量持续增加，但品种结构存在产需矛盾，国内外粮食价格倒挂，形成粮食产量、库存和进口三量齐增的现象，有的品种如大豆，市场需求增长很快，但国内生产却跟不上。大豆生产缺口很大而玉米供过于求。一些供给没有很好适应需求变化，成为制约农业发展的主要因素。在这样的形势下，农业综合效益和竞争力就难以提高，农民持续增收也成为难点。因此，无论是从实现农业长期可持续发展，保障粮食安全的角度，还是从提升农业综合效益，促进农民增收的角度，农业供给侧结构性改革都是经济规律的必然要求，势在必行。鉴于当前农业的主要矛盾已转变为结构性矛盾，必须顺应新形势、新要求，坚持问题导向，调整工作重心，深入推进农业供给侧结构性改革，加快培育农业农村发展新动能，开创农业现代化建设新局面。

（一）开展粮食绿色高产、高效创建活动

今后，山东将发展标准高、融合深、链条长、质量好、方式新的精致农业。稳定冬小麦面积，扩大专用小麦面积，在沿黄地区大力推广玉米与大豆轮作，在山区丘陵地区推广玉米与杂粮作物轮作，在适宜地区探索开展耕地休耕试点。开展粮食绿色增产模式攻关，全省粮食产能达到1000亿斤以上。"如山东章丘市粮食生产常年播种面积为160万亩；综合机械化水平90%以上；高标准农田建设达80多万亩；总产连年增长，达70多万吨；位列全国400个过10亿斤的产粮大县（市）……按照国家级示范区建设要求，2020年，章丘全市旱涝保收标准农田将达100万亩，占全部耕地面积的比重达到90%，粮食作物耕种收综合机械化水平均达到95%以上。"① 山东要认真落实国家级的优质粮食产业工程建设和省级的粮食增产增收工程建设，创建高品质的粮食产业带，加快建设大中型商品粮基地，加大粮食生产销售对接力度，组织粮食生产满足市场有效需求，确保粮食产品质美价优。实施全国新增千亿斤粮食产能、小型农田水利重点县、农业综合开发高标准农田等基础设施工程建设。继续实施"渤海粮仓"科技示范工程，建设好海洋牧场，建成千亿斤粮食产能省。山东制定和严格遵守了粮食生产的三条底线，即确保8000万亩基本农田、1亿亩播种面积和350亿公斤总产量，以保证粮食的稳产和安全。山东省粮食综合生产能力应确保自给率维持95%以上，人均占有粮食500多公斤的水平。山东到2020年建成集中连片、旱涝保收、稳产高产、生态友好的高标准农田5982万亩。② 将高标准农田划为永久基本农田，实行特殊保护，将高标准农田建设情况纳入各级政府耕地保护目标责任考核内容。加强粮食生产基础设施建设，提高粮食综合生产和农业防灾减灾能力。

（二）遏制土地利用的非粮、非农化

我国农村缺乏资金、缺乏人才，更缺乏先进的管理，为发展现代农业，让一些工商企业、产业资本进入农业是必要的。但是，近年来，工商企业在从事农业产前农资供应、产后农产品加工销售等的同时，还直接租赁农户承包地从事农业生产环节。产业资本注入农业，是为了抢占土地这个唯一没有资本化的资源，资本进入农业

---

① 周历：《打造土地流转和金融服务平台 促进农业规模化生产》，新华网（http：//www.sd.xinhuanet.com/sd/2015-01/30/c_1114192624.htm）。

② 于洪光、吕兵兵：《山东"四个调优"，推进农业供给侧改革》，《农民日报》2016年1月19日。

多半瞄准的是养殖、蔬菜、林果等高效农业产业，而不会热衷于粮食这种低效产业，因为目前粮食生产的利润率仍然偏低，平均一年的利润为每亩300元至500元，他们进入农业并不愿意从事粮食生产，尤其是在土地流转成本较高的状况下，种植粮食作物盈利空间较小，风险较大，种植非粮作物的预期效益较高，这也是大多数土地承包企业的选择，土地流转在一定程度上推动了土地的非粮化。另外，有些企业在土地流转后，通过发展休闲观光农业，建设了生态餐饮、休闲娱乐甚至疗养休闲服务设施等，加快了土地的非农化利用，如此下去，必将对我国粮食安全造成潜在威胁。为了避免农村出现大资本排挤小农户，避免出现土地的大规模兼并，避免大批农户丧失经营主体地位，必须对工商企业长时间、大面积租赁农户承包地采取慎重的态度。2014年11月，国家印发《关于引导农村土地经营权有序流转发展农业适度规模经营的意见》，也提出要加强对工商企业租赁农户承包地的监管和风险防范，要求各地对工商企业长时间、大面积租赁农户承包地要有明确的上限控制，建立健全资格审查、项目审核、风险保障金制度，对租地条件、经营范围和违规处罚等做出规定。要对工商资本租赁农户承包地要有明确的上限控制，进行资格审查和项目审查，特别是要防止工商资本下乡租赁承包地后擅自改变土地农业用途，搞"非农化"或"圈而不用"，破坏农业综合生产能力。中央态度十分明确，就是要加大粮食生产扶持力度，鼓励和支持流转土地用于粮食生产，遏制"非粮化"，严禁"非农化"。绝不允许借土地流转之名搞非农建设。

（三）积极探索基本农田保护激励机制

人多地少是我国的基本国情，耕地是保障国家粮食安全、社会稳定和经济发展的"生命线"。《中华人民共和国土地管理法》第三条规定："十分珍惜、合理利用土地和切实保护耕地是我国的基本国策。"国家实行最严格的耕地保护制度，要求坚决守住18亿亩耕地红线。要加强对基本农田的保护，稳定耕地面积，确保粮食安全，促进农业生产和经济社会的可持续发展，1994年4月21日，山东省八届人大常委会第7次会议通过了《山东省基本农田保护条例》（以下简称《条例》）。贯彻《条例》，要坚持做好保护基本农田政策的"五个不准"，即"不准占用基本农田进行植树造林、发展林果业和搞林粮间作以及超标准建设农田林网；不准以农业结构调整为名，在基本农田内挖塘养鱼、建设用于畜禽养殖的建筑物等严重破坏耕作层的生产经营活动；不准违法占用基本农田进行绿色通道和城市绿化隔离带建设；不准以退耕还林为名违反土地利用总体规划，将基本农田纳入退耕范围；除法律规定的国家重点建设项目以外，不准非农建设项目占用基本农田。"2017年山东省政府颁发《山东省农业现代化规划（2016—2020年）》（以下简称《规划》）。《规划》指出，在农业资源保护方面，强调落实最严格的耕地保护制度，坚守耕地红线，确保"十三五"末林木绿化率达到27%。在发展生态循环农业方面，到2020年，建成省级生态循环农业示范县30个，全省生态循环农业示范基地面积达到3000万亩。

1. 大规模推进高标准农田建设，深入推进"耕地质量提升计划"。按照中央统一部署，实施藏粮于地、藏粮于技，集成推广绿色、可持续技术模式，大规模推进高标准农田建设，整合完善建设规划，统一建设标准、统一监督考核、统一上图入库。加强高标准农田建设，通过整合涉农资金，吸引社会投资，在永久基本农田保护区开展土地整治和高标准农田建设，全面推行耕作层土壤剥离再利用，不断提高永久基本农田质量等级。2014年，山东省出台《山东省耕地质量提升规划（2014—2020年）》，要求对全省980万亩pH值小于5.5的酸化土壤进行改良，其中项目核心区12个县（市、区）500万亩；对全省260万亩土壤盐渍化和土传病害比较严重的设施菜地进行修复，其中项目核心区31个县（市、区）130万亩。2015年，山东省出台《关于打好农业面源污染防治攻坚战实施方案》（以下简称《方案》），《方案》提出到2020年，化肥利用率提高10个百分点以上，农药利用率提高到40%以上，不可降解标准地膜回收率达到90%以上，秸秆综合利用率达到90%以上。土地托管成为山东省防治农业面源污染的有效途径。全省土地托管面积达到1360万亩，其中全托管215万亩，化肥、农药使用量均减少20%左右。2016年1月14日召开的山东省农村工作会直面现实问题，明确提出加强农业资源保护和高效利用，大力开展化肥农药减量行动，实施种养业废弃物资源化利用、无害化处理，对地下水漏斗区、重金属污染区、生态严重退化区开展综合治理，确保农业环境恶化的态势得到有效遏制。积极推进农业绿色化、标准化生产，用"生态循环"破解农业面源污染。深入开展耕地质量提升计划，今后五年实现全省全覆盖。到2017年，山东建设粮食高产创建田2280万亩，到2020年高标准农田面积达到6000万亩左右，着力打造"全国农产品质量安全最放心地区"。[①]

2. 制止任意破坏和改变基本农田用途的行为。要加强基本农田的日常监督和管理，保障基本农田核查制度，保持基本农田总面积不减少、用途不改变以及质量不下降。建立耕地保护业绩考核标准和体系，实行首长负责制并严格追究当事人责任。同时，认真落实

---

① 郭炉、赵洪杰：《"生态循环"破解农业污染》，《大众日报》2016年1月16日。

耕地占用补偿制度，完善耕地征用补偿办法和标准，保障农业生产者的合法权益。政府应保护和调动农民种粮的积极性，构建良种覆盖广、耕地质量好、品种质量优、产业链完整的优质粮食产业，加强园艺、畜牧和水产三大优势产业的发展。

3. 探索建立农业农村发展用地保障机制。优化城乡建设用地布局，合理安排农业农村各业用地。完善新增建设用地保障机制，将年度新增建设用地计划指标确定一定比例用于支持农村新产业、新业态发展，加快编制村级土地利用规划。在控制农村建设用地总量、不占用永久基本农田的前提下，加大盘活农村存量建设用地力度。允许通过村庄整治、宅基地整理等节约的建设用地采取入股、联营等方式，重点支持乡村休闲旅游养老等产业和农村三产融合发展，严禁违法违规开发房地产或建私人庄园会所。完善农业用地政策，积极支持农产品冷链、初加工、休闲采摘、仓储等设施建设。改进耕地占补平衡管理办法，严格落实耕地占补平衡责任，探索对资源匮乏省份补充耕地实行国家统筹。要依据农业发展规划和土地利用总体规划，在保护耕地、合理利用土地的前提下，对农村三次产业融合发展等项目的设施农业用地需求，提供积极保障。

2017年，山东省加快推进永久基本农田划定工作的"五项任务"，即"落地块、明责任、设标志、建表册、入图库"五项工作任务，山东省共划定永久基本农田9584.00万亩，其中城市周边划定基本农田616.05万亩，划定后城市周边范围内基本农田保护率由39.60%提高到60.66%，提高了21个百分点，完成了国家下达的山东省的永久基本农田保护目标任务。[①] 永久基本农田一经划定，任何

---

① 杜文景：《山东划定永久基本农田有了时间表》，《农村大众报》2017年3月6日。

单位和个人不得擅自占用或者擅自改变用途。除法律规定的能源、交通、水利、军事设施等国家重点建设项目选址无法避让的外，其他任何建设都不得占用。

在做好行政性保护的基础上，与整合有关涉农补贴政策、完善粮食主产区利益补偿机制相衔接，与生态补偿机制联动，探索运用经济手段建立健全耕地和基本农田保护补偿机制。有条件的地区可以探索建立耕地保护基金，对农村集体经济组织和农户管护、建设耕地进行补偿，调动广大农民群众保护耕地的积极性。山东省肥城市在划定过程中，建立了区域管理的"田长制"，以完善"横向到边、纵向到底"的基本农田保护网络为目标，通过末端延伸，把村民小组和规模经营主体纳入保护体系，实现块块农田有"田长"，基本农田保护责任全覆盖。[1]

二　优化农业的区域布局种植结构和农产品质量

要实行农业供给侧结构性改革，关键是做好农业的区域布局、种植结构和产品质量"三位一体"，目的是做好产业结构调整"加减法"，提升农业生产与市场需求的匹配度。

（一）优化农业区域布局

近年来，山东农业和农村经济发展进入新的历史阶段。在新的发展阶段，要使山东省农业更好地适应经济全球化的要求，在激烈的国际国内市场竞争中争取主动，就必须进一步优化农业区域布局，通过实施扶优扶强的非均衡发展战略，引导优势农产品生产向最适宜地区集中，尽快培育和形成一批具有较强国际竞争力的优势产业带（区），尽快促进全省农业整体竞争力的提高。

---

[1] 杜文景：《山东划定永久基本农田有了时间表》，《农村大众报》2017年3月6日。

确定优势产区的主要依据。一是资源条件好。自然生态条件为该种农产品的最适宜区或适宜区，具有生产传统和技术条件。二是生产规模大。能够集中连片生产，农产品商品率较高，区域内商品总量在全国占有重要份额。三是市场区位优。市场目标明确，流通渠道畅通，运销便捷，对产业发展带动力强。四是产业化基础强。科研、生产、加工、技术、市场等方面基础条件较好，有带动能力强的农业产业化龙头企业，具备创建农产品知名品牌的基础。五是环境质量佳。具有保障农产品质量安全和生产可持续发展的良好生态环境。

按照上述依据，山东将专用小麦、专用玉米、棉花、花生、苹果、蔬菜、肉牛肉羊、肉禽、生猪、奶牛、水产品11类农产品作为优势农产品，进行重点扶持培育。力争经过5—10年的努力，以11类优势农产品为核心，形成具有鲜明特色和较高知名度的八大优势产业带（区）。即中西部平原优质粮棉产区；鲁东及鲁中南优质花生产区；鲁东南及鲁北优质蔬菜产区；胶东半岛及泰沂山区优质果品产区；沿黄及鲁东南优质畜产品产业带；鲁东鲁西优质禽产品生产加工区；沿海海珍品养殖及优质水产品产业带；胶济及京沪沿线优质农产品出口加工产业带。

需要特别指出的是，山东省是全国冬小麦主要产区，常年种植面积5000万亩左右，专用小麦种植面积2000多万亩，是我国种植专用小麦的最适宜地区。规划了菏泽、济宁、泰安、潍坊等14个市的49个县作为山东省专用小麦优势区域。

玉米是山东省第二大作物，加工转化增值率高，是畜牧业发展的主要饲料资源，随着畜牧业、加工业的快速发展，专用玉米发展具有很大潜力。在区域布局上，西部地区畜牧业发展潜力大，重点发展饲用和青贮玉米,中东部地区工业基础好,畜牧业发展也有一定基础,重点发展加工型玉米和饲用玉米。规划鲁中、鲁西平原的65个县作为山东省专用玉米优势区域。

山东要充分利用农业生产的比较优势,优化农产品布局,改变农业生产在地区、品种、品级等方面的结构性不平衡,着力推进农业提质增效。通过适宜性调整、种养结合型调整、生态保护型调整、种地养地结合型调整、有保有压调整、围绕市场调整等路径,创建优势高效的农业产区或产业带,发展优势农业产业和农产品,加快建设优势农产品生产基地,推动高效特色农业区域化布局,创建名牌农产品,进一步增强山东省特色农业的发展优势。

(二)优化农业种植结构

现代农业已不简单是机械、单一的种与收的关系,更需要关注市场缺什么、消费者吃什么以及缺多少、吃多少的问题。农业供给侧结构性改革,就是要通过对种什么、怎么种、种多少以及收获的东西怎么加工、卖给谁等问题的解决,来实现对市场规律的重视和遵循,从而有效提升我们农业的综合效益和竞争力,这就需要调整完善农业生产结构和产品结构,要通过自身的努力调整,让农民生产出的产品,包括质量和数量,符合消费者的需求,实现产地与消费地的无缝对接。要围绕市场的需求进行农业生产,优化农业资源的配置,扩大农产品的有效供给,增强供给结构的适应性和灵活性。要减少无效和低端供给,扩大有效和中高端供给,满足多层次、高质量、个性化的需求。在山东,主要是调整粮经饲种植结构,按照稳粮、优经、扩饲的要求,加快构建粮、经、饲协调发展的"三元"种植结构。

调整农业种植结构不仅能增加农民收入,还能有效降低大量过剩农产品的库存，减少风险压力。山东作为全国粮食主产省和重要的商品粮供应基地，粮食播种面积和总产量均居全国第三位，小麦、玉米、甘薯是山东省三大粮食作物，种植面积和产量都占90%以上，这在客观上限制了其他粮食作物和经济作物的合理发展，造成了农作物品种结构不够合理，粮食品种处于单一、雷同状态，大路货多，优质品种比重低，不能很好地适应市场多样化需求。人多地少，粮油争地、人畜争粮、种养发展不协调，抗风险能力也普遍不强。如2015年每亩粮食（小麦、玉米各一季）生产总成本为2022.7元，每亩纯收益41.01元，种粮效益仍较低。这一年因为产量过剩以及进口农产品的冲击，玉米的价格几个月之内每斤降了5毛钱，农民损失惨重，与此同时，大量以玉米为原料的饲料加工企业却在大量使用进口玉米。不仅是因为进口玉米质量控制更高一些，还因为到港价格相比国产玉米具有明显优势。针对这种情况，山东省提出由传统"粮食作物、经济作物"二元结构转变为"粮食作物、经济作物与饲料作物"三元结构，在保证粮食安全、水稻、小麦产量不减的前提下，确保口粮绝对安全，在粮食生产核心区外适当调减非优势区籽粒玉米面积，实现对玉米等供需脱节品种的去产能，增加大豆、杂粮、薯类、饲料面积，鼓励农民将玉米与大豆等经济类作物套种，增加花生种植面积。花生作物不仅具有固氮、减少化肥农药用量、提高土地可持续生产能力等优点，还能与粮食作物间作、套种和轮作，可以使种植结构得到进一步优化。通过实施标准化生产技术推广示范、优质专用品种研发等工程，稳定增加花生作物面积，提高单产水平。

扩大饲料作物种植面积，发展青贮玉米、苜蓿等优质牧草，大力培育现代饲草料产业体系。争取到2020年饲用玉米、苜蓿、小黑麦等种植面积达 1000 万亩。积极发展马铃薯主食产业，扩大经济作物种植，大力发展果蔬茶、肉蛋奶等高效生态农业，推进名优特新产品区域化、规模化、品牌化发展。[①] 加快农牧交错带结构调整，形成以养带种、牧林农复合、草果菜结合的种植结构。继续开展粮改饲、粮改豆补贴试点。2015 年中央将马铃薯作为第四种储备粮种类纳入国家储备，山东省有针对性地将马铃薯从种植到加工到销售发展成一条完整的产业链，解决农民大量种植马铃薯的销路问题，提高农民种植马铃薯的积极性。

增加肉蛋奶鱼供给。提高畜牧业比重，在加快培育畜禽新品种的基础上，优化养殖结构，大力发展食草性畜牧业，并形成种养结合、农牧循环、产加销一体的发展格局。到 2020 年畜牧业产值占农业总产值比重提高 5 个百分点以上。加快"海上粮仓"建设，实施现代渔业园区、海洋牧场、远洋渔业、冷链物流建设等重点工程。到 2020 年山东省人均水产品占有量达 100 公斤，为城乡居民提供 40% 的动物蛋白。[②]

山东省政府在 2017 年 3 月印发《山东省农业现代化规划（2016—2020 年）》，《规划》提出，推进农业供给创新和科技创新，着力优化调整农业结构。推动种植业由注重产量向稳定提升产能转变，稳定冬小麦面积，扩大专用小麦面积，全省粮食产能达到 1000 亿斤以上；适当调减籽粒玉米种植面积，扩大饲草饲料种植面积；巩固蔬菜产业优势，到 2020 年，全省蔬菜播种面积稳定在 3200 万亩左右；加大果业品种改良和品质提升力度，到 2020 年，全省水果

[①] 中共山东省委、山东省人民政府：《关于贯彻中发〔2016〕1 号文件精神加快农业现代化实现全面小康目标的实施意见》，《大众日报》2016 年 2 月 25 日。
[②] 于洪光、吕兵兵：《山东"四个调优"，推进农业供给侧改革》，《农民日报》2016 年 1 月 19 日。

面积达到1200万亩，干果面积达到1000万亩。在畜牧业方面，在全国率先实现畜牧业现代化。在渔业方面，到2020年，力争全省水产品总产量达到1000万吨，全省人均水产品占有量达到100公斤，海参、海带全产业链年产值均过千亿元。

（三）优化农产品质量

优化农产品质量就是农业生产的提档升级，重视农业农村经济平稳健康发展，全面提升农产品质量和食品安全水平。随着收入水平的不断提高，消费者对于关乎生命健康的食品品质要求也在不断提高。人们一个很突出的诉求就是绿色、健康，广大人民群众对于无农药残留、绿色无污染的果蔬产品有较大的需求，而目前现状是仅在商超里面有少量有机蔬菜。所以果蔬供给大部分集中在高农药、高化肥等传统耕种方式下生产出来的农产品，已经与消费者的实际需求出现偏差。解决这一供给偏差的方法，就是在保障粮食安全底线基础上，大力发展高效绿色农业，即让农民在种植过程中适量用药，控制过量施肥，使农产品中农药残留处于较低水平。政府部门应当严格禁止高毒农药在农业生产活动中的使用，对于高效低毒农药予以补贴推广使用。对于农药的使用，可补贴推广新式农药喷涂设备，不仅效率更高，而且用量少，减少浪费，达到减少农药使用的目的。相比于传统化肥，生物有机肥不仅用量少，而且效果好，对于这种新式化肥也要通过补贴等手段送到农民手中。通过新式化肥的合理使用以及农药的高效使用，可以使果蔬产品指标尽可能地接近有机果蔬，但价格更加亲民，来满足人民群众对绿色食品的需求。因此农业生产就要适应城乡居民食品结构升级的需要，大力推进标准化生产、品牌化营销，提高消费者对国内农产品的信任度和忠诚度。因此，以开放理念提升市场意识，以市场导向引领农业生产供给侧结构性改革，要实施农业标准化战略，突出优质、安全、绿色导向，健全农产品质量和食品安全标准体系。要支持新型农业经营主体申请"三品一标"认证，推进农产品商标注册便利化，强化品牌保护。引导企业争取国际有机农产品认证，加快提升国内绿色、有机农产品认证的权威性和影响力，着力打造农产品质量强省和品牌强省，打造山东农业新优势。

三 开拓农业省外、国外新市场

山东有限的省内发展空间即便统筹利用、深度发掘潜力，仍无法满足农产品产量在全国名列前茅的山东省的需求。供给侧改革不仅是要产能满足新需求，还要在改革过程中为现有产能找出路。

山东是人口大省，人均耕地面积极其有限，立足省内，积极开拓国内国际市场才是参与市场的出路。在国内，加强与其他省份开发合作。在偏远的地广人稀地区建立种植、养殖基地，积极探索利用其他省份资源把农业产业龙头企业做大做强。比如建设饲料、棉花、果树等生产基地，在草原地区采取大牧区放牧方式建立高效的畜牧业养殖基地。如鲁花集团在全国都建立了大规模生产基地。不只是企业，专业合作社形式的组织也可以积极拓展国内市场。有别于龙头企业较好的市场探索能力，在省外合作社普遍没有门路，但可以利用互联网平台把自己的农牧产品品牌推广出去。政府相关部门可以做好信息咨询保障工作，建立信息联动平台，及时将省内以及省外农产品的生产动态、价格走势等信息通报各专业合作社，为管理人员统筹生产、趋利避害提供参考。

对于较大的农业产业龙头企业以及主要原材料依靠进口的龙头企业，鼓励它们走出国门，在全世界寻找商机，参与竞争。比如，主要从事木材种植加工的烟台市西北林业已经在俄罗斯建立了木材生产基地,充分利用了当地充足的木材产量储备。再如,棕榈油是世界三大植物油之一,是目前世界上生产量、消费量和国际贸易量最大的植物油品种。棕榈油在食品业以及化工业得到广泛应用,我国在20世纪80年代开始大量进口。从粮油安全战略出发,国家也鼓励企业"走出去",聊城冠丰种业就是瞄准这一点,在巴西建立了棕榈油加工生产基地。目前,南美等地有大量良田等待开发,未来粮食安全将是世界性议题。山东省应抓住这一战略机遇期,积极参与世界范围内的"圈地运动",鼓励涉农企业到海外建立种植、生产、加工一体化基地,其产品不仅可以在所在国销售,还可以运回国内弥补国内产量不足的问题。政府要做的就是建立政策帮扶、法律援助以及后勤保障一体化服务,解决"走出去"企业的后顾之忧以及预防和解决在他国可能遇到的问题。同时,对于关乎国家粮食安全的项目积极采取配套措施,为企业提供融资、信息共享平台,使企业产业链触角延伸到世界市场,使山东农业发展在新一轮的经济改革中走在前列。

四 建设农业社会化服务体系工程

(一) 引导经营性服务组织发展

推动农业经济结构战略性调整,还要积极引导经营性服务组织发展,坚持培育与规范并重,以密切与农民利益联结为核心,以提升为农服务能力为根本,加快培育壮大一批新型农业生产经营服务主体,为农民提供生产、加工、储藏、营销、科技、信息、融资、保险等社会化服务。围绕提高农业增加值,建立和完善多层次、多结构的食品加工体系,通过财政补贴方式支持农业加工企业更新、改造或引进新技术,鼓励主产区粮食、水果、蔬菜、水产品等就地转化加工，化解库存、稳定价格，多渠道拓展消费需求。建设一批加工技术集成基地，培育一批精深加工领军企业；完善产地初加工补助政策，强化企业联农带农与国家扶持政策挂钩激励机制，推动实施粮改饲和农村一、二、三产业融合试点项目，构建新型农业经营体系。鼓励国有商贸、供销、邮政、交通、烟草、粮油、金融等公共服务部门和国有经营性单位把服务职能和服务网点延伸到农村社区，采取政府订购、定向托管、奖励补助、招投标等方式，在农产品保鲜、贮运、加工、销售等环节，以及金融保险、信息服务等方面发挥各自的优势和作用，尽快形成主体多元、形式多样、竞争充分的农业社会化服务新格局。

（二）抓好公益性服务机构建设

加强基层农技推广体系建设，尽快解决基层农技推广机构人员少、素质低、经费缺、条件差，以及农业市场信息体系、农产品质量检测体系建设滞后等问题，努力在全覆盖、有保障方面狠下功夫。积极创新服务机制和模式，全面推广岗位管理，建立完善农技推广补助经费与服务绩效挂钩及农技人员包村联户激励机制，重点在公益性、基础性强和其他经营性服务组织不愿干、干不了的环节和领域发挥作用，不断拓展服务领域，丰富服务内容，提高服务质量。如建立健全禽畜良种繁育科技队伍和动物疫病防治控制队伍以及相关的监督管理机构，加强畜牧产业规模养殖和产业化发展。对现有个体户、散户集中化管理，各基层畜牧局、兽医站建立完善兽医防疫体系，加大巡检抽查力度。加快禽畜良种繁育基地建设、禽畜产品出口基地建设和动物疫病区建设，加快建立和完善禽畜良种繁育体系、优质饲料安全生产体系、禽畜疫病预防和检测体系，对畜禽产品质量统一化管理，确保供应的肉、蛋食品有安全保障。

（三）发展休闲农业和乡村旅游服务业

要树立"大农业""大食物"观念，既可以运用互联网思维，通过"互联网+"，拓宽农业产销的边界；也可以运用跨界思维，把农业生产与农产品加工流通和农业休闲旅游等融合起来，培育壮大农村新产业、新业态，满足市场对农业多样化的需求，还可以让农业发挥出更大的正向外部效应。到2020年农户参与产业化经营的比重达到80%以上。要大力发展乡村旅游业，发展休闲度假、旅游观光、养生养老、文化创意、农耕体验、乡村手工艺等农村新产业。到2020年山东省乡村旅游业综合收入达到3200亿元。①

五 促进农民增收

促进农民增收是推进农业供给侧结构性改革的核心目标。"三农"问题核心是农民问题，农民问题的核心是收入问题。农业供给侧结构性改革改得成不成功，要看供给体系是否优化，效率是否提高，更要看农民是否增收、是否得到实惠。农业经营效益的提升、农民收入的增加，是检验农业供给侧结构性改革的重要标尺，也是推动改革的持久动力。山东要以深化农村综合改革为契机，推进农民持续稳定增收。农业供给侧结构性改革，要关注农民、依靠农民，让农民有活干、有钱赚；要通过农业供给侧结构性改革，有效提升农业综合效益，稳定农业经营收入这个农民收入基本盘；通过深化体制机制改革，拓宽农民的增收渠道，增加他们的财产性和转移性收入；加强土地确权登记颁证成果运用，将承包经营权转化为财产收益，将集体经营性资产折股量化，扩大财产性收入。

---

① 于洪光、吕兵兵：《山东"四个调优"，推进农业供给侧改革》，《农民日报》2016年1月19日。

"春种一粒粟，秋收万颗籽。"诚如习近平总书记所说，推进供给侧结构性改革是一场硬仗，任务重、难度大。打赢这场仗，既需要我们尊重规律、把握规律的智慧，也需要我们咬定青山不放松的定力和耐心，全面了解农业农村的实际情况和农民诉求，切实增强农业农村工作的使命感、责任感。下一步，山东省要把推进农业供给侧结构性改革作为农业农村工作的主线；在稳定粮食生产、优化农业内部结构方面要以解决好地怎么种，以满足吃得好、吃得安全为导向，大力推进现代农业快速健康发展，减库存、降成本、补短板，继续实施"藏粮于地，藏粮于技"战略，开展绿色增产和粮食高产创建，确保粮食生产稳定，重点抓好关于保障粮棉油、果菜茶、肉蛋奶等主要农产品的有效供给，保障农产品质量安全，保护农业生态安全。要大力培育农产品品牌。坚守三条底线——粮食生产能力不降低，农民增收势头不逆转，农村稳定不出问题。总之，山东要充分发挥区域优势增加竞争能力，确保山东现代农业的强势发展，推进由传统农业大省向现代农业强省转变，在农业现代化进程中继续走在全国前列。

第五节　培育发展家庭农场

改革开放以来，随着人口的增长和农业技术的进步，人地关系显得更加紧张。目前，我国农户户均耕地规模不足 10 亩，且地块零碎，农户有能力耕种远大于他实际耕种规模的土地。近年来，随着市场经济和农村改革的深入发展，农业兼业化、农村空心化、人口老龄化问题凸显，传统的"家家包地、户户务农"的分散经营方式，已很难适应现代农业发展的需要。农业剩余劳动力逐渐增多,农业成为典型的小农农业。小农农业属于"薄利农业",生产效率低,单位面积收益与总收益低,限制农业投入能力、降低投入热情,导致农业技术应用缓慢,土地经营粗放甚至撂荒,小农农业低水平循环,难以迈向现代化。随着农业市场化与全球化,小农农业不可避免地要受到国内和国际农产品市场的影响。尤其近几年,国际市场粮食等主要农产品价格持续低于国内市场,进口连年增长,国内库存积压,农业增收困难,小农农业承受着巨大的压力,"小农困境"愈发明显。为此,山东和全国其他省份出现了农业经营方式的创新,有的地方农业开始转入劳动与资本"双密集",农业生产从低值粮食生产转向越来越高比例的高值菜果、肉禽鱼生产,从而形成了适合中国国情的"小而精"的家庭农场新模式,推动了中国的"隐性农业革命",其产值在三十年中达到之前的6倍,年增长率约6%,远远超过历史上其他的农业革命。

实践证明,小农进化为家庭农场是摆脱"小农困境"的有效途径。2013年年初中共中央提出要发展"家庭农场",其意图强调推进家庭农场的规模化,提倡土地的大量流转,借此可以同时提高劳动和土地生产率。农业部2014年发布关于促进家庭农场发展的指导意见,定义家庭农场为一种新型农业经营主体。家庭农场具有以下三个特征:一是家庭农场经营者和劳动者主要是家庭成员。农业是一种依赖丰富经验和高度责任感的活动,为自己劳动的农业和为他人劳动的农业所获得的结果是不同的,只有农忙时候可能会雇上几个临时的劳动力,但大部分劳动还是自己人完成。二是家庭农场专门从事农业。是指从事种植业和养殖业或小型农产品加工业的家庭农场,也包括利用农业多功能性发展出来的旅游农业、休闲农业等农业服务。家庭农场充分利用农业产业链,增加农民收入,同时也有助于避免自然风险和市场风险。三是家庭农场经营规模适度。其规模的低限是获得家庭成员基本消费收入的规模,收入水平能与当地城镇居民相当,其高限是在现有的技术条件下,家庭成员所能经营的最大规模。

简而言之,家庭农场就是由以家庭成员为主要劳动力、以农业为主要收入来源,从事农业规模化、专业化、集约化农业生产的,家庭劳动力经营的,具有适度经营规模的,并以农业收入为家庭主要收入来源的新型农业经营主体,如种养殖大(农)户,实际上就是家庭农场。家庭农场可以看作是中国农业发展的必然选择。从2013年起,中央"一号文件"连续5年提出培育和发展家庭农场,鼓励和支持承包土地向专业大户、家庭农场、农民合作社等经济组织流转。未来一段时期,适度规模的、由职业农民经营的家庭农场是我国农业走出"小农困境"的载体,是小农农业脱胎换骨的方向。

我国农业资源禀赋和人口要素状况,决定了我国农业应当走"小而优"的家庭农场路子。家庭农场是中国农业未来的发展方向,也是政府目前鼓励的一种新型农业经营主体。那么,家庭农场的经营规模多大比较合适呢?作为家庭农场必须要有一定的规模,但这个规模必须是适度规模。一定规模的土地集聚有利于发展现代农业,但是,任何一种土地经营方式,都存在劳动生产率与土地产出率如何均衡的问题。不能太小,但也不能太大。规模过小,就依然属于传统的"小农经济"家庭经营,就是目前的小农户经营。如果土地规模太小,土地产出率就会高一点,劳动生产率就会低一点,制约了农民增收,也会出现生产资料细碎化,没有形成规模经营,基础设施建设与科学技术推广难、投入成本高、产出效益低、农民增收慢等问题。在中国人多地少的基本国情下，人均一亩多地的经营规模，无论怎样精耕细作，整体经济效益却是微乎其微，不仅使农民难以靠土地致富，农业现代化难以实现，而且在市场经济发展过程中，众多小农还面临着破产的命运。甚至有人持一种近似绝望的论调！就算允许农民将自己的承包地用来种罂粟熬鸦片，也断然不可能发财致富！如果土地规模过大，可能劳动生产率高一点，土地产出率低一点，又不利于农业增产。规模过大，家庭劳动力就不够用，因为家庭农场必须以家庭劳动力为主。另外，如果规模过大，管理难度也会增加，多数经营者就不具备这样的管理能力。中国国情是人多地少，又有个公平和效率的关系问题，农业人口如果没有转移出去，就不能使土地"归大堆"。因此，土地经营规模不是越大越好，应当有一个适宜的范围。对此，习近平总书记在中央农村工作会议上指出："要把握好土地经营权流转、集中、规模经营的度，要与城镇化进程和农村劳动力转移规模相适应，与农业科技进步和生产手段改进程度相适应，与农业社会化服务水平提高相适应，不能片面追求快和大，不能单纯为了追求土地经营规模强制农民流转土地，更不能人为垒大户。"

农业部更把家庭农场具体定义为经营土地超过100亩的称为大农场。按目前的生产条件，播种面积100—120亩是区分小农与家庭农场的规模标准。但在实践中，不可能在全国有一个规模经营的适度标准。但到底多少算"适度"，需要根据区域特征、土地条件、作物品种、生产力水平等多种因素而确定，但这个标准一定是有差异的，而且是动态的。因此，各地要根据本地情况来决定这个标准。因此，中央通过的《关于引导农村土地经营权有序流转发展农业适度规模经营的意见》中只提出对"两个相当于"的重点扶持，即

"现阶段，对土地经营规模相当于当地户均承包地面积10至15倍、务农收入相当于当地二、三产业务工收入的，应当给予重点扶持"。这主要考虑到我国农户平均承包土地面积不足8亩，10—15倍在100亩左右，按农户家庭两个劳动力种粮计算，现阶段劳均收入可相当于出外打工，实际是种半年地等于打一年工。当然，由于各地二、三产业发展水平的不同，农村劳动力转移有快有慢，可以根据实际情况确定具体的标准。如上海松江区确定粮食家庭农场的平均耕种面积为100—150亩，江苏省测算粮食生产最优规模在80—170亩都是合理的，从实践上看，效果是不错的。研究显示，经济作物不低于170亩、粮食作物不低于300亩的农业经营规模才具有国际竞争力。同时要看到，规模经营也有多种方式，实践中，既有土地资源聚积的，也有通过社会化服务特别是土地托管服务形成的，而这一点在我国有广泛的适应性。不过，需要注意的是，小农迈向家庭农场是一个循序渐进的过程。

"家庭农场"口号来自美国农业的修辞，背后是人们对加拿大、美国大农业的想象。如美国的家庭农场，它有以下特点：一是经营规模大。美国土地资源丰富，耕地约为28亿亩，人口只有3亿多，其中农民人口400万左右，约85%的耕地采用家庭农场模式，家庭农场平均规模大约400英亩，折合2500多亩。二是高度机械化。美国家庭农场农业机械多数是农场自己购买、自己使用的，从播种到收获，绝大部分环节都实现了机械化，降低了人力成本，提高了劳动效率。三是社会化程度高。农业社会化服务体系完善，全社会形成了农业科技推广服务体系，农场主在经营中遇到技术问题，可以通过购买社会化服务来解决。服务机构较多，激烈的市场竞争促使服务机构不断提高服务质量。

有人想模仿美国农业的发展模式,借助规模化农场来拉动中国农业现代化发展。但是,美国模式是不符合山东实际的。从劳动力和土地的配合角度来说,美国的模式是比较"粗放"的,单位劳动力用地较多,单位面积用劳动力较少,因此其单位劳动力产量较高,但单位土地面积产量较低。美国式的工业化农业模式将会把不少农民转化为农业雇工,压低农业就业机会。美国因为其土地资源(相对农业劳动力)特别丰富,其农业的现代化主要体现于通过机械的使用而规模化,而最适合机械化的农业是"大而粗"的大田谷物种植,它可以依赖拖拉机、播种机、联合收割机、自动化的浇水和施肥,以及农药化的除草,其中的关键是凭借机械和农药来节省昂贵的劳动力,这正是美国新大陆得天独厚的土地资源。

中国的国情是人多地少,人地关系高度紧张,农民拥有的土地其生产功能在下降,而生存保障功能在上升。在土地成为农民生存保障的条件下,只有通过"平均地权",才能调动广大农民的积极性和保持农村稳定。同时,中国城市化水平低,农村剩余劳动力转移困难,土地规模经营很难实现,这就决定了小农的家庭经营方式将会在中国长期存在。

实践证明,中国国情决定了发展现代农业既不能照搬美国、加拿大等大规模经营、大机械化作业的模式,也不能采取日、韩等依靠高额补贴来维持高价格和高收入的做法,必须走中国特色农业现代化道路。符合中国国情的农业现代化道路是中国近30年来已经相当广泛兴起的适度规模的、节省土地、"小而精"的现代化模式,中国家庭农场不追求外在规模,而重视内涵规模,即追求农产品品质和单位面积的产出量,这才是真正的家庭农场,才是中国农业正确的发展道路。

对人多地少的山东农业来说,美国的这种农业模式并不适用。美国谷物种植的丰富土地资源和用机械资本来几乎完全地替代劳动力,是不可模仿的;其高值农产品所依赖的外国移民和非法劳动力也是不可模仿的。山东农业没有如此丰富的土地资源,也没有如此廉价的来自国内与国外的劳动力。山东的家庭农场可以雇用一些本地和外地(而不是外国)的较廉价短工,但不可能像美国那样使用和本国公民工资差别那么悬殊的国外劳动力,也不可能雇用到几乎和本国农业从业人员同等数量的外国雇工。今天山东所要发展、扶持的家庭农场,不可能成为美国式的千亩、万亩以上的大规模公司和大规模企业型的"家庭农场",而是几亩到十几亩、数十亩的主要依赖自家劳动力的家庭农场模式,其优势,一则是节省土地,二则是山东小家庭农场的自家劳动力至今仍然比雇工经营的劳动力便宜和高效。在高附加值的新农业——如拱棚、温室蔬菜、水果、秸秆养殖的生产中,小家庭农场也是近30年来的"隐性农业革命"的生产主体。此外,在低附加值的粮食种植中,几十亩地到上百亩地的半机械化—自动化、半家庭劳动力的农场已经是适度的规模。今天如此,在近期、中期的未来也将如此。

提升种养大户、家庭农场经营能力,开展家庭农场示范场创建,是山东今后家庭农场发展的方向。分级建立示范家庭农场名录,健全管理服务制度,加强示范引导。鼓励各地整合涉农资金建设连片高标准农田,并优先流向家庭农场、专业大户等规模经营农户。但在实际工作中对中小规模家庭农场的扶持政策少,希望国家出台更具操作性的政策引导。2016年9月公布的《山东省农产品质量安全监管能力提升实施方案(2016—2020年)》(以下简称《方案》)指出:近年来,山东省新型经营主体发展迅速,但全省种粮面积50亩以上的大户（家庭农场）仅1.74万户，流转耕地面积仅占全省耕地面积的2.87%。棉花也多为一家一户的分散种植。2014年山东省户均植棉5.2亩，全年生产用工每亩20多个，比小麦、玉米两季还多。为此，《方案》提出到2020年50亩以上的种粮大户、家庭农场发展到10万户，粮食专业合作社发展到5万家，粮食生产适度规模经营达到50%以上。鼓励促进棉花生产经营体制创新和新型经营主体发展壮大，鼓励植棉大户、专业合作组织连片种植优质品种，统一收购加工，推进优质优价，优棉优用。《方案》提出，到2020年山东省植棉大户和棉花专业合作组织将分别由2014年的6380户和25个，增加到8000户和60个，这为未来山东家庭农场的发展指明了方向。

第六节 加快农地制度改革

家庭农场是中国农业未来的发展方向，但我国家庭农场的发展并不稳定，一个最为重要的原因是家庭农场缺乏稳定的土地产权，农村土地经营权流转制度及体系还不成熟。土地经营权不稳定，导致了家庭农场规模与经营的不确定性。因此，应逐步建立健全稳定的土地经营权流转制度，完善各级土地经营权流转市场体系，保障流转双方利益。

习近平总书记多次指出，放活土地经营权，推动土地经营权有序流转。习近平总书记强调："要把握好土地经营权流转、集中、规模经营的度，要与城镇化进程和农村劳动力转移规模相适应，与农业科技进步和生产手段改进程度相适应，与农业社会化服务水平提高相适应，不能片面追求快和大，不能单纯为了追求土地经营规模强制农民流转土地，更不能人为垒大户。要尊重农民意愿和维护农民权益，把选择权交给农民，由农民选择而不是代替农民选择，不搞强迫命令、不刮风、不一刀切。"2017年中央"一号文件"继续聚焦"三农"，这是21世纪以来指导"三农"工作的第14份中央"一号文件"。2017年中央"一号文件"提出："稳定农村土地承包关系，落实集体所有权，稳定农户承包权，放活土地经营权，完善'三权分置'办法，明确农村土地承包关系长久不变的具体规定。继续扩大农村承包地确权登记颁证推进试点。依法推进土地经营权有序流转，鼓励和引导农户自愿互换承包地块实现连片耕种。"这是从原来的土地"两权分置"到"三权分置"的跨越。

劳动是财富之父，土地是财富之母。土地和劳动的结合，才能创造财富。我国农村土地归集体所有，这是《中华人民共和国宪法》明确规定的，但是在不同时期有不同的经营形式。人民公社时期搞集体经营，效果不好。十一届三中全会以后，在农村实行家庭联产承包责任制，将土地所有权和承包经营权分设，所有权归集体，承包经营权归农户，实现了土地集体所有权与农户承包经营权的"两权分置"，这是我国农村改革的重大创新，效果是好的，极大地调动了亿万农民的积极性，有效解决了温饱问题，农村改革取得重大成果。但土地家庭承包制的结果，仅仅解决了农民的温饱问题，并不能解决农民致富的问题，造成了土地的细碎化，使小农的生产方式回归农村。进入21世纪，随着工业化、城镇化向纵深推进，我国农村社会结构发生深刻变化，大量农村劳动力向二、三产业转移，大量人口和劳动力离开农村，原来家家户户都种地的农民出现了分化，承包农户不经营自己承包地的情况越来越多，导致了土地弃耕、撂荒现象的发生，土地资源占有与利用严重不对称。加之，人均一亩三分地的土地碎片化普遍存在，制约了农业规模化经营，严重影响了稀缺土地资源的配置效率。近些年，人们希望达到的"农业增效、农民增收、农村繁荣"这一目标体系始终未能实现。实践证明，第一步农村改革所产生的能量已基本上释放完毕，我国农村的发展和农业的现代化需要加快推进农村的第二步改革。在此情况下，在一些地方，通过土地使用权的流转，农民手中零散的土地静悄悄地向种养大户和龙头企业集中，截至2014年6月底，全国家庭承包经营耕地流转面积3.8亿亩，占家庭承包耕地总面积的28.8%。对于社会关注的工商资本流转土地情况，农业部的数据显示，到2014年6月底，流入企业的承包地面积已达到3864.7万亩，呈逐年上升趋势。到2016年上半年，已有约1/4的承包农户流转了土地的经营权。土地承包权主体同经营权主体发生分离，这是我国农业生产关系变化的新趋势，实质上是农民土地承包经营权利的回归。这个变化对完善农村基本经营制度提出了新的要求。在此情况下，积极推进农村第二步改革，促进土地适度规模经营，提高农民组织化程度，探索农村土地集体所有制的有效实现形式，落实集体所有权、稳定农户承包权、放活土地经营权，加快构建以农户家庭经营为基础、合作与联合为纽带、社会化服务为支撑的立体式复合型现代农业经营体系，已经成为发展现代农业的当务之急。实践表明，承包权与经营权分置的条件已经基本成熟。2016年10月30日，中共中央办公厅、国务院办公厅印发了《关于完善农村土地所有权承包权经营权分置办法的意见》并在全国实施。把农民土地承包经营权分为承包权和经营权，实现承包权和经营权分置并行，这是我国农村改革的又一次重大创新。这是以习近平同志为核心的党中央从农业、农村发展的实际出发，着力推进土地制度改革，以改革促进农业现代化的发展的重要举措。实行土地集体所有权、农户承包权和土地经营权"三权分置"，是对农村土地产权的重要丰富和发展，新的制度安排坚持了农村土地集体所有，强化了对农户土地承包权的保护，顺应了土地要素合理流转、提升农业经营规模效益和竞争力的需要。可以说，"三权分置"创新了农村土地集体所有制的有效实现形式，在中国特色农村土地制度演进史上翻开了新的一页。

从"两权分置"过渡到"三权分置"是巨大的政策飞跃，这是中国农民的伟大创造。深化农村土地制度改革，顺应农民保留承包权、流转经营权的意愿，着力推进农业现代化，是继家庭联产承包责任制后农村改革又一重大制度创新，也是我国农村土地制度的又一大创新，是农村基本经营制度的自我完善，符合生产关系适应生产力发展的客观规律，展现了农村基本经营制度的持久活力，有利于明晰土地产权关系，更好地维护农民集体、承包农户、经营主体的权益；它让耕者有其田，让市场配置土地资源；有利于促进土地资源合理利用，构建新型农业经营体系，发展多种形式适度规模经营，提高土地产出率、劳动生产率和资源利用率，推动现代农业发展。实现土地集体所有权、承包权、经营权三权分置，是引导土地有序流转的重要基础，既可以维护集体土地所有者的权益，保护农户的承包权益，又能够放活土地经营权，解决土地要素优化配置的问题；既可以适应二、三产业快速发展的需要，让农村劳动力放心转移就业、放心流转土地，又能够促进土地规模经营的形成。

从土地制度来看，重点是农民财产权利的回归。要落实物权法规定的农民拥有对农村土地的"用益物权"。要增加农民的财产性收入，让农民获得土地资本增值的权利，必须真正使土地变成农民的财产。在把土地财产权还给农民的同时，必须建立健全社会的生活保障制度，以避免部分农民将土地卖掉后生活无着落。必须根本改革现行土地制度，着力推行土地的市场化。应当改变目前集体土地基本上只能用于农耕，农地变成建设用地，先要经过政府征用，从集体土地变为国有土地的运作机制。赋予和保证两种所有制的土地享有参与工业化和城市化的同等机会和权利，做到"同地、同权、同价"，避免和防止工业化和城市化进程中集体和农民丧失土地所有权。

从农民组织来看，第二步改革要做"合作"的文章，提高农民的组织化水平，使农民有组织地进入市场。农村第二步改革，从总体上看，是一个从"分"到"合"的过程。土地的规模经营，与分散经营相比较来说是"合"。但可以在不改变农民家庭经营的基础上，通过农业产业化的引导，实现区域化布局、规模化生产；也可以通过组建土地股份合作社、鼓励土地依法合理流转、培育大户经营等方式推动土地规模经营。

可以说，无论过去、现在还是将来，中国最大的问题是"三农"问题，"三农"最大的问题是农地问题。农地问题被公认是中国农业经济乃至整个中国问题的"深水区"和"试金石"。新形势下深化农村改革，主线仍然是处理好农民和土地的关系，坚持和完善农村基本经营制度，坚持农村土地集体所有，坚持家庭经营基础性地位，坚持稳定土地承包关系。

一 把握"三权分置"的科学内涵，充分发挥"三权"的整体效用

"三权分置"改革是我国土地制度改革的重大制度创新、理论创新和实践创新，其初衷就是依法保护农民利益，激发农村土地要素

活力，提高农业效率。通俗地讲，就是要在坚持农村土地集体所有的前提下，将土地承包经营权分为承包权和经营权，实行所有权、承包权、经营权分置并行，换句话说，就是"确权登记，有序流转，适度规模，家庭基础，农民自愿，农地农用，鼓励种粮"。土地所有权、承包权、经营权"三权分置"将是今后农地制度改革的一条主线。

确权登记，就是要稳定土地承包关系。只有稳定土地承包关系，农民的土地承包经营权得到充分保障，他们才能放心长期流转土地，流入方才能获得稳定的经营预期。目前，农户承包地仍然存在面积不准、空间位置不明、登记簿不健全等问题，这使许多农民心里不够踏实，总担心土地流转出去自己的权益无法保障。解决这一问题，关键是要搞好承包地确权登记颁证工作，颁发权属证书，强化物权保护，为土地经营权流转奠定坚实的产权基础，真正让农民吃上"定心丸"。

有序流转，就是要确保土地经营权流转规范有序进行。《意见》一方面强调鼓励土地流转，另一方面强调土地流转要有序。什么是有序？就是要遵循经济发展规律，不超越阶段；尊重农民的意愿，不强迫命令；保护经营者权益，不随意毁约；遵守法制规范，不留隐患漏洞。要顺其自然、因势利导，不能人还没有出去，就强行把地给流转了，那会影响土地流转健康发展。土地流转一定要坚持依法自愿有偿、市场配置资源原则，政府主要是搞好管理和服务，严禁下指标、定任务，防止欲速不达。

适度规模，就是要把握好规模经营的度。发展规模经营势在必行，但规模要适度，要与农业劳动力和人口流出相适应，要兼顾效率与公平、发展与稳定，不能脱离人多地少的基本国情。到底多少算"适度"，需要根据区域特征、土地条件、作物品种以及经济社会发展水平等多种因素来确定。各地可依据农村劳动力转移情况、农业机械化水平和农业生产条件，研究确定本地区土地规模经营的适宜标准。

家庭基础，是指要在稳定家庭经营基础上培育新型经营主体。坚持家庭经营在农业生产中的基础性地位，是由农业自身的特性所决定的。家庭经营现在是、将来也是我国农业最基本的经营形式。也就是说，我们在支持各类农业新型经营主体发展的同时，不能忘了仍占大多数的普通农户。在此基础上，国家鼓励土地经营权向种田能手流转，大力培育家庭农场、农民合作社，打造传统承包农户的"升级版"，加快构建以农户家庭经营为基础、合作与联合为纽带、社会化服务为支撑的立体式复合型现代农业经营体系。习近平总书记特别强调要切实保护好农民家庭对集体土地的承包权。他指出："家庭经营在农业中居于基础性地位，集中体现在农民家庭是集体土地承包经营的法定主体。农村集体土地应该由作为集体经济组织成员的农民家庭承包，其他任何主体都不能取代农民家庭的土地承包地位。农民家庭承包的土地，可以由农民家庭经营，也可以通过流转经营权由其他经营主体经营，但不论承包经营权如何流转，集体土地承包权都属于农民家庭。这是农民土地承包经营权的根本，也是农村基本经营制度的根本。"只有保护好农户对本集体土地的承包权，才能坚持和完善中国农村基本经营制度。说到底，要以不变应万变，以农村土地集体所有、家庭经营基础性地位、现有土地承包关系的不变，来适应土地经营权流转、农业经营方式的多样化，推动提高农业生产经营集约化、专业化、组织化、社会化，使农村基本经营制度充满持久的活力。

农民自愿，就是要充分尊重农民意愿。农民是承包地的主人，要搞好土地流转，必须尊重农民的主体地位，不能为了追求农业规模的快速扩大，而侵害农民权益。制定出台促进土地流转和规模经营发展的政策措施，一定要在政策"引导"上而不是行政"推动"上下功夫。要时刻牢记土地承包经营权属于农民家庭，土地是否流转、价格如何确定、形式如何选择，应当由承包农户自主决定，村级组织和基层政府都不能越俎代庖。

农地农用，就是要坚守农地农用的底线，鼓励种粮，保障国家粮食安全。耕地红线要严防死守，必须严格落实耕地保护责任制。改造传统农业、发展现代农业，工商资本进入农业是必要的，也是鼓励和欢迎的。但工商企业进入农业，应主要在产前、产中、产后提供服务和发展适合企业化经营的现代种养业，把一般种养环节留给农民，与农民形成利益共同体，不一定都要大面积直接租种农户承包地，尤其不能触碰土地"非农化"的底线。"老板下乡，应是带动老乡，而不是代替老乡。"要加强对工商企业下乡租赁农户承包地的准入监管，加强土地流转用途管制，严禁借土地流转之名搞"非农化"建设。

鼓励种粮，就是要重点支持粮食规模化生产。怎样才能端牢饭碗？怎样保障国家粮食安全？一方面，要严守耕地红线，确保农地农用；另一方面，要提高种粮效益，保护和调动农民种粮的积极性。种粮效益怎么提高？既要靠政策、靠科技、靠投入，也要靠适度规模经营，提高比较效益。要采取扶持措施，鼓励和引导流转土地种粮食，重点支持发展粮食规模化生产。

做好"三权分置"工作是一个渐进过程和系统性工程。这就要求我们坚持统筹谋划、稳步推进，不断探索农村土地集体所有制的有效实现形式，落实集体所有权，稳定农户承包权，放活土地经营权，充分发挥"三权"的各自功能和整体效用，形成层次分明、结构合理、平等保护的格局。

二 遵循"三权分置"原则，做好"四个坚持"

（一）坚持农村土地集体所有权，逐步完善"三权"关系

坚持农村土地集体所有权，就是要始终坚持农村土地集体所有权的根本地位。农村土地集体所有权在我国已经创设、存在并实际运行半个多世纪，并被作为一种价值取向和执政理念坚持至今。在"三权"中，农民集体所有权"权龄"最长，"权格"最高，可以认为是其他两个权利的"权源"。农村土地农民集体所有，是农村基本经营制度的根本，必须得到充分体现和保障，不能虚置。土地集体所有权人对集体土地依法享有占有、使用、收益和处分的权利。农民集体是土地集体所有权的权利主体，在完善"三权分置"办法过程中，要充分维护农民集体对承包地发包、调整、监督、收回等各项权能，发挥土地集体所有的优势和作用。农民集体有权依法发包集体土地，任何组织和个人不得非法干预；有权因自然灾害严重毁损等特殊情形依法调整承包地；有权对承包农户和经营主体使用承包地进行监督，并采取措施防止和纠正长期抛荒、毁损土地、非法改变土地用途等行为。承包农户转让土地承包权的，应在本集体经济组织内进行，并经农民集体同意；流转土地经营权的，须向农民集体书面备案。集体土地被征收的，农民集体有权就征地补偿安置方案等提出意见并依法获得补偿。通过建立健全集体经济组织民主议事机制，切实保障集体成员的知情权、决策权、监督权，确保农民集体有效行使集体土地所有权，防止少数人私相授受、牟取私利。

"三权分置"后,在新的权利从这一母体中诞生后,人们把目光更多地投向新权利,往往对土地集体所有权不重视甚至忽视了。历史发展到了对农民集体所有权重新认识、定位的节点,要紧紧围绕正确处理农民和土地关系这一改革主线,逐步完善"三权"关系。农村土地集体所有权是土地承包权的前提,农户享有承包经营权是集体所有的具体实现形式,在土地流转中,农户承包经营权派生出土地经营权。要在实践中积极探索农民集体依法依规行使集体所有权、监督承包农户和经营主体规范利用土地等的具体方式。要深入研究农民集体和承包农户在承包土地上、承包农户和经营主体在土地流转中的权利边界及相互权利关系等问题,通过实践探索和理论创新,逐步完善"三权"关系,为实施"三权分置"提供有力支撑。要明确农民集体所有权主体——"农民集体"是自然人联合体,不是抽象的权利主体,要从管理内容(权属管理、利用管理)和管理对象(内部成员、外部主体)两个维度、四个方面进行权能界定与做实,使集体所有权真正落到实处,切实改变"人人有、人人无"的局面。一是要尊重历史,将农民集体所有权主体真正"下沉""归还"至村民小组一级;二是发挥农民集体所有权优势,破解农地细碎化,实现规模的扩大。总之,要科学界定"三权"内涵、权利边界及相互关系,逐步建立规范高效的"三权"运行机制,不断健全归属清晰、权能完整、流转顺畅、保护严格的农村土地产权制度,优化土地资源配置,培育新型经营主体,促进适度规模经营发展,进一步巩固和完善农村基本经营制度,为发展现代农业、增加农民收入、建设社会主义新农村提供坚实保障。

(二)坚持"三条底线",扎实推进农村土地制度改革

破解发展难题的一个重要方法就是深化农村集体产权制度改革,

即坚守土地公有性质不改变、耕地红线不突破、农民利益不受损"三条底线",稳定农村土地承包关系并保持长久不变,审慎推进农村土地制度改革。一是稳妥推进农村土地征收制度改革试点工作,适时推进集体经营性建设用地入市改革;二是改革完善农村宅基地制度,探索宅基地有偿使用和自愿有偿退出机制;三是深化农村土地承包经营制度改革,在做好农村集体土地所有权和农民土地承包经营权确权登记颁证的基础上,探索农村耕地"三权分置"有效实现形式,积极发展土地股份合作社,实现适度规模经营;四是分类推进农村集体资产改革,对土地等资源性资产,加快确权登记颁证工作。对集体企业、门店房、构筑物及设备等经营性资产,折股量化到本集体经济组织成员,赋予农民对集体资产多种权能;对学校、卫生室、幼儿园、文化场所等非经营性资产,建立集体统一运营管理有效机制。全面完成县域农村综合产权流转交易市场建设,打造集多种功能于一体的一站式为农服务综合平台,健全农村集体"三资"管理监督和收益分配制度。

(三)坚持依法、自愿、有偿原则,维护农民合法权益

坚持依法、自愿、有偿原则,最重要的是尊重农民的流转主体地位,让农民成为土地流转和规模经营的积极参与者和真正受益者,维护农民的合法权益。建立健全土地承包经营权登记制度,保护好农户的土地承包权益。以农民为主体,政府扶持引导,市场配置资源,土地经营权流转不得违背承包农户意愿、不得损害农民权益、不得改变土地用途、不得破坏农业综合生产能力和农业生态环境。

农户享有土地承包权是农村基本经营制度的基础,要稳定现有土地承包关系并保持长久不变。土地承包权人对承包土地依法享有占有、使用和收益的权利。农村集体土地由作为本集体经济组织成

员的农民家庭承包，不论经营权如何流转，集体土地承包权都属于农民家庭。任何组织和个人都不能取代农民家庭的土地承包地位，都不能非法剥夺和限制农户的土地承包权。在完善"三权分置"办法过程中，要充分维护承包农户使用、流转、抵押、退出承包地等各项权能。承包农户有权占有、使用承包地，依法依规建设必要的农业生产、附属、配套设施，自主组织生产经营和处置产品并获得收益；有权通过转让、互换、出租（转包）、入股或其他方式流转承包地并获得收益，任何组织和个人不得强迫或限制其流转土地；有权依法依规就承包土地经营权设定抵押、自愿有偿退出承包地，具备条件的可以因保护承包地获得相关补贴。承包土地被征收的，承包农户有权依法获得相应补偿，符合条件的有权获得社会保障费用等。不得违法调整农户承包地，不得以退出土地承包权作为农民进城落户的条件。

赋予经营主体更有保障的土地经营权，是完善农村基本经营制度的关键。土地经营权人对流转土地依法享有在一定期限内占有、耕作并取得相应收益的权利。在依法保护集体所有权和农户承包权的前提下，平等保护经营主体依流转合同取得的土地经营权，保障其有稳定的经营预期。在完善"三权分置"办法过程中，要依法维护经营主体从事农业生产所需的各项权利，使土地资源得到更有效合理的利用。经营主体有权使用流转土地自主从事农业生产经营并获得相应收益，经承包农户同意，可依法依规改良土壤、提升地力，建设农业生产、附属、配套设施，并依照流转合同约定获得合理补偿；有权在流转合同到期后按照同等条件优先续租承包土地。经营主体再流转土地经营权或依法依规设定抵押，须经承包农户或其委托代理人书面同意，并向农民集体书面备案。流转土地被征收的，地上附着物及青苗补偿费应按照流转合同约定确定其归属。承包农户流转出土地经营权的，不应妨碍经营主体行使合法权利。要加强对土地经营权的保护，引导土地经营权流向种田能手和新型经营主体。支持新型经营主体提升地力、改善农业生产条件、依法依规开展土地经营权抵押融资。鼓励采用土地股份合作、土地托管、代耕代种等多种经营方式，探索更多放活土地经营权的有效途径。

（四）坚持经营规模适度，兼顾效率与公平

坚持农业适度规模经营，既要注重提升土地经营规模，又要防止土地过度集中，要不断提高劳动生产率、土地产出率和资源利用率，确保农地农用，重点支持发展粮食规模化生产。

不能单纯理解成土地经营规模的扩张，更不能简单等同于土地兼并。在这个问题上，只要符合国家法律和政策，符合改革方向，农民群众欢迎，不管什么形式，都要鼓励和支持。在今后相当长的时期内，小规模农户仍占大多数，要注意帮助他们解决面临的实际困难。20世纪80年代初搞家庭联产承包责任制的时候，各地的做法可以说是千差万别。有的地方搞专业承包联产计酬，有的搞联产到劳，有的搞包产到户，有的搞包干到户，等等。中央给地方很大的自主权。很多地方在不流转土地的情况下，也实现了适度规模经营。比如，有的通过土地股份合作和联合或土地托管等方式，扩大了生产经营面积。有的通过龙头企业与农民或合作社签订单，按照标准和要求进行生产，实现了规模效益。有的通过发展农机大户、农机合作社、流通合作社以及其他形式的农业社会化服务，实行供种供肥、农机作业、生产管理、产品销售等方面的统一，取得了区域规模经营效益。因此，现阶段，要充分考虑各地资源禀赋和经济社会发展差异，鼓励进行符合实际的实践探索和制度创新，总结形成适合不同地区的"三权分置"具体路径和办法，引导农民依法自愿有偿流转土地经营权，提高承包土地经营规模化程度。鼓励农民以土地经营权入股合作社、龙头企业，支持合作社和社会化服务组织托管农民的土地，形成土地入股、土地托管等多种规模经营模式。坚持因地制宜，一切从实际出发，允许地方进行多种形式的探索试验。

提升土地经营规模，放活土地经营权，谨防对土地承包经营权赋权过多。自实行家庭承包经营以来，国家在政策上一直强调对农户个体的权利进行赋予和保护，亦即"还权赋能"。应该说，赋予农民更加充分而有保障的土地承包经营权，依法保障农民对土地的占用、使用、收益、流转的权利，是应该的，也是必需的。只有这样，才能使农民真正吃上"定心丸"，才能稳定地在土地上投入、生产及流转，才能有效对抗农民集体所有权可能的不法侵害。今后应该把农户的这些权利进一步做实、做到位，使之深入人心，成为农户自身、农民集体及其代理人、基层政府等各方的共识和行动准则，任何人或组织都不能随意侵犯、剥夺农户的这些权利。十八届三中全会提出"赋予农民对承包地占有、使用、收益、流转及承包经营权抵押、担保权能"，2014年中央"一号文件"指出："允许承包土地的经营权向金融机构抵押融资"，并要求有关部门抓紧研究提出规范的实施办法，建立配套的抵押资产处置机制，推动修改相关法律法规。但从金融机构的视角来说，真正愿意开展此类业务的并不多。一些开展了的，大都有政府或其他组织的保证，并不是真正意义上的抵押。如果允许土地经营权抵押贷款，也就表明农民获得或接近获得带有根本性的一项最终处分权，这与出租等流转方式有明显的区别，而靠"买卖"更近了一步，这一定程度上就是对农村土地农民集体所有权的挑战。对此，今后的政策走向和实施，需要特别慎重、稳妥地对待。

  土地流转和规模经营发展是客观趋势，但必须看到这是一个渐进的历史过程，不能脱离实际、脱离国情，片面追求流转速度和超大规模，否则的话，欲速则不达。既要看到发展方向的必然性，加大政策扶持力度，加强典型示范引导，鼓励创新农业经营体制机制；又要看到推进过程的长期性，因地制宜、循序渐进，使农业适度规模经营发展与城镇化进程和农村劳动力转移规模相适应，与农业科技进步和生产手段改进程度相适应，与农业社会化服务水平提高相适应，避免走弯路。

  三　把握机遇，审慎推进农村土地改革

  新时期新常态下，进行"三权分置"的农地改革是保护农民利益和提高农业效率的制度性安排，亦是中国现代农业发展的必由之路。从总体上看，我国农村土地流转平稳健康，但也存在一些需要重视的问题。比如，有的地方强行推动土地流转，片面追求流转规模，侵害了农民的合法权益；有的地方土地流转市场不健全，服务水平有待提高；有的工商企业长时间、大面积租赁农户承包地，"非粮化""非农化"问题比较突出。如何界定农村土地集体所有权、农户承包权、土地经营权之间的权利关系，"三权"具体如何分置，从而使各自的权利义务明确，则需要理论与实践同时给予回答。

  中共山东省委在关于制定山东省国民经济和社会发展第十三个五年规划的建议中指出："深化农村集体产权制度改革，依法推进土地经营权有序流转，发展统一服务型、土地股份合作型、土地集中型、托管半托管型等多种形式的适度规模经营。"做好"三权分置"工作是一个渐进过程和系统性工程，这就要求我们坚持统筹谋划、稳步推进，不断探索农村土地集体所有制的有效实现形式，落实集体所有权,稳定农户承包权,放活土地经营权,充分发挥"三权"的各自功能和整体效用,形成层次分明、结构合理、平等保护的格局。

(一)科学调整"三农"政策,以适应土地流转新形势

如果说家庭联产承包责任制是完成了土地所有权与经营权的第一次分离,那么,土地流转可以说是经营权的再次让渡。承租经营流转土地的"新农人"把现代企业管理的理念、思维和技术引入农业生产,伴随而来的是全新的生产关系,改变了农村的生产结构和社会结构,对我国农业安全、农村基层治理和社会文化事业等影响深远,国家的有关农业生产和农村社会事业的各项政策,宜及时根据形势研究调整。[①] 土地流转之后,农业生产主体队伍变成规模化经营者与"386173"部队(指留守的妇女、儿童、老人)。农村的青壮年劳力已外出打工,远离土地,与农村的关联日渐淡薄。流转经营者们将"谁下地种田"视为资本下乡的重大风险因素。在山东金乡,蒜薹收获季节,收成时需要把蒜薹完整地剥下来。这个活儿需要在十几天内手工剥几十万吨蒜薹,有时订单来了,收货汽车都开到田头了,还找不到人手采摘。蒜薹采摘期短,要么高价抢工人,要么让它烂在地里。即使抢到的工人都是六七十岁的老头和老太太。有流转经营者反映:"为了抢工人,每天派车从周边三四十公里搜罗接送农村的大爷、大妈。老头老太太万一有个闪失,也不知要不要算工伤。再过几年,这些人干不动了,真不知怎么办。"青壮年一代渐渐与农村失去关系,经营者对于农业劳动力供给表现出高度忧虑,

---

[①] 钟玉明、吴涛:《"三农"政策亟须调整,以适应土地流转新形势》,《经济参考报》2017年6月13日。

希望国家加大投入，加快研发中国特色的农用机械。

传统农民跟土地紧紧捆绑在一起，放弃种地是一项重大人生转变。土地流转后，农业成为一种投资后，农业是一盘生意，有效益时蜂拥而来，没效益就抽身离场。投资者"及时止损"的经营理念，让农业生产稳定性的隐藏风险更高。对于流转土地经营者来说，紧跟市场行情、不断快速变换种养品种是一种必须具有的常态，但市场云诡波谲。有一年，山东潍坊一位承包大户分析判断，合作社正在种植的几百亩西瓜在几个月后成熟上市时会遭遇行情下跌，于是断然决定全部铲掉，改种辣椒。这种快速地大进大出，使农产品价格明显比"小散时代"起伏更大，像过山车一样。因此，各地的"三农"政策应当针对市场的变化做出调整，以适应土地流转新形势。

（二）扎实做好农村土地确权登记颁证工作

当前最重要的抓手就是开展农村土地承包经营权确权登记颁证工作。这是强化对农户承包地权益保护的一个重要措施。党的十八届三中全会明确提出，要保护好农民"三块地"（农户的承包地、农民的宅基地和集体建设用地）的合法权益。其中的承包地，既是农户最重要的生产资料，也是新型经营主体发展规模经营的基本要素。加强对承包地的保护，是促进土地流转起来，形成规模经营的重要前提。过去，对农户承包地主要是按照合同进行管理，存在面积不准、空间位置不明、登记簿不健全等问题。这使得许多农民心里不够踏实，总担心土地流出后自己的权益无法保障。建立农村土地承包经营权登记制度，一是针对现实矛盾，解决好上述存在问题；二是按照《中华人民共和国物权法》要求，完善合同、健全登记簿、颁发权属证书，确认农户对承包地的占有、使用、收益等各项权利。这是稳定农村土地承包关系的重要基础，是开展土地经营权流转的重要前提，也是调处承包纠纷、开展抵押担保、落实征地补偿的重要依据。因此，2013年中央"一号文件"明确要求"用五年时间基本完成农村土地承包经营权确权登记颁证工作"。习近平总书记指示，要把这项工作抓紧抓实，真正让农民吃上"定心丸"。按照中央要求，农业部会同中央农办、财政部、国土资源部、国务院法制办、国家档案局自2011年开始试点，目前已在全国1611个县（市、区）15.3万个村开展，为下一步全面推开积累了丰富经验。为指导各地做好土地承包经营权确权登记颁证工作，国务院办公厅印发的《关于引导农村土地经营权有序流转发展农业适度规模经营的意见》明确提出四个方面的要求：一是按照保持稳定、依法规范、民主协商、因地制宜、分级负责的原则稳步推进；二是原则上要确权到户到地，在尊重农民意愿前提下，也可以确权确股不确地；三是强化县乡两级责任，建立党委政府统一领导、部门密切协作、群众广泛参与的工作机制；四是加强工作保障，经费纳入地方财政预算，中央财政给予补贴。

山东省委省政府在2016年年底已经向国务院报送了《关于农村土地承包经营权确权登记颁证工作情况的报告》，成为全国省份中首个完成该项工作的省份。根据山东省目前的行政区规划，17个地级市，县级行政单位140个（市辖区49个、县级市31个、县60个），平均每个县农村土地确权经费约1835万元，平均每亩确权经费约29元。截至2015年年底，山东全省73910个有耕地村（社区）完成了土地确权登记颁证工作，占总数的95.9%；确权耕地面积8815.6万亩，占家庭承包耕地面积的98.1%。[①] 山东潍坊大力推进农村产权

---

① 徐锦庚、潘俊强：《山东土地确权登记颁证基本完成，农民种放心田》，《人民日报》2016年8月29日。

制度改革，加快土地承包经营确权登记颁证，全市已有93.6%的村颁证到户，颁证面积占应确权面积的92.9%；扎实搞好农村集体资产改制，已有87.8%的农村完成集体经济组织成员资格认定，81.8%的村完成改制，54.7%的改制村经工商部门登记为经济专业合作社或公司。①

（三）切实加强土地流转服务体系建设

在集体土地所有权确权登记颁证工作基本完成的基础上，进一步完善相关政策，及时提供确权登记成果，切实保护好农民的集体土地权益。

农村承包地确权登记颁证后，要充分利用承包合同网签管理系统，健全承包合同取得权利、登记记载权利、证书证明权利的确权登记制度。提倡通过流转合同鉴证、交易鉴证等多种方式对土地经营权予以确认，促进土地经营权功能更好地实现。

建立健全土地流转规范管理制度。规范土地经营权流转交易，因地制宜加强农村产权交易市场建设，逐步实现涉农县（市、区、旗）全覆盖。健全市场运行规范，提高服务水平，为流转双方提供信息发布、产权交易、法律咨询、权益评估、抵押融资等服务。加强流转合同管理，引导流转双方使用合同示范文本。完善工商资本租赁农地监管和风险防范机制，严格准入门槛，确保土地经营权规范有序流转，更好地与城镇化进程和农村劳动力转移规模相适应，与农业科技进步和生产手段改进程度相适应，与农业社会化服务水平相适应。加强农村土地承包经营纠纷调解仲裁体系建设，完善基

---

① 王希军、黄晋鸿：《我们一起走过（2015）》，山东人民出版社2016年版，第137—138页。

层农村土地承包调解机制,妥善化解土地承包经营纠纷,有效维护各权利主体的合法权益。

完善县乡村三级服务网络,为流转双方提供信息发布、政策咨询等服务,研究制定流转市场运行规范,引导土地流转双方签订书面流转合同,保护流转双方的权益。山东潍坊成立全省唯一的省级综合性农村产权交易机构——齐鲁农村产权交易中心,建立起覆盖市、县、乡三级的产权交易服务体系,同时在全省、全国其他地区积极推进分支机构建设,为广大农户和各种新型农业经营主体,进行土地承包经营权、农村集体股权、农业知识产权流转等交易,以及农村产权资产资源评估、农村产权抵(质)押贷款签证、农产品信息发布等提供全方位服务。[1]

完善"三权分置"法律法规。积极开展土地承包权有偿退出、土地经营权抵押贷款、土地经营权入股农业产业化经营等试点,总结形成可推广、可复制的做法和经验,在此基础上完善法律制度。加快农村土地承包法等相关法律修订完善工作。认真研究农村集体经济组织、家庭农场发展等相关法律问题。研究健全农村土地经营权流转、抵押贷款和农村土地承包权退出等方面的具体办法。[2]

(四)规范引导农村土地经营权有序流转

1. 鼓励创新土地流转形式。鼓励承包农户依法采取转包、出租、互换、转让及入股等方式流转承包地。鼓励有条件的地方制定扶持

---

[1] 王希军、黄晋鸿:《我们一起走过(2015)》,山东人民出版社2016年版,第137—138页。

[2] 中共中央办公厅、国务院办公厅:《关于完善农村土地所有权承包权经营权分置办法的意见》,《人民日报》2016年10月31日。

政策，引导农户长期流转承包地并促进其转移就业。鼓励农民以多种形式长期流转承包地，鼓励通过互换解决承包地细碎化问题，稳步推进土地经营权抵押、担保试点，允许农民以承包经营权入股发展农业产业化经营等。山东章丘市成功探索出一条"村两委牵头成立专业合作社，由合作社通过流转实现土地集中，形成规模，实现规模效益，在富民的同时达到强村目标"的模式，实行整村建制土地流转。2014年，全市土地流转达到30.85万亩，农业规模化生产不断提高，2015年，章丘重点建设农村产权市场体系，高标准建好章丘市农村产权交易中心。积极做好农村土地确权、登记、颁证等工作，土地流转率年递增5%—10%，积极培育新型粮食生产主体，带动粮食生产规模化经营，500亩以上的种粮大户力争达到20多家。[①]

2. 坚守土地流转的底线。要坚持农村土地集体所有，坚持依法自愿有偿，保护农民承包权益，不能搞"大跃进"，不能搞强迫命令，不能搞行政瞎指挥。要确保流转土地用于农业生产，重点支持粮食规模化生产。

3. 严格规范土地流转行为。土地承包经营权属于农民家庭，土地是否流转、价格如何确定、形式如何选择，应由承包农户自主决定，流转收益应归承包农户所有。尊重农民在流转中的主体地位，村级组织只能在农户书面委托的前提下组织统一流转，禁止以少数服从多数的名义将整村整组农户承包地集中对外招商经营。

---

① 周历：《打造土地流转和金融服务平台 促进农业规模化生产》，2015年7月10日，新华网（http://www.sd.xinhuanet.com/sd/2015-01/30/c_1114192624.htm）。

第七节　深化农村金融体制改革

农村金融改革包括狭义和广义两个层面，狭义的农村金融改革单指农村信用合作社改革，广义的农村金融改革蕴涵极其宽广，既包括农村政策性金融、商业性金融、国家对资金流动的引导、农村融资媒介的创新和发展，也包含农村金融机构的退出机制以及订单农业、农产品期货市场、农业保险的发展等。农村金融体系改革是农村改革的一个重要部分，单纯考虑农村信用合作社的改革难以解决农村金融市场的根本问题，必须推进农村金融体系的全面改革。

农村金融服务的主体是"三农"，但农村金融供给和需求之间不协调，农村金融改革与环境的适应性被忽视。近年来，四大国有商业银行大量收缩县和县以下机构，涉农金融机构大量缩减，严重影响农村金融供给能力。国有商业银行每年在农村吸储余额为2000亿—3000亿元，每年还有数百亿元资金通过信用社净流出农村。邮政储蓄凭借自身优势，大量挤占存款市场。这些机构抽走了大量农村资金，却大都不承担支农任务，不仅使农村资金严重外流，而且造成农村信用社存款增长相对较慢。农村信用社几乎成了农村金融市场上唯一的正规金融组织，但也是多存少贷，其经营活动存在着明显的地域限制，缺乏改革和创新的内在动力，再加上历史包袱沉重，实力薄弱，经营亏损严重，不良贷款比例高，支付结算体系落后，导致农村金融供给总量不足、金融产品单一、服务质量较差。对农村金融监管的不到位还助长了民间金融的活跃，一些民间金融活动已经成为孕育地下经济的温床。特别是高利贷现象不仅提高了资金使用者的生产经营成本，而且伴随着其他犯罪现象的产生。农民贷款难一直是压在农民心头的老大难问题，沉重的乡村债务已成为影响农村金融机构发展的重要因素。

新常态下如何解开这个"死结"？这就必须从"国家层面"制度设计方面，改变金融机构现有的逻辑前提和运作基础，从根本上调整和完善中国农村金融机构的"经济性质"。从世界各国来看，政策性金融、农民合作金融在农业金融中起着主要作用。农村有商业金融，但生命力有限。日本、韩国等国家的农村完全是农民合作金融，这种在政策性金融支持下的农民合作金融非常活跃，以致商业金融基本进不了农村。具体来说：跳出农村正规金融部门的逻辑，在顶层设计上，计算和规划好农户有效贷款人数和信贷规模比例，并将其作为农村正规金融部门年终考核的依据和指标。同时将评估权上移，彻底割裂基层政府、村镇干部和信贷部门之间的复杂利益链条。降低支农资金外流比重，减少寻租的空间，彻底打破信贷对象排序存在的逻辑基础。构建和完善普惠性金融体系，形成农村政策性金融、商业性金融和合作性金融互相补充的金融体系，让广大农户共享普惠性金融体系的制度成果；在制度维度上，大力发展微型金融和合作金融。微型金融和合作金融根植于农村金融市场，抵押担保形式灵活，具有嵌入性和内生性特点，是农村正规金融部门的有效补充，可以覆盖和辐射被排斥的信贷全体。这要求国家政策上给予适当的制度安排。比如降低市场准入门槛，提高政策支持力度，发挥财政贴息、风险补贴等调控功能，引导微型金融和合作金融健康、可持续发展；在金融产品上，全面巩固发展农户小额信用贷款和农户联保贷款，把这两个产品的设计理念和机制推广到农村中小企业、农民专业合作社和其他农村信贷领域；全面推广低成本、可复制、易推广的农村金融产品,加快将保险、代理、租赁、保管、担保、个人理财、信息咨询、银行卡等新的产品服务全面覆盖到农村;鼓励各类银行业金融机构开展业务合作,积极开办银(社)团贷款和代理业务,探索担保、农业保险和农产品期货等农村金融业务合作机制,使各方在竞争中成长,在合作中壮大。

一 建立和完善农村金融支持体系

现代农业在一定程度上属于资本和技术密集型的产业,需要完善的金融体系尤其是农业、农村金融体系的支持。如印度,一方面建立直接为农村提供金融支持的金融机构;另一方面建立相对完善的监管、保险和间接支持体系,保障农村金融市场的高效运作。目前,印度国家银行的年平均贷款利率是11%,对农民的贷款利率为9%,而对自助小组的贷款利率只有8.5%,受到广大农民的拥护。[①]我们要学习国外先进经验,积极创新农村金融服务。首先,积极探索完善金融服务"三农"的合作模式;完善信息技术服务,保障金融网络的稳定性;拓展服务手段,推广网上银行、电话银行、咨询等业务。山东章丘建立现代农业金融服务创新示范平台,借鉴开发性金融支持农业的成功模式,在全市建立以管理平台、操作平台、担保平台、公示平台和信用协会等"四台一会"为基本模式的农业金融服务体系,实行统贷统还。其次是金融产品创新。设置农村基础设施建设专项贷款、农田水利改造专项贷款、大型农业机械按揭贷款及租赁业务;探索发展定单农业,农业生产资料购买贷款、科技兴农推广贷款等品种;开发农产品专业市场和电子化信息网络市场的贷款,以外贸和新兴领域企业为服务对象,以仓储、配送、分

---

① 崔健、黄日东:《广东现代农业建设研究》,中国农业出版社2009年版,第77页。

销等为主要内容的物流服务贷款品种。山东潍坊鼓励支持各类金融机构到县城、镇街设立分支机构，有序发展村镇银行、农村资金互助社和小额贷款公司。市、县两级农村信用社全部改制为农村商业银行，小额贷款公司达52家，融资性担保公司达54家。在全省率先实现农村金融支付体系全覆盖，全市乡镇及以下标准化农村金融机构网点达到624个，设立3456个简易便民服务网点和流动服务网点。探索实施土地承包经营权、林权、海域使用权、农村住房、蔬菜大棚抵押贷款，引导金融机构因地制宜推出九大类、83个创新业务产品，累计支持农户超过23万户，发放贷款300多亿元。①

二 切实解决农业融资难的问题

发展现代农业必须有雄厚的资金作为支持，但在农村金融市场中，金融需求者包括农户、涉农企业、基层政府和村镇干部四大种类，农村正规金融部门面对信贷需求时受资金稀缺性、抵押担保、信贷期限、信贷成本和还款能力等因素影响，容易将最缺钱、最需要钱、最应该得到钱的支持的农户排挤出信贷对象，造成贷款困难，这个问题比较突出。对此，要加大建立政府支持的"三农"融资担保体系，做大做强省级担保机构，在市、县设立分支机构，为农业尤其是粮食适度规模经营的新型经营主体提供信贷担保服务。全面推进农村信用体系建设。落实农林牧渔业项目的企业所得税、印花税等税收优惠政策，支持农村产业融合发展。落实农业保险支持政策，加快构建"中央支持保基本，地方支持保特色"的多层次农业保险保费补贴体系，鼓励和支持保险资金

---

① 王希军、黄晋鸿：《我们一起走过（2015）》，山东人民出版社2016年版，第138页。

开展支农融资业务创新试点。

合作金融组织具有信息对称、低风险、低成本等优势，是服务"三农"比较理想的组织模式。发展新型农村合作金融成为山东省解决"三农"融资难题的一条出路。由于山东人在社会上的口碑好，解决农村的融资难问题，可以与"诚信山东，厚道山东"建设相结合，探索一个金融制度与社会、文化精神相合作方面的解决方案，以使金融制度与文化观念有机联动。孔子曰："人无信而不立"，"诚信山东人"成为山东人与人交往时一张最亮丽的名片。我们要把这种稀缺的文化精神，作为市场经济下解决融资困难最难得最珍贵的一种资源。

三　进一步厘清农村金融格局

一是深化农村信用社改革，发挥支农主力军作用。把农村合作金融机构分期分批逐步建成产权明晰、经营有特色的社区性农村银行机构，加大对农业产业化的支持力度，向农户提供小额农户贷款、种养业贷款等形式的农业产业化贷款，增加农村助学和消费信贷的投入。二是加快政策性银行改革，完善政策性银行运行机制。扩大业务范围和服务领域，发挥好农业综合开发等政策性专项贷款职能。三是加快农业银行改革，加大对农村的市场化支持力度。通过国家注资和重组，把农行整体改造为国家控股的股份制商业银行。2013年8月，山东省政府发布《关于加快全省金融改革发展的若干意见》（以下简称《意见》），《意见》提出，要争取用5年左右的时间，初步建成与该省实体经济和企业创新相适应、市场化水平较高的现代金融体系。到2017年底，山东省金融业增加值占生产总值比重达到5.5%以上、占服务业增加值比重达到12%以上。《意见》要求，把优化"三农"和小微企业的金融服务，作为县域经济创新发展的出发点和立足点。三是加强有效的农村金融监管体制。为建立多样化、有序分层的农村金融体系，创新监管模式，实施中央和地方的分级监管。可以将省联社改革为地方金融监管机构，赋予地方政府部分监管权，如对信用社的监察审计职责、保证债权法律主体，承担部分防范和化解信用社风险的责任，特别是要规定在辖区内的金融机构出现支付危机时地方政府应承担的救助比例。金融机构市场准入仍由银监会负责。并要适当放松金融市场准入，允许民间资本进入金融领域；通过立法使农村民间借贷走向法制化，并将其置于政府的监管之下。

附5-4 山东：力争金融支持农业供给侧结构性改革实现"四个突破"[①]

日前，人行济南分行联合山东省委农工办、山东省农业厅、财政厅等7部门联合印发《关于山东省金融支持农业供给侧结构性改革的意见》（以下简称《意见》），从6个方面提出21项具体工作措施。山东也由此成为全国率先出台金融支持农业供给侧结构性改革专项意见的省份。

《意见》明确，山东金融支持农业供给侧结构性改革的总体目标是力争到2017年末实现"四个突破"，即力争在农村金融服务覆盖率上实现突破，在农村金融服务可得性上实现突破，在农村金融产品创新上实现突破，在金融支持黄河三角洲农业高新技术产业示范区辐射带动作用上实现突破。

《意见》提出，一是要加快体制机制创新，健全完善分工合

[①] 温跃、赵小亮：《山东：力争金融支持农业供给侧结构性改革实现"四个突破"》，《金融时报》2017年4月11日。

理、功能互补的银行支农服务体系,加快各类新型农村金融组织发展步伐,建立完善险种全、覆盖面广的保险保障体系,探索建立专业化的金融服务中介体系。二是要大力推进农村金融产品和服务方式创新,优化信贷管理体制和贷款利率定价机制,创新新型农业经营主体抵(质)押担保方式,推进新型农业经营主体主办银行制度,拓宽各类新型农业经营主体多元化融资渠道,加大各类保险产品创新推广力度。三是要全力做好金融精准扶贫工作,开展"金融支持产业扶贫进万家"活动,推进产业扶贫和金融精准扶贫政策有效融合,促进提升产业扶贫容纳、承载、带动贫困户脱贫致富能力,巩固脱贫攻坚成果。四是要加快推进农村金融基础设施建设,进一步深化农村支付环境建设和农村信用体系建设,为农民提供安全优质的支付服务,以农村和小微企业信用体系建设为切入点,加快推进农户和小微企业等征信数据库建设,积极改善农村金融生态环境。五是要充分利用黄河三角洲农业高新技术产业示范区作为国家级农高区的政策优势,推动各项金融改革措施在示范区先行先试,努力打造山东省金融支持农业供给侧结构性改革示范区。六是要加强金融政策与财税政策的协调配合,充分发挥货币信贷政策工具的导向作用,加大财税政策促进金融支农工作力度,进一步健全完善风险分担补偿机制,完善金融支持农业供给侧结构性改革的政策扶持和保障体系。

附 5 – 5 山东农村合作金融试点初见成效[①]

从 2015 年开始,山东省新型农村合作金融试点开始。山东

---

① 王新蕾:《山东农村合作金融试点初见成效》,《大众日报》2016 年 1 月 28 日。

农村合作金融试点初见成效。试点在满足社员"小额、分散"资金需求的同时,也培养和提升了社员的信用意识与规则意识。各试点地区通过划分类型、形成模式,以加快推广。

以乳山为例,把全市894家农民合作社划分为紧密合作、依附合作、松散合作三个类型。根据合作社的不同类型、紧密程度、生产特点,其互助业务在合作形式、信用保证等方面各不相同:顺泰果蔬合作社为紧密型合作社,按照企业化、股份化模式管理运行,完全是资金互助,资金主要用于社员修建大棚扩大再生产,以所占经营股份或年底分红权作为抵押;新自然草莓合作社为依附合作型,是资金互助辅以实物互助,生产种植环节以苗木、薄膜等实物互助为主,资金互助用于新建种植大棚,以大棚经营权作为抵押;久大海珍品养殖合作社为松散合作型,以海域使用权作为抵押,通过鼓励资金与实物并重,并辅以经营权等作抵押。

依据互助基础、社员情况、资金需求量等,招远市也探索推出自发联合式、集体引导式、龙头带动式三种模式。潍坊等地也采取这种分类方式。多种模式的形成,为全国探索农村合作金融道路提供了可供参照和复制的模板。

附5-6 枣庄市:创新农村金融服务机制 助推现代农业发展[①]

枣庄市作为国家现代农业示范区及农村改革试验区,将深化农村改革作为发展现代农业的动力源泉,在成功探索"三权

[①] 山东农业厅:《枣庄市:创新农村金融服务机制 助推现代农业发展》,2015年12月24日,山东农业信息网(http://www.sdny.gov.cn/rdzt/xdnysfq/201512/t20151224_360202.html)。

分置"农地制度改革的基础上,结合枣庄人口密集城市的实际,进一步延伸推进农业体制机制创新,着力在新型农村合作金融、农业保险和农村融资担保等方面探索可推广复制的改革路子,有力激发了农业农村改革发展活力。

四 推进金融改革工作的主要做法和经验

(一)创新农民信用合作模式,试点新型农村合作金融。2014年以来,山东省针对农业农村发展资金瓶颈问题,以推进农民合作社信用互助创新为重点,积极发展新型农村合作金融。推进过程始终坚持尊重农民意愿,不搞一刀切,做到成熟一个、试点一个,通过典型示范的方式,以点带面,逐步推开。2015年,山东省枣庄市已发展不同类型的农民合作社信用互助试点50家,互助资金总规模5690万元,累计借出资金2.2亿元。三个区(市)被列为山东省农民合作社信用互助业务试点县。2015年7月1日,山东省新型农村合作金融试点工作座谈会在枣庄召开,省长郭树清对枣庄的经验做法给予充分肯定,并要求在全省推广。探索实践中,一是审慎筛选试点。在引导试点阶段,严格准入标准,把好合作社和社员的资格身份、经营业务等关口,精心筛选信誉良好、经营比较规范的合作社作为试点对象。严格实行信用互助业务试点资格认定管理,要求自愿开展试点的农民合作社,必须经过农业和地方金融监管部门批准,方可开展试点。二是规范运营制度。试点确认后,市农业、金融办、供销社等部门和相关基层政府组成辅导小组,靠上辅导建章立制。重点推广"把握四个原则、抓住四个节点、规范八步流程"的"四四八"模式。"四个原则"即内部合作、承诺出资、一人一户、用时互助。内部合作,就是信用互助业务仅限社员参与,对内不对外；承诺出资，就是参与信用互助的社员做出出资承诺，不用拿出现金，不吸储、不放贷；一人一户，就是合作社和社员在合作银行设立专门账户，业务开展均通过银行转账封闭进行，没有现金交易；用时互助，就是平时讲信用，用时能互助，发挥信用互助的核心作用。"四个节点"即社员申请、民主决策、两次转账、按季分红。规范"八步流程"即出资承诺、开立账户、评议授信、借款申请、审核审批、签订合同、资金归集发放、借后管理。三是健全监管机制。按照"谁审批、谁负责"和"谁主管、谁负责"的要求，明确监管职责，对经批准开展信用合作的，由地方金融监管局负责监管；对未经批准自行开展信用合作的，进行引导规范。同时建立信息披露和社会监督制度，强化动态跟踪监测分析，形成日常监管机制。

（二）创新金融保险服务模式，提升农业支持保障水平。为解决农民贷款难、农业保险难问题，将创新农村承包土地经营权抵押物、试点开展农畜产品目标价格保险作为突破口。农村承包经营权抵押方面，注册成立山东省首家农村产权交易中心，建成贯穿市、县、乡三级的产权交易体系，以"农村产权交易鉴证书"的形式对全市范围内流转的农村承包土地经营权交易行为予以鉴证。出台《枣庄市农村承包土地经营权抵押贷款管理办法》，确立以交易鉴证书作为载体实现农村土地经营权直接在金融部门抵押担保权能。目前已利用《农村产权交易鉴证书》实现融资贷款122笔，总金额1.85亿元。农畜产品目标价格保险方面，针对农业生产周期长、经营风险大、收益不稳定等问题，抓住承担农村改革试验区新增试验项目"粮食、生猪等农产品目标价格保险试点"任务机遇，探索推进"政府立规则、公司定费率、参保户选公司"的试点模式。即政府定位在指导监管的层面,不干预具体保险行为;财政足额配套农户保费补贴;农业、畜牧部门负责引导推广,筛选符合条件的规模经营主体参保,并积极试验不同保障水平和不同财政补贴水平的保险产品。

(三)创新农村融资担保体系,满足适度规模经营资金需求。一是加快农村金融征信体系建设。由人民银行牵头,规范开展对各类农业规模经营主体的信用评定工作,将信用评定结果与对农业规模经营主体的贷款授信结合起来。对信用等级较高的农业规模经营主体在同等条件下实行贷款优先、利率优惠的正向激励机制。特别是对正在开展信用互助试点的合作社的社员家庭成员基本情况、房屋面积、种殖养殖、机具设备、经营收入、生产支出、信贷需求等信息逐步评定起信用等级,并加载到人民银行征信数据库,为开展信用互助业务试点提供准确、可采纳的信用信息,解决了农民合作社信用互助征信难等问题,同时也为农村社区性融资担保基金的发展提供了可靠基础。如2015年7月成立的台儿庄区坝子村融资担保基金,入股10.5万元,依据评定的信用信息,对全村被评定的AAA级农户予以20%利率优惠,已实现贷款5笔35万元的贷款,实现担保资金放大3.5倍效应。二是配套建立农业融资担保体系。加快发展小额贷款公司、农业融资性担保公司等新型金融组织,2012年市政府出资成立枣庄市金土地融资担保有限公司,目前已为全市152户新型农业经营主体累计担保贷款2.2亿元。截至2015年8月底,全市15家融资性担保公司累计为620户涉农小微企业提供贷款担保,累计担保金额20亿元,其中为"三农"贷款担保2.94亿元,占比14.7%,有效解决了发展现代农业的资金需求问题。

五　金融改革取得的初步成效

一是破解了资金瓶颈难题，为发展现代农业提供了有效的"输血"管道。试点运行的新型农村合作金融和配套推进的农村信用评级和融资担保体系，进一步提升了农村金融的覆盖层次，优化了农村金融服务水平，为解决规模经营主体贷款难和单体农户小额、便捷金融需求提供了完整的解决路径，进而完善了农村地区所急需的覆盖全面、治理灵活、服务高效的多层次农村资金融通体制。二是提升了农畜产品抵御市场风险的能力，切实保障了农民"丰产又增收"。生猪、马铃薯目标价格保险试点在制度设计中明确了政府、农户、保险公司三者之间的功能定位，既符合中央保障农民收益和基本生产能力的精神，又遵循了市场经济规律和农民意愿，同时激发了保险企业的主动性，初步探索了一条有利于稳定农民种植（养殖）预期，有利于稳定市场价格总水平的"双赢"试点模式。

第八节　提升农业从业人员整体素质

美国著名经济学家、《改造传统农业》的作者舒尔茨以"人力资本理论"著称于世，并因此获得1979年度诺贝尔经济学奖。他在长期的农业经济问题的研究中发现，从20世纪初到50年代，促使美国农业生产产量迅速增加和农业生产率提高的重要原因，已不是土地、人口数量或资本存量的增加，而是农业劳动者的能力和技术水平的提高。舒尔茨在研究了落后国家为什么贫困的原因后说："土地本身不是成为贫困的一个关键因素，改善人口质量的投资，能显著提高穷人的经济前途和福利。儿童保育、家庭和工作经验，通过上学得到信息和技能,以及主要包括投资于健康和上学的其他方式能改善人口质量。人类的未来没有尽头,人类的未来并不取决于空间、能源和耕地,而将取决于人类智力的开发。"①

现代农业的重要特征之一是劳动者智能化。这是指从事农业生产或经营的人,一定要具备现代化水平的文化知识和技能水平。劳动者是生产力构成中最具基础作用、最有活力的因素。他对农业增产增效的贡献,占有相当的比重。在农业生产经营过程中,先进的生产工具靠人去创造,先进的科学技术靠人去摸索,先进的管理经验靠人去总结,先进的经营体制和运行机制靠人去应用。无论是增长方式的转变,还是生产绩效的提高,都是在人的主观能动作用下得以实现的。离开人,现代化是不复存在的。从这个意义上说,我们要实现的农业现代化,是以人为本的现代化。提高劳动者的文化知识和技能水平,既是农业现代化的目标,同时也是要实现目标的可靠保证。

农业的主体是农民,农业的现代化需要一批高素质的现代化农民。只有拥有一批掌握现代化科学技术的高素质农民,才可能顺利实现农业的现代化。农民的素质是农业现代化的决定性因素,农民自身素质没有现代化,就不可能实现农业现代化。多年来,我国农民素质普遍较低,他们对农业新技术的采用困难,缺乏经营管理理念和能力,严重制约了农业现代化的发展。我国的农业劳动力素质偏低,因为农村教育条件相对较差,加上中等教育学费较高,很多农村学生读完义务教育就不再上学,开始出去打工挣钱,很多农村小孩止步于初中,更别说受到高等教育了。这些

---

① 何正斌:《经济学 300 年》(下册),湖南科学技术出版社 2000 年版,第 806—810 页。

原因导致了农村劳动力素质普遍偏低，农民受教育程度低。再加上一些历史的原因，据相关统计我国文盲人口约占总人口的8%。而文盲大部分分布在农村地区。由于中小学义务教育中涉及农业技术知识的内容很少，农业职业教育的普及率低，使得农业劳动力素质偏低。很多农业技术如机械操作说明及农药的使用说明，大多农民都不了解其真正的含义，在农业操作中都是靠以前积累的经验来完成耕作任务的。同时，因为农业劳动力素质较低，在地区城市化进程中，很多劳动力在劳动中只能提供最原始的人工劳动来得到报酬，这也是不少农村收入较低的原因。更为迫切的是，近些年来，农业兼业化和农民老龄化已现端倪，目前全国已有40%以上的农村壮劳力投入非农产业，据有关资料表明我国妇女承担着60%的农活，有的地方高达80%，"兼业化、老龄化、低文化"的现象十分普遍，"谁来种地""如何种好地"问题成为现实难题。因此，不抓紧培养"有文化、懂技术、会经营"的新型农民，我国农业现代化就将面临缺乏高素质经营主体的危险。山东省组织实施的新型农民科技培训工程、新型农民创业培训工程等项目，对发展山东高端高质高效农业，以及提高农民科学技能发挥了重要作用，但仍远远满足不了现代农业发展的需求。在大力建设社会主义新农村的今天，必须将着力培养新型农民作为一项大事来抓。鉴于此，山东省要把建立新型农民教育培训制度作为农业农村发展的一项重大改革措施来实施，建立农业职业教育的公共投入机制，把青年农民纳入国家实用人才培养计划，加快培育一批具备较高综合素质、生产技能和市场意识，能熟练运用现代物质装备和新品种技术，扎根农村从事农业生产经营的新型职业农民。

一 培育新型职业农民

新型职业农民是以农业为职业、具有相应的专业技能、收入主要来自农业生产经营并达到相当水平的现代农业从业者。随着现代农业的快速发展和农民教育培训工作的有效开展，一大批新型职业农民快速成长，一批高素质的青年农民正在成为专业大户、家庭农场主、农民合作社领办人和农业企业骨干，一批农民工、中高等院校毕业生、退役士兵、科技人员等返乡下乡人员加入到新型职业农民队伍，工商资本进入农业领域，"互联网+"现代农业等新业态催生了一批新农民，新型职业农民正逐步成为适度规模经营的主体，为现代农业发展注入新鲜血液。可以说，培育新型职业农民是解决"谁来种地"问题的根本途径，是加快农业现代化建设的战略任务，是推进城乡发展一体化的重要保障，是全面建成小康社会的重大举措。

新型职业农民的成长面临着很大的挑战。从外部环境来看，城乡发展差距仍然较大，农村公共设施和公共服务滞后，农民持续增收压力大，农村劳动力特别是青壮年劳动力留农、务农的内生动力总体不足，新型职业农民队伍发展面临基础不牢、人员不稳等问题，农民要成为体面的职业任重而道远。从内部条件来看，新型职业农民培育的针对性、规范性、有效性亟待提高，培育精准程度总体不高，与现代农业建设加快推进、新型农业经营主体蓬勃发展的需要不相适应。

（一）健全完善"一主多元"新型职业农民教育培训体系

统筹利用涉农院校、农业科研院所、农广校、农技推广机构等各类公益性培训资源，开展新型职业农民培育。充分发挥市场机制作用，鼓励和支持有条件的农业企业、农民合作社等市场主体，通过政府购买服务、市场化运作等方式参与培育工作，推动新型职业农民培育面向产业、融入产业、服务产业。深化产教融合、校企合作，发挥农业职业教育集团的作用，支持各地整合资源办好农民学院，拓宽新型职业农民培育渠道。鼓励农业园区、农业企业发挥自身优势，建立新型职业农民实习实训基地和创业孵化基地，引导农民合作社建立农民田间学校，为新型职业农民提供就近就地学习、教学观摩、实习实践和创业孵化的场所。山东潍坊发挥当地职业技术教育资源密集优势，大力整合教育培训资源，建立符合地方实际、实用高效的农村职业教育体系，全面开展新型农民培育工作。昌乐县创设了职业农民讲习所，配备了4000平方米的集中培训场所，建立21处实训基地，引进全国供销总社、科研院所知名专家组建了师资库，与骨干合作社、社区培训场所，以及远程教育网、本地电视台紧密对接，累计培训农民1.2万人次。诸城市整合教育、农业、劳动、建设、科技等部门培训资源，依托潍坊工商职业学院成立全国首家农村社区学院，在各镇街组建13处社区分院，依托农村社区服务中心，成立208个社区教学站，构建起覆盖全市的市、镇街、社区三级农民教育培训网络，着力培育有文化、善经营、会管理的新型职业农民，为发展现代农业提供人才支撑。[①]

（二）提高新型职业农民培育的针对性

培育职业农民，要选准对象、分类施策，优化培训人员结构，提高新型职业农民培育的针对性。在培训人员的选配上，要以国家

[①] 王希军、黄晋鸿：《我们一起走过（2015）》，山东人民出版社2016年版，第138页。

现代农业示范区、农村改革试验区、粮食生产功能区、现代农业产业园骨干人员为依托。优先重点遴选专业大户、家庭农场经营者、农民合作社带头人、农业企业骨干和返乡下乡涉农创业者为培育对象，把具有一定产业基础的农民以及到农村创业兴业的农民工、中高等院校毕业生、退役士兵、科技人员等作为吸引发展的对象，把接受中高等职业教育的农民和涉农专业在校学生作为培养储备的对象，尤其是以贫困地区农村两委干部、产业发展带头人、大学生村官等为主要培训对象，着手开展分类培训，精准培育，打造符合农业现代化要求的有文化、懂技术、会经营的新型职业农民队伍。山东将深入推进现代青年农场主、林场主培养计划和新型农业经营主体带头人轮训计划，探索培育农业职业经理人，培养适应现代农业发展需要的新农民。

在培训内容上，要围绕提升新型职业农民综合素质、生产技能和经营管理能力，科学确定相应的培训内容。在生产技能方面，重点设置新知识、新技术、新品种、新成果、新装备的应用，市场化、信息化、标准化和质量安全等内容；在经营管理能力方面，重点设置创新创业、品牌创建、市场营销、企业管理、融资担保等内容。鼓励高等学校、职业院校开设乡村规划建设、乡村住宅设计等相关专业和课程，培养一批专业人才，扶持一批乡村工匠。按照"村庄是教室、村官是教师、现场是教材"的培养模式，通过专家授课、现场教学、交流研讨，不断提高农村带头人增收致富本领和示范带动能力。山东省政府在2017年印发《山东省农业现代化规划（2016—2020年）》，《规划》提出到2020年培育新型职业农民50万人。

二　创优新型职业农民人才发展环境

培育职业农民，要形成全社会重视职业农民教育的氛围，营造、创优新型职业农民人才发展环境。

首先，从小学抓起，在农村地区全面普及免费义务教育。提高农民的文化素质要从娃娃、学生做起，加大对教育的投入，实行九年制义务教育全免费，利用职业中专、技工学校、农函大、农广校等载体，建立普教、职教、成教"三教"统筹结合的农民学习体系，把农民教育逐步纳入全社会教育体系之中，促进城乡优质教育资源共享。山东既是农业大省也是教育大省，应该说在提升现代农业人力资本价值方面具有比较优越的条件。重视教育，将孩子上学、升学视为家族的大事与荣耀，是山东人的传统民俗与文化追求。这在一定程度和更高意义上已超越将教育与人的素质提升视为经济发展的一种投资手段。正如著名经济学家李斯特所说的那样：物质生产力的培育比物质本身更重要，经济发展涉及经济结构的根本变化，以及人民的生存、劳动和福利条件的根本性变化。人力资本论大体只局限在较低层次上，人力资本投资仅着眼于经济增长，它是一种生产性投资活动，它促进人力资本质量存量的提高，是为了推动生产率的提高。而对人的投资的意义，应着重的是"人"，它是一种实现社会发展目标所必需的投资，所追求的不再是"物"的增加，而是"人"的全面发展。山东应当充分利用教育大省的优势，做好对农民子弟的免费义务教育。

其次，农民子弟长大成人，进入社会后，要强化职业农民人才培养工作机制。成立农村农用人才开发领导机构，建立由党委、政府统一领导，组织部门牵头，人社、农业、科技、科协、文化、住建、共青团、妇联、财政等相关部门具体负责的工作机制，切实把职业农民的开发纳入重要议事日程，纳入发展规划，纳入人才队伍的管理之中，彻底改变职业农民教育自发无序的状态，形成组织实施农村实用人才开发的工作合力。结合具体行业工种的实际，以对口院校、培训中心（站）为依托，以开展各种实用技术培训为载体，聘请或选派各类专家、技师、技术员，开展"面对面""手把手"的技术培训、指导和服务，使广大农民都掌握一种以上的务工技能和多项农业实用技术，进而促进农村人才素质的提升，确保农民走入社会前能掌握一至两门实用技术，造就一支适应现代农业发展需要的懂农业、爱农村、爱农民的新型农民队伍。大力推进农村各类行业协会、专业合作社组织的发展，组建各种种植、养殖、加工、建筑和文化产业等协会及农业专业合作组织，以各类协会、专业合作社为纽带，发挥实用人才的群体优势，促进农村实用人才的聚集。积极推进农村人力资源市场发展，逐步形成以县级人才市场和劳动力市场为依托，以乡镇人才服务站和劳动力服务站为网点，辐射广大农村、贯通城乡的农村劳动力资源市场体系。建立健全农村人才开发机制，鼓励和支持优秀大学生和有技术专业的人才到农村创业、施展才华，营造干事创业的舞台。大力表彰做出突出贡献的农村实用人才，不断提高他们的社会地位，在全社会形成关心、尊重和爱护农村实用人才的良好氛围。

三 加大农业科研投入，为农业科技人才提供广阔平台

随着工业化、城镇化的不断推进，我国实际使用的耕地面积不断减少，农业劳动力总量不断下降，农业增长比以往任何时候都更加重视和更多依靠科技进步因此，要走内涵式发展道路，离开现代高科技的强力支撑，发展现代农业无从谈起。

实践表明，加大农业研发投入，给农业插上现代科技的翅膀，依靠科技进步和创新，是我国发展现代农业的必由之路。要给农业插上科技的翅膀，首先要给科技人员插上奋斗的翅膀，对农业的科

技研究，国家要提供充足、稳定的经费支持，完善激励机制和相关制度安排，鼓励科技人员参与农业科技创新和推广，这样才能最大限度地释放人才红利，使农业科技人员能够静下心来"十年磨一剑"，驱动农业科技创新。要树立人才投资优先理念，建立健全政府主导的多元化投入机制。中央财政继续通过专项补助支持新型职业农民培育工作，山东也要加大投入，提高标准，实行差异化补助。要形成以政府投入为主，单位、个人投入为辅的多元化开发资金投入机制。加大农业产业发展力度，从资金、技术和生产物资上给予扶持。重点围绕新型职业农民培育、农民工职业技能提升，整合各渠道培训资金资源，建立政府主导、部门协作、统筹安排、产业带动的培训机制，大幅度增加人力资源开发投入，探索政府购买服务等办法。

四 实施新型职业农民培育工程，建立培育新型职业农民制度

中央和地方财政支持实施新型职业农民培育工程，开展省、市和县示范整体推进，逐步实现所有农业县市区全覆盖。"十三五"期间，重点实施新型农业经营主体带头人轮训计划、现代青年农场主培养计划和农村实用人才带头人培训计划。

新型农业经营主体带头人轮训计划以专业大户、家庭农场经营者、农民合作社带头人、农业龙头企业负责人和农业社会化服务组织负责人等为对象，力争用5年时间将其轮训一遍，提高综合素质和职业能力。加强对新型农业经营主体带头人的规范管理、政策扶持、跟踪服务，支持其发展多种形式的适度规模经营，发挥新型职业农民引领现代农业发展的主力军作用。

现代青年农场主培养计划以中等教育及以上学历，年龄在18—45周岁的返乡下乡创业农民工、中高等院校毕业生、退役士兵以及

农村务农青年为对象，开展为期 3 年的培养，其中培育 2 年、后续跟踪服务 1 年。加强对现代青年农场主的培训指导、创业孵化、认定管理、政策扶持，吸引年轻人务农创业，提高其创业兴业能力。"十三五"期间，全国每年培养 1 万名以上的现代青年农场主。

农村实用人才带头人培训计划以贫困地区农村两委干部、产业发展带头人、大学生村官等为主要对象，以现代农业和新农村发展的先进典型村为依托，按照"村庄是教室、村官是教师、现场是教材"的培养模式，通过专家授课、现场教学、交流研讨，不断提高农村带头人增收致富本领和示范带动能力。

第九节 建设现代农业示范区

现代农业示范区是以现代产业发展理念为指导，以新型农民为主体，以现代科学技术和物质装备为支撑，按照一定的种植或养殖标准组织生产和管理，其产品达到相关质量标准要求和可持续发展的，并对周边地区起到示范、带动作用的农业生产区域，具有产业布局合理、组织方式先进、资源利用高效、供给保障安全、综合效益显著的特征。现代农业示范区是现代农业的展示窗口，农业科技成果转化的孵化器，是提高农村经济效益和农民收入的有效途径。

创建现代农业示范区是在有条件的地方率先实现农业现代化、梯度推进我国现代农业发展的重要举措。为引领现代农业发展，带动社会主义新农村建设，促进城乡一体化发展，2009 年农业部正式启动现代农业示范区建设，2010 年开始认证第一批，到 2015 年第三批认定后，合并前两批示范区已认定的重合县市，国家现代农业示范区总数为 283 个（山东有 22 个）。设立国家现代示范园的初衷是以创新、协调、绿色、开放、共享五大发展理念为引领，以"稳粮增收转方式、提质增效可持续"为主线，以构建农业产业、生产、经营三大体系为重点，按照细化内容、分工负责、突出典型、打造亮点的原则，推进粮食绿色高产高效创建、畜牧业绿色发展示范县创建、水产健康养殖、主要农作物生产全程机械化、"互联网+"现代农业、农业经营体系升级、新型职业农民培育、农村一二三产业融合发展、农产品质量安全提升、财政支农资金统筹使用十大主题示范。在283个国家现代农业示范区，每个主题打造一批发展先进、创新活跃、富有活力的典型样板，探索可复制可推广的经验和模式，示范引领中国特色农业现代化建设。农业部对国家现代农业示范区实行"目标考核、动态管理、能进能退"的考核管理机制。对建设成效显著、示范引领作用明显的国家现代农业示范区将加大支持力度；加强示范区建设监测评价和考核管理工作，对发展特色鲜明、改革建设成效显著、示范引领作用突出的示范区实施奖励，加大支持力度；对违反国家土地利用政策、损害农民利益、发生重大生产安全和农产品质量安全事故、改革建设进展缓慢、难以发挥示范引领作用的示范区，撤销其"国家现代农业示范区"称号。

创建现代农业示范区对实现现代农业发展在点上突围，进而带动面上整体推进具有重要意义。党的十八大提出，要"加快发展现代农业，增强农业综合生产能力"。创建现代农业产业区是率先实现农业现代化，推进现代农业发展的重要举措。2017年中央"一号文件"提出："以规模化种养基地为基础，依托农业产业化龙头企业带动，聚集现代生产要素，建设'生产+加工+科技'的现代农业产业园，发挥技术集成、产业融合、创业平台、核心辐射等功能作用"。国家现代农业示范区已成为全国农业现代化的"响亮名片",我们要建设好国家现代农业示范区,打造农业现代化的"排头兵",建造农业绿色发展的"试验田"。这是贯彻落实生态文明建设要求、促进可持续发展的重要举措,是探索农业资源高效利用与生态环境保护协调发展新路子的重要平台。建设好国家现代农业示范区,需要从以下几个方面入手。

一 坚持规划引领

山东省要创新引领方式,深入分析发展趋势,科学确定发展思路,合理布局发展区域,更加注重模式推广,农业部门要高度重视,精心组织,周密部署,科学制定产业园规划,建设现代农业产业园区。以规模化种养基地为基础,依托农业产业化龙头企业带动,聚集现代生产要素,建设"生产+加工+科技"的现代农业产业园,发挥技术集成、产业融合、创业平台、核心辐射等功能作用,统筹布局生产、加工、物流、研发、示范、服务等功能板块,进一步提高主导产业集中度,突出粮棉油糖、畜禽、水产等主导产业发展。根据各示范区自然禀赋、产业基础、发展水平等实际,统筹规划比较优势突出、市场前景广阔的主导产业,有针对性地制定发展扶持政策,促进示范区主导产业上规模、上层次、上水平,率先实现现代化。

在建设思路上,采取政府搭台、企业唱戏、农民受益、共享发展的方式,以规模化种养基地为基础,依托农业产业化龙头企业,建设"生产+加工+销售+科技"于一体的一、二、三产业融合发展区。在支持政策上,重点借鉴工业园区、经济技术开发区、高新技术开发区的好政策,聚集嫁接。金融政策重点是健全农业信贷担保体系,财税政策重点是统筹整合使用财政涉农资金,用地政策重点是推动年度新增建设用地计划向产业园倾斜，人才政策重点是允许和鼓励科技人员进入产业园发展农业相关产业。在工作目标上，精选一批优质产业园，推动各地创建一批有特色、有竞争力、后劲强的产业园，使之成为农业发展的新动力。将创建目标聚焦到降低利用强度、改善产地环境、发展绿色产品上来，创建任务聚焦到发展生态循环型农业、资源节约型农业上来。

二　加强各部门的统筹与协调

现代农业示范区的核心工作是标准的实施与推广，示范区基地的建设，由点及面，逐步推进，最终实现生产的基地化和基地的标准化。同时，这项工程的实施，一方面要有完善的农业质量监督管理体系、健全的社会化服务体系，同时还必须有高效的产业化组织程度和运作机制做保障。因此，各地农业主管部门抓紧组建由党政主要领导牵头、涉农有关部门参与的示范区建设领导小组和专门机构，负责统筹协调推进示范区建设各项工作，明确责任分工，强化任务落实，坚持部门联动，共同推进，建立绩效管理机制，深入实施农业标准化战略，以率先实现农业现代化为目标，以改革创新为动力，主动适应经济发展新常态，立足当前强基础，着眼长远促改革，加快转变农业发展方式，出台试验示范区建设的支持政策，努力把示范区建设成为我国现代农业发展的"排头兵"和农业改革的"试验田"，促进示范区建设按照规划蓝图有力有序推进，示范引领中国特色农业现代化建设。一要加大"三级"联动工作力度。充分调动省市县三级创建的积极性，探索实行"省市县三级联动、以县为主"的现代农业示范区推进机制。实行省抓市、市抓县、县抓乡的运行机制，鼓励各市、县（市、区）适当选择一批县（市、区）建设特色优势产业聚集发展的核心区、农产品质量安全的样板区、农业自主创新的先导区、农村体制机制创新的试验区、城乡经济社会一体化发展的先行区。二要进一步突出特色化布局，在统筹中优化农业结构。将农业综合开发、土地整治、高标准农田建设、农田水利建设、农村环境综合整治、农业科技示范园、现代渔业园等涉农项目和资金加以整合，重点向现代农业示范区倾斜。[①] 自山东滨州市沿黄生态高效现代农业示范区被评为全省现代农业示范区后，为加强组织领导，为提高效率、减少环节，更好地协调管理沿黄生态高效现代农业示范区的建设工作，山东经省政府批准，成立了滨州市沿黄生态高效现代农业示范区管理办公室，市农业局局长兼任主任，配备了办公场所和设施，负责整个示范区现代农业建设工作。成立以市委副书记任组长的示范区建设领导小组，定期召开联席会议制度，整合各类涉农资金，研究制定支持规划区现代农业发展的政策与措施，协调解决发展过程中的各种问题。通过联席会议，加强协调，整合力量，规范操作，统一安排，更好地促进农业建设项目的争取、实施和管理。同时，通过"政府资金与政策引导、示范带企业自主化管理、农户及科技部门自发性参与、市场利益联结驱动"的示范带管理模式和"企业＋科技＋基地＋农户＋中介服务"的示范带建设模式，对示范带的建设及管理进行全面监督、管理。[②]

三 创新体制机制

创新示范区组织实施机制，要明确地方各级政府和部门的创建责任，以培育种养大户、家庭农场、农民合作社等新型经营主体为重点，加快构建新型农业经营体系，在推进土地适度规模经营、发

---

① 苏庆伟：《新热点 新观察》，中国经济出版社2016年版，第137页。
② 曲琳：《沿黄生态高效现代农业示范区建设取得显著成效》，山东省农业厅（http://www.sdny.gov.cn/snzx/dfdt/201701/t20170103_532514.html）。

展农业机械化和信息化、创新农业投融资机制、完善农业保险服务等方面加大改革力度，构建适应现代农业发展的制度体系，为示范区建设提供强大动力。要充分发挥广大农民的主体作用，通过县、乡推进，带动区域现代农业发展；吸引龙头企业和科研机构建设运营产业园，发展设施农业、精准农业、精深加工、现代营销，带动新型农业经营主体和农户专业化、标准化、集约化生产，推动农业全环节升级、全链条增值。鼓励农户和返乡下乡人员通过订单农业、股份合作、入园创业就业等多种方式，参与建设，分享收益。要认真总结示范区建设经验，提炼出2—3个主题鲜明、可复制可推广的典型模式，加强宣传推介，鼓励各示范区与非示范区结对子，探索共同发展、先发带后发的有效机制。深化改革创新，更加注重发挥先行先试作用。要积极开展改革试点成果转化，通过以奖代补的方式，继续支持各地开展改革创新，用好示范区这块"试验田"。优化管理方式，更加注重奖优罚劣。要落实目标考核、能进能退、动态管理的监管制度，对工作推进不力、建设成效不显著的示范区进行"黄牌警告"，严重的予以"红牌淘汰"。示范区"以奖代补"政策也将与建设成效挂钩，对干得好的加大支持，推动形成"比学赶超"的发展格局，力争大部分示范区都能基本实现农业现代化。

四　加大示范区资金投入

以破解发展瓶颈制约为突破口，积极安排专项资金，整合使用现有财政支农强农投入，引导金融资本和社会资本广泛参与，形成各类资金竞相支持示范区建设的强大合力，鼓励地方统筹使用高标准农田建设、农业综合开发、现代农业生产发展等相关项目资金，集中建设产业园基础设施和配套服务体系。要积极争取各有关部门的支持，国家和省里安排的现代农业发展资金应适当向示范区倾斜，努力形成合力推进国家现代农业示范区建设的良好局面。如滨州市在现代农业示范区建设上，加大财政扶持。建立以财政投入为引导，新型经营主体、农业企业、农民投入为主体，银行信贷投入为支撑，其他投入为补充的多渠道、多元化的农业投入机制，形成合力，推进现代农业示范区建设。充分发挥各类支农资源要素的聚合效应，提高项目建设标准和资金使用效益。2015年滨州市财政列出专项资金1500万元，连续实施三年，其中400万元用于示范区现代农业发展补贴；省区域战略推进专项切块资金200万元用于支持黄河滩区蔬菜基地建设；要求示范区内银行贷款涉农比例不小于40%。积极完善税收、信贷、补贴政策，引导和鼓励金融机构、境内外企业、社会团体和个人对产业发展的投入，努力形成财政投入为引导、企业投入为主体、农民投入为补充，目标统一、形式多样、责任共担、利益共享的产业投入新格局。①

附5-7 潍坊市：集约资源，突出特色，加快推进现代农业园区建设②

农业是潍坊的优势产业，农业的产业化、国际化一直走在全国前列。潍坊先后被评为国家现代农业综合改革试验区、全国现代农业示范区、全国有机产品认证示范区和农业国际合作示范区。潍坊市农业资源丰富，农业产业化起步较早，在新的阶段，为推进农业转型升级，我们以现代农业园区建设为载体，建设了一批优质农产品生产园区、农业科技示范园区、生态农

---

① 曲琳：《沿黄生态高效现代农业示范区建设取得显著成效》，山东省农业厅（http://www.sdny.gov.cn/snzx/dfdt/201701/t20170103_532514.html）。
② 潍坊市人民政府：《潍坊市：集约资源，突出特色，加快推进现代农业园区建设》，2016年12月1日，山东省农业信息中心（http://www.sdny.gov.cn/rdzt/xdnysfq/201612/t20161201_520516.html）。

业园区、观光旅游农业园区等现代农业园区，进一步延伸拓展了农业功能，加速了一、二、三产业的融合发展。目前，全市瓜菜、果茶、食用菌等现代农业示范园区达到912处，建成畜牧产业园区3219处，创建国家级蔬菜、水果标准化生产示范园区20处，市级优质农产品示范园区150处。

一、以生态循环农业为发展方向建设现代农业示范园区。以示范园区为平台，推动全市农业走高端、高质、高效和生态、低碳、可持续发展的路子。在全市开展了农产品质量安全示范园区建设，每年建设一批示范园区，整体提升农产品质量水平。依托各类沼气工程，推广"畜—沼—菜""畜—沼—果"等循环生产模式，建设全产业链封闭式生态循环农业园区。全市累计建设大中小型沼气工程274处，年处理废弃物60万吨，年生产有机肥40万吨。建成100亩以上生态循环农业基地6万亩，市级生态循环农业示范园区50处。

二、以品牌农业为引领打造品牌农业园区。开展了以培育品牌企业、品牌产业、品牌产品和园区推动、政策推动、会展推动为主要内容的"三培育三推动"活动，推进所有示范园区做到全部产品实现商标化和品牌化销售。目前，全市"三品"基地发展到550万亩，"三品"品牌1371个；昌乐西瓜、寿光桂河芹菜等28个产品获得农产品地理标志登记。全市具有一定影响力和认知度的公共区域农产品品牌达到124个。

三、集成应用先进科技打造科技示范园区。我们加快园区农业信息化建设步伐，依托农业物联网，发展精细化、智能化农业，进行精准施肥、智能灌溉等智能管理。寿光蔬菜产业集团、青州华盛农业等一批农业物联网技术应用示范项目成效显著。在寿光市建设了"国家现代蔬菜种业创新创业基地",在峡山区建设以水培农业为主题的华以科技孵化器。全市建成了一大批国内一流水平的智能工厂化育苗温室,蔬菜和畜禽的工厂化育苗率达到80%以上。

四、拓展园区功能发展休闲农业园区。充分发挥农业的生态保护、休闲观光、文化传承功能,重点打造市区半小时休闲观光农业圈、"两河"流域休闲观光农业带和南部山区休闲观光农业集群。到目前,全市农家乐、休闲农庄、休闲农业园区、民俗村等休闲观光点达到650多处。其中,建设市级休闲农业示范园区50处,有8家休闲农业企业被评为"山东省百家休闲农业精品点",5家休闲农业企业被评为"山东省休闲农业与乡村旅游示范点",有效引领和推进了一、二、三产业的融合发展。

附5-8 莒县聚力打造现代农业升级版[①]

近年来,莒县大力实施"农业稳县"战略,坚持创新、协调、绿色、开放、共享的发展理念,以国家现代农业示范区建设为抓手,强化抓改革、转方式、调结构、补短板四项举措,聚力打造现代农业升级版。

第一,高产创建,助推粮食绿色增产。坚持藏粮于技,以16.7万亩粮食高产示范方为平台,突出抓好粮食高产创建和绿色增产模式攻关,通过统一供种、统一耕种、统一病虫害防治等,促进了农业生产方式、组织方式和经营方式转变。配套实

---

① 莒县农业局:《莒县聚力打造现代农业升级版》,2016年5月3日,山东农业信息网(http://www.sdny.gov.cn/snzx/dfdt/201605/t20160503_383738.html)。

施秸秆还田、增施有机肥、测土配方施肥、绿色控害等技术措施，促进了粮食生产生态协调发展。

第二，结构调整，促进农业提质增效。大力推进农业结构调整，瓜菜、果品、中药材、烤烟、桑蚕、茶叶六大主导产业发展迅猛，全县高效经济作物发展到60.9万亩，设施农业面积达21.8万亩，夏庄镇和小店镇荣获"全国一村一品示范村镇"，库山乡、果庄镇、峤山镇荣获"全省一村一品示范村镇"。绿芦笋出口量占全省的70%以上，桑蚕面积和产量均居全省第二位，黄芩种植面积及产量占全省的60%，丹参种植面积及产量占全省的50%以上，"莒县黄芩""莒县丹参""莒县南涧小米"获得国家农产品地理标志登记保护产品。

第三，三产融合，推动农业转型升级。立足丰富的自然资源和特色产业优势，推进传统农业与休闲观光农业有机融合，大力发展集采摘、体验、观光、休闲、度假于一体的乡村旅游业，全县现代农业精品园场达15个。其中，以葡萄采摘为主的志昌葡萄采摘园，受到广大游客的青睐，2015年接待游客5000余人次。都乐农庄实现了草莓、葡萄、火龙果、大樱桃、猕猴桃、石榴1—10月份不间断采摘，游客还可以来农庄垂钓，2016年以来共接待游客15000余人次。浮来青生态茶示范园、华康蜂景园、惠生园生态农场等一批精品示范园成为广大市民休闲观光旅游的好去处。

第四，主体培育，推进适度规模经营。引导各类新型农业经营主体开展土地流转、土地托管、土地股份合作、村集体统一服务、龙头企业建原料生产基地等适度规模经营形式，着力提高农业经营集约化、规模化、专业化水平。全县规模以上农产品加工企业发展到 68 家，农业产业化省级重点龙头企业 12 家、市级 47 家。各类农民专业合作社发展到 1851 家，家庭农场发展到 146 个，国家级、省级、市级示范社（场）分别达到 12.26.44 家，土地规模经营化率达 34%。

附 5-9 栖霞：六项全国第一的最甜农业范本[①]

中国的苹果产地有的是，栖霞苹果"苹"啥让人"苹"然心动？秘诀只有 8 个字：品质为王，销售恒强。2016 年 10 月 16 日，在第十五届中国·山东栖霞苹果艺术节开幕式上，全国政协委员、国家质检总局原副局长、中国检验检疫学会会长魏传忠为栖霞德丰食品、木木农业、伯乐庄园、牙山果蔬和鸿鑫果蔬颁发"国家生态原产地保护"证书。

天上苹果人间梨。金秋十月，"苹果之都"——"天上"的烟台栖霞成了中国最甜美的地方。装扮一新的太虚宫广场上，山东栖霞国家农业科技园区揭牌，国家生态原产地产品保护颁证，栖霞"民联"牌苹果（APEC）中国国宾礼授牌，全国三大主力电商栖霞苹果网货节启动，山东省首支 10 亿元苹果产业基金启动，山东栖霞苹果拍卖中心启动，苹果销售大王颁奖……一年一度的中国山东栖霞苹果艺术节已经举办到第十五届，一项项与栖霞果农息息相关的活动先后展开……央视的《美丽中国乡村行》直喊"目不暇接"。

有着 66 万人口的栖霞市，苹果种植面积达到了 100 万亩，

---

① 宾语：《栖霞：六项全国第一的最甜农业范本》，《历山论见》第 188 期，鲁网（http://sd.sdnews.com.cn/lslj/201610/t20161020_2150061.html）。

年产优质苹果20亿公斤,年出口量2亿多公斤,连续10年出口产量居全国之首。近年来,全市上下共栽一"棵"树,结出累累果,栖霞苹果以种植面积、综合服务、果园管理、品种质量、总产单产和企业效益六项"全国第一"而成为中国农业的最甜范本。山东烟台栖霞先后被国家统计局和中国果品协会授予"中国苹果第一市""中国苹果之都""中国苹果之乡"等称号。"人均种果1亩地,人均供果1公斤"由理想变成了现实。

十月烟台栖霞红,太虚宫前若"苹"生。果农急邀客先尝,玉液琼浆不虚行。10月17日下午,宾语的廉政空间与第三届"品味山东"全国网络媒体齐鲁行采访团的小伙伴们走进烟台栖霞。这里地处胶东半岛腹地,四季分明,阳光充足,最适宜苹果栽培。全市40万农民直接从事苹果栽培,5000多人从事果品流通,1000多家相关企业从事苹果产业化链条拓展,累计有50万人直接受益于苹果树,被称为"被苹果树托起的城市"。

中国的苹果产地有的是,栖霞苹果"苹"啥让人"苹"然心动?秘诀只有8个字:品质为王,销售恒强。

虽然说栖霞苹果拥有着六项全国第一,但他们清醒地意识到,要始终立足苹果产业发展前沿,就必须牢固树立危机意识、责任意识和创新意识。10月中旬,栖霞市观里镇卧龙庄村的果林中,一种果肉呈红色的苹果新品种"知心爱人"格外引人关注,原来,这是与中国生态农科院合作培育的红肉苹果新品种,现在共有苗木80万棵,其中结果树6000棵。在栖霞,苹果新优品种的覆盖率始终保持在35%以上,老劣果园逐渐被标准化新植园所替代。近年来,他们又引进稀缺的早熟、中熟品种,形成了早、中、晚品种5∶25∶70的合理结构,拉长了苹果销售期。同时，推广普及了配方施肥、树下覆草、铺设反光膜等20多项先进的管理技术，广泛采用生物工程技术，推行绿色食品证书制度，被国家农业部确定为第一批"全国创建无公害苹果生产示范基地市"。目前全市已有20多个企业拿到绿色食品证书，优质果率达80%以上。

苹果产量质量提高以后，栖霞市又全力打造苹果品牌，积极培育市场体系，帮助群众解决苹果销售问题。在财政比较紧张的情况下，从2002年开始连续举办了15届苹果艺术节，极大提高了栖霞苹果的知名度和市场占有率。另外，发动全社会力量共同参与市场开发，形成了一支强大的果品营销队伍，在北京、上海、广州、天津等40多个大中城市建立了直销网点。同时，积极鼓励支持龙头企业参与国际竞争，先后有35家企业办理了自营进出口权，苹果出口量连年增加，可销往世界上40多个国家和地区。投资1亿元兴建的占地1200亩的蛇窝泊果品批发市场，年交易量达6亿多公斤，成交额30多亿元，成为中国北方最大的专业果品批发市场，可辐射带动整个胶东半岛，被农业部确定为"国家级重点市场"。

在线下销售的同时，2015年第十四届苹果艺术节期间，栖霞市携手阿里巴巴开展了以"栖霞苹果，苹分秋色"为主题的淘宝网首届栖霞苹果网货节，3天时间累计销售正宗栖霞苹果12.3万单，实现销售收入1088万元。

为扩大线上交易，2016年第十五届苹果艺术节期间，栖霞市委、市政府又与阿里巴巴、京东、苏宁三大主力电商平台全面合作，共同推出以"栖霞苹果——'苹'啥爱你'果'真好吃!"为主题的第二届栖霞苹果网货节，3天销售收入预计过

5000万元。通过"互联网+栖霞苹果"的新模式，深度宣传推介栖霞苹果品牌，推动栖霞苹果线上线下销售全面开花。

在2016年的网货节上，栖霞市首次启动电商包装全程视频追溯体系，让消费者能够随时随地地远程监控到所购买苹果的选果、分级、包装及发货等整个流程。升级质量追溯系统，对于发出的每一单苹果都统一粘贴质量安全追溯二维码，消费者通过扫描二维码即可实现防伪查询、认证，真正实现了从田间到餐桌的全过程去向可查询，责任可追究，质量可追溯。

结束语

我国是最大的发展中国家，也是一个农业大国，农业是国民经济的支柱产业，实现农业可持续发展，发展现代农业，关系到我国经济发展的根本问题。中国要强，农业必须强；中国要美，农村必须美；中国要富，农民必须富。"三农"问题是关系中国特色社会主义事业发展的根本性问题，任何时候都不能忽视农业。发展现代农业应根据自身的实际情况，选择适合自己的发展战略和道路。新常态下山东农业发展的出路，就在于要深入落实习近平总书记关于"三农"工作重要讲话和重要指示精神，解放思想，创新思维，坚持创新、协调、绿色、开放、共享"五大发展理念"，以走在全国前列为目标定位，以农业现代化、农民奔小康、农村可持续发展为重点，以抓改革、转方式、调结构、补短板为路径，推动农业供给侧结构性改革，充分发挥政府引领、组织和支持作用，实施创新驱动发展战略，实施现代农业发展规划，加快农地制度改革，优化农产品产业结构，深化农村金融改革，建设"小而精"的家庭农场和现代农业产业区，建立完善的农产品市场流通体系，重点扶持中西部地区现代农业建设，促进区域间经济协调发展，加大现代农业建设的力度。山东省作为全国农业大省，又是沿海经济发达省份，农业的发展各方面条件相对成熟，有成就也有不足。在今后的现代农业发展中，必须继续保持山东传统农业发展的特色，同时借鉴其他国家和国内其他发达省份现代农业的经验教训，要以动态、发展的眼光和传统、现代的双重视角，全面、辩证地认识山东现代农业的发展，既要有顶层设计，也要有基层创造，在理论创新和实践探索上，应该做出与自身实力相当的贡献，为全国现代农业的发展闯出一条切实可行的路子。

附录一　全国农业现代化规划
（2016—2020 年）

为贯彻落实《中华人民共和国国民经济和社会发展第十三个五年规划纲要》的部署，大力推进农业现代化，特编制本规划。

第一章　认清形势　准确把握发展新特征

一　农业现代化建设成效显著

"十二五"以来，党中央、国务院不断加大强农惠农富农政策力度，带领广大农民群众凝心聚力、奋发进取，农业现代化建设取得了巨大成绩。综合生产能力迈上新台阶。粮食连年增产，产量连续三年超过12000亿斤。肉蛋奶、水产品等"菜篮子"产品丰产丰收、供应充足，农产品质量安全水平稳步提升，现代农业标准体系不断完善。物质技术装备达到新水平。农田有效灌溉面积占比、农业科技进步贡献率、主要农作物耕种收综合机械化率分别达到52%、56%和63%，良种覆盖率超过96%，现代设施装备、先进科学技术支撑农业发展的格局初步形成。适度规模经营呈现新局面。以土地制度、经营制度、产权制度、支持保护制度为重点的农村改革深入推进，家庭经营、合作经营、集体经营、企业经营共同发展，多种形式的适度规模经营比重明显上升。产业格局呈现新变化。农产品加工业与农业总产值比达到2.2:1，电子商务等新型业态蓬勃兴起，发展生态友好型农业逐步成为社会共识。农民收入实现新跨越。农村居民人均可支配收入达到11422元，增幅连续六年高于城镇居民收入和国内生产总值增幅，城乡居民收入差距缩小到2.73:1。典型探索取得新突破。东部沿海、大城市郊区、大型垦区的部分县市已基本实现农业现代化，国家现代农业示范区已成为引领全国农业现代化的先行区。农业现代化已进入全面推进、重点突破、梯次实现的新时期。

二　农业现代化发展挑战加大

"十三五"时期，农业现代化的内外部环境更加错综复杂。在居民消费结构升级的背景下，部分农产品供求结构性失衡的问题日益凸显。优质化、多样化、专用化农产品发展相对滞后，大豆供需缺口进一步扩大，玉米增产超过了需求增长，部分农产品库存过多，确保供给总量与结构平衡的难度加大。在资源环境约束趋紧的背景下，农业发展方式粗放的问题日益凸显。工业"三废"和城市生活垃圾等污染向农业农村扩散，耕地数量减少质量下降、地下水超采、投入品过量使用、农业面源污染问题加重，农产品质量安全风险增多，推动绿色发展和资源永续利用十分迫切。在国内外农产品市场深度融合的背景下，农业竞争力不强的问题日益凸显。劳动力、土地等生产成本持续攀升，主要农产品国内外市场价格倒挂，部分农产品进口逐年增多，传统优势农产品出口难度加大，我国农业大而不强、多而不优的问题更加突出。在经济发展速度放缓、动力转换的背景下，农民持续增收难度加大的问题日益凸显。农产品价格提升空间较为有限,依靠转移就业促进农民收入增长的空间收窄,家庭经营收入和工资性收入增速放缓,加快缩小城乡居民收入差距、确保如期实现农村全面小康任务艰巨。

三 农业现代化条件更加有利

展望"十三五",推进农业现代化的有利条件不断积蓄。发展共识更加凝聚。党中央、国务院始终坚持把解决好"三农"问题作为全部工作的重中之重,加快补齐农业现代化短板成为全党和全社会的共识,为开创工作新局面汇聚强大推动力。外部拉动更加强劲。新型工业化、信息化、城镇化快速推进,城乡共同发展新格局加快建立,为推进"四化"同步发展提供强劲拉动力。转型基础更加坚实。农业基础设施加快改善,农产品供给充裕,农民发展规模经营主动性不断增强,为农业现代化提供不竭源动力。市场空间更加广阔。人口数量继续增长,个性化、多样化、优质化农产品和农业多种功能需求潜力巨大,为拓展农业农村发展空间增添巨大带动力。创新驱动更加有力。农村改革持续推进,新一轮科技革命和产业革命蓄势待发,新主体、新技术、新产品、新业态不断涌现,为农业转型升级注入强劲驱动力。

综合判断,"十三五"时期,我国农业现代化建设仍处于补齐短板、大有作为的重要战略机遇期,必须紧紧围绕全面建成小康社会的目标要求,遵循农业现代化发展规律,加快发展动力升级、发展方式转变、发展结构优化,推动农业现代化与新型工业化、信息化、城镇化同步发展。

第二章　更新理念　科学谋划发展新思路

一　战略要求

——发展定位。农业的根本出路在于现代化，农业现代化是国家现代化的基础和支撑。没有农业现代化，国家现代化是不完整、不全面、不牢固的。在新型工业化、信息化、城镇化、农业现代化中，农业现代化是基础，不能拖后腿。

——发展主线。新形势下农业主要矛盾已经由总量不足转变为结构性矛盾，推进农业供给侧结构性改革，提高农业综合效益和竞争力，是当前和今后一个时期我国农业政策改革和完善的主要方向。

——战略重点。坚持以我为主、立足国内、确保产能、适度进口、科技支撑的国家粮食安全战略，确保谷物基本自给、口粮绝对安全。坚定不移地深化农村改革、加快农村发展、维护农村和谐稳定，突出抓好建设现代农业产业体系、生产体系、经营体系三个重点，紧紧扭住发展现代农业、增加农民收入、建设社会主义新农村三大任务。

二　指导思想

全面贯彻党的十八大和十八届三中、四中、五中全会精神，深入贯彻习近平总书记系列重要讲话精神，按照"五位一体"总体布局和"四个全面"战略布局，牢固树立创新、协调、绿色、开放、共享的发展理念，认真落实党中央、国务院决策部署，以提高质量效益和竞争力为中心，以推进农业供给侧结构性改革为主线，以多种形式适度规模经营为引领，加快转变农业发展方式，构建现代农业产业体系、生产体系、经营体系，保障农产品有效供给、农民持续增收和农业可持续发展，走产出高效、产品安全、资源节约、环境友好的农业现代化发展道路，为实现"四化"同步发展和如期全面建成小康社会奠定坚实基础。

三　基本原则

——坚持农民主体地位。以维护农民权益与增进农民福祉为工作的出发点和落脚点，尊重农民经营自主权和首创精神，激发广大农民群众创新、创业、创造活力，让农民成为农业现代化的自觉参与者和真正受益者。

——坚持优产能调结构协调兼顾。以保障国家粮食安全为底线，更加注重提高农业综合生产能力，更加注重调整优化农业结构，提升供给体系质量和效率，加快形成数量平衡、结构合理、品质优良的有效供给。

——坚持生产生活生态协同推进。妥善处理好农业生产、农民增收与环境治理、生态修复的关系，大力发展资源节约型、环境友好型、生态保育型农业，推进清洁化生产，推动农业提质增效、绿色发展。

——坚持改革创新双轮驱动。把体制机制改革和科技创新作为两大动力源，统筹推进农村土地制度、经营制度、集体产权制度等各项改革，着力提升农业科技自主创新能力，推动农业发展由注重物质要素投入向创新驱动转变。

——坚持市场政府两手发力。充分发挥市场在资源配置中的决定性作用，更好发挥政府在政策引导、宏观调控、支持保护、公共服务等方面作用，建立主体活力迸发、管理顺畅高效、制度保障完备的现代管理机制。

——坚持国内国际统筹布局。顺应全方位对外开放的大趋势，实施互利共赢的开放战略，加快形成进出有序、优势互补的农业对外合作局面，实现补充国内市场需求、促进结构调整、提升农业竞争力的有机统一。

——坚持农业现代化和新型城镇化相辅相成。引导农村剩余劳动力有序向城镇转移，积极发展小城镇，加快农业转移人口市民化进程，为发展多种形式适度规模经营、提高农业质量效益、实现农业现代化创造条件。

四 发展目标

到 2020 年，全国农业现代化取得明显进展，国家粮食安全得到有效保障，农产品供给体系质量和效率显著提高，农业国际竞争力进一步增强，农民生活达到全面小康水平，美丽宜居乡村建设迈上新台阶。东部沿海发达地区、大城市郊区、国有垦区和国家现代农业示范区基本实现农业现代化。以高标准农田为基础、以粮食生产功能区和重要农产品生产保护区为支撑的产能保障格局基本建立；粮饲统筹、农林牧渔结合、种养加一体、一二三产业融合的现代农业产业体系基本构建；农业灌溉用水总量基本稳定，化肥、农药使用量零增长，畜禽粪便、农作物秸秆、农膜资源化利用目标基本实现。

第三章 创新强农 着力推进农业转型升级

创新是农业现代化的第一动力，必须着力推进供给创新、科技创新和体制机制创新，加快实施藏粮于地、藏粮于技战略和创新驱动发展战略，培育更健康、更可持续的增长动力。

一 推进农业结构调整

（一）调整优化种植结构。坚持有保有压，推进以玉米为重点的种植业结构调整。稳定冬小麦面积，扩大专用小麦面积，巩固北方粳稻和南方双季稻生产能力。减少东北冷凉区、北方农牧交错区、西北风沙干旱区、太行山沿线区、西南石漠化区籽粒玉米面积，推进粮改饲。恢复和增加大豆面积，发展高蛋白食用大豆，保持东北优势区油用大豆生产能力，扩大粮豆轮作范围。在棉花、油料、糖料、蚕桑优势产区建设一批规模化、标准化生产基地。推动马铃薯主食产业开发。稳定大中城市郊区蔬菜保有面积，确保一定的自给率。在海南、广东、云南、广西等地建设国家南菜北运生产基地。（农业部牵头，国家发展改革委、财政部、水利部、商务部等部门参与）

（二）提高畜牧业发展质量。统筹考虑种养规模和资源环境承载力，推进以生猪和草食畜牧业为重点的畜牧业结构调整，形成规模化生产、集约化经营为主导的产业发展格局，在畜牧业主产省（区）率先实现现代化。保持生猪生产稳定、猪肉基本自给，促进南方水网地区生猪养殖布局调整。加快发展草食畜牧业，扩大优质肉牛肉羊生产，加强奶源基地建设，提高国产乳品质量和品牌影响力。发展安全高效环保饲料产品，加快建设现代饲料工业体系。（农业部牵头，工业和信息化部、质检总局、食品药品监管总局等部门参与）

（三）推进渔业转型升级。以保护资源和减量增收为重点，推进渔业结构调整。统筹布局渔业发展空间，合理确定湖泊和水库等公共水域养殖规模，稳定池塘养殖，推进稻田综合种养和低洼盐碱地养殖。大力发展水产健康养殖，加强养殖池塘改造。降低捕捞强度，减少捕捞产量，加大减船转产力度，进一步清理绝户网等违规渔具和"三无"（无捕捞许可证、无船舶登记证书、无船舶检验证书）渔船。加快渔政渔港等基础设施建设，完善全国渔政执法监管指挥调度平台。规范有序发展远洋渔业，完善远洋捕捞加工、流通、补

给等产业链，建设海外渔业综合服务基地。（农业部牵头，国家发展改革委、财政部、国家海洋局等部门参与）

（四）壮大特色农林产品生产。开展特色农产品标准化生产示范，推广名优品种和适用技术，建设一批原产地保护基地，培育一批特色明显、类型多样、竞争力强的专业村、专业乡镇。实施木本粮油建设工程和林业特色产业工程，发展林下经济。（农业部、国家林业局牵头，国家发展改革委、财政部等部门参与）

二　增强粮食等重要农产品安全保障能力

（一）建立粮食生产功能区和重要农产品生产保护区。全面完成永久基本农田划定，将15.46亿亩基本农田保护面积落地到户、上图入库，实施最严格的特殊保护。优先在永久基本农田上划定和建设粮食生产功能区和重要农产品生产保护区。优先将水土资源匹配较好、相对集中连片的稻谷小麦田划定为粮食生产功能区，对大豆、棉花、糖料蔗等重要农产品划定生产保护区，明确保有规模，加大建设力度，实行重点保护。（国家发展改革委、国土资源部、农业部牵头，财政部、环境保护部、水利部、国家统计局、国家粮食局等部门参与）

（二）大规模推进高标准农田建设。整合完善建设规划，统一建设标准、监管考核和上图入库。统筹各类农田建设资金，做好项目衔接配套，形成高标准农田建设合力。创新投融资方式，通过委托代建、先建后补等方式支持新型经营主体和工商资本加大高标准农田投入，引导政策性银行和开发性金融机构加大信贷支持力度。（国家发展改革委牵头，财政部、国土资源部、水利部、农业部、人民银行、中国气象局、银监会等部门参与）

三 提高技术装备和信息化水平

（一）全面提高自主创新能力。坚持以科技创新为引领，激发创新活力，农业科技创新能力总体上达到发展中国家领先水平。深化农业科技体制改革，强化企业在技术创新中的主体地位。实施一批重点科技计划，尽快突破一批具有自主知识产权的重大技术及装备。强化技术集成创新，深入开展粮棉油糖绿色增产模式攻关和整建制绿色高产高效创建，加强沙化草原治理、盐碱地改造等技术模式攻关。改善农业重点学科实验室、科学实验站（场）研究条件，推进现代农业产业技术体系建设，打造现代农业产业科技创新中心。实施农业科研杰出人才培养计划，建设国家农业科技创新联盟。加强生物安全监管，促进现代农业生物技术健康发展。（科技部、农业部牵头，国家发展改革委、财政部、人力资源和社会保障部、国家质检总局、中科院等部门参与）

（二）推进现代种业创新发展。保障国家种业安全，加强杂种优势利用、分子设计育种、高效制繁种等关键技术研发，培育和推广适应机械化生产、高产优质、多抗广适的突破性新品种，完善良种繁育基地设施条件，健全园艺作物良种苗木繁育体系，推进主要农作物新一轮品种更新换代。建设畜禽良种繁育体系，推进联合育种和全基因组选择育种，加快本品种选育和新品种培育，推动主要畜禽品种国产化。提升现代渔业种业创新能力，建设一批水产种质资源保护库、种质资源场、育种创新基地、品种性能测试中心。加强种质资源普查、收集、保护与评价利用。深入推进种业领域科研成果权益改革，加快培育一批具有国际竞争力的现代种业企业。（农业部、科技部牵头，国家发展改革委、财政部、国土资源部、国家林业局、中科院等部门参与）

（三）增强科技成果转化应用能力。健全农业科技成果使用、处置和收益管理制度，深化基层农技推广体系改革，完善科技推广人员绩效考核和激励机制，构建以基层农技推广机构为主导、科研院校为支撑、农业社会化服务组织广泛参与的新型农技推广体系，探索建立集农技推广、信用评价、保险推广、营销于一体的公益性、综合性农业服务组织。加强农业知识产权保护和应用。建设全国农业科技成果转移服务中心，推行科技特派员制度，推进国家农业科技园区建设。（科技部、农业部牵头，国家发展改革委、教育部、财政部、国家知识产权局、银监会、保监会等部门参与）

（四）促进农业机械化提档升级。提升小麦生产全程机械化质量，提高水稻机械栽插，玉米、马铃薯、甘蔗机械收获水平，尽快突破棉油糖牧草等作物生产全程机械化和丘陵山区机械化制约瓶颈。推进农机深耕深松作业，力争粮食主产区年度深耕深松整地面积达到30%左右。积极发展畜牧业和渔业机械化，提升设施农业、病虫防治装备水平，发展农用航空。（农业部牵头，国家发展改革委、科技部、工业和信息化部、财政部、国家粮食局等部门参与）

（五）推进信息化与农业深度融合。加快实施"互联网+"现代农业行动，加强物联网、智能装备的推广应用，推进信息进村入户，提升农民手机应用技能，力争到2020年农业物联网等信息技术应用比例达到17%、农村互联网普及率达到52%、信息进村入户村级信息服务站覆盖率达到80%。建设全球农业数据调查分析系统，定期发布重要农产品供需信息，基本建成集数据监测、分析、发布和服务于一体的国家数据云平台。加强农业遥感基础设施建设，建立重要农业资源台账制度。健全农村固定观察点调查体系。（农业部、国家发展改革委牵头，工业和信息化部、财政部、国土资源部、

环境保护部、水利部、商务部、国家统计局、国家林业局、中科院、中国气象局等部门参与）

四　深化农业农村改革

（一）稳定完善农村基本经营制度。稳定农村土地承包关系并保持长久不变，落实集体所有权，稳定农户承包权，放活土地经营权，完善"三权"分置办法。加快推进农村承包地确权登记颁证，力争2018年年底基本完成。在有条件的地方稳妥推进进城落户农民土地承包权有偿退出试点。健全县乡农村经营管理体系，加强土地流转和规模经营的管理服务。（中央农办、农业部牵头，国家发展改革委、财政部、人力资源和社会保障部、国土资源部、国务院法制办等部门参与）

（二）积极发展多种形式适度规模经营。继续坚持和完善家庭联产承包责任制，在尊重农民意愿和保护农民权益的前提下，更好地发挥村集体统筹协调作用，引导农户依法自愿有序流转土地经营权，鼓励农户通过互换承包地、联耕联种等多种方式，实现打掉田埂、连片耕种，解决农村土地细碎化问题，提高机械化水平和生产效率。支持通过土地流转、土地托管、土地入股等多种形式发展适度规模经营，加强典型经验总结和推广。加快建立新型经营主体支持政策体系，扩大新型经营主体承担涉农项目规模，建立新型经营主体生产经营信息直报制度。实施农业社会化服务支撑工程，扩大农业生产全程社会化服务创新试点和政府购买公益性服务机制创新试点范围，推进代耕代种、病虫害统防统治等服务的专业化、规模化、社会化。（农业部牵头，中央农办、国家发展改革委、财政部、国土资源部、水利部、人民银行、国家税务总局、国家工商总局、国家统计局、银监会、保监会、供销合作总社等部门参与）

（三）深化农村集体产权制度改革。着力推进农村集体资产确权到户和股份合作制改革，赋予农民对集体资产股份占有、收益、有偿退出及抵押、担保、继承权。有序推进农村集体资产股份权能改革试点，到 2020 年基本完成经营性资产折股量化到本集体经济组织成员，健全非经营性资产集体统一运行管护机制。加快建立城乡统一用地市场，在符合规划、用途管制和依法取得前提下，推进农村集体经营性建设用地与国有建设用地同等入市、同权同价。稳妥推进农村土地征收、集体经营性建设用地入市、宅基地制度改革等试点，加强经验总结，适时修订完善相关法律法规。完善集体林权制度，引导林权规范有序流转，鼓励发展家庭林场、股份合作林场。（中央农办、农业部、国土资源部、国家林业局牵头，国家发展改革委、财政部、住房和城乡建设部、人民银行、国务院法制办等部门参与）

（四）打造农业创新发展试验示范平台。发挥国家现代农业示范区引领作用，率先实现基础设施完备化、技术应用集成化、生产经营集约化、生产方式绿色化、支持保护系统化。推动农村改革试验区先行先试，率先突破制约农业现代化发展的体制机制障碍。推进农业可持续发展试验示范区建设，探索农业资源高效利用、生态修复保护、突出问题治理、循环农业发展等模式。发挥农垦在农业现代化建设中的排头兵作用和国有农业经济中的骨干作用，加快实施农垦国际大粮商战略，推进垦区集团化、农场企业化改革，推动农垦联合联盟联营。深化黑龙江省"两大平原"现代农业综合配套改革、重庆市和成都市统筹城乡综合配套改革试验。（农业部、国家发展改革委牵头，财政部、国土资源部、环境保护部等部门参与）

第四章　协调惠农　着力促进农业均衡发展

协调是农业现代化的内在要求，必须树立全面统筹的系统观，着力推进产业融合、区域统筹、主体协同，加快形成内部协调、与经济社会发展水平和资源环境承载力相适应的农业产业布局，促进农业现代化水平整体跃升。

一　推进农村一、二、三产业融合发展

（一）协同推进农产品生产与加工业发展。统筹布局农产品生产基地建设与初加工、精深加工发展及副产品综合利用，扩大产地初加工补助项目实施区域和品种范围，加快完善粮食、"菜篮子"产品和特色农产品产后商品化处理设施。鼓励玉米等农产品精深加工业向优势产区和关键物流节点转移，加快消化粮棉油库存。提升主食产业化水平，推动农产品加工副产物循环、全值、梯次利用。（农业部牵头，国家发展改革委、工业和信息化部、财政部、国土资源部、商务部、国家粮食局等部门参与）

（二）完善农产品市场流通体系。在优势产区建设一批国家级、区域级产地批发市场和田头市场，推动公益性农产品市场建设。实施农产品产区预冷工程，建设农产品产地运输通道、冷链物流配送中心和配送站。打造农产品营销公共服务平台，推广农社、农企等形式的产销对接，支持城市社区设立鲜活农产品直销网点，推进商贸流通、供销、邮政等系统物流服务网络和设施为农服务。（国家发展改革委、商务部、农业部牵头，财政部、交通运输部、国家食品药品监管总局、国家粮食局、国家邮政局、供销合作总社等部门参与）

（三）发展农业新型业态。加快发展农产品电子商务，完善服务

二 促进区域农业统筹发展

（一）优化发展区。对水土资源匹配较好的区域，提升重要农产品生产能力，壮大区域特色产业，加快实现农业现代化。（农业部、国家发展改革委牵头，财政部、国土资源部、环境保护部等部门参与）

东北区。合理控制地下水开发利用强度较大的三江平原地区水稻种植规模，适当减少高纬度区玉米种植面积，增加食用大豆生产。适度扩大生猪、奶牛、肉牛生产规模。提高粮油、畜禽产品深加工能力，加快推进黑龙江等垦区大型商品粮基地和优质奶源基地建设。

华北区。适度调减地下水严重超采地区的小麦种植，加强果蔬、小杂粮等特色农产品生产。稳定生猪、奶牛、肉牛肉羊养殖规模，发展净水渔业。推动京津冀现代农业协同发展。

长江中下游区。稳步提升水稻综合生产能力，巩固长江流域"双低"（低芥酸、低硫甙）油菜生产，发展高效园艺产业。调减重金属污染区水稻种植面积。控制水网密集区生猪、奶牛养殖规模，适度开发草山草坡资源发展草食畜牧业，大力发展名优水产品生产。

华南区。稳定水稻面积，扩大南菜北运基地和热带作物产业规模。巩固海南、广东天然橡胶生产能力，稳定广西糖料蔗产能，加强海南南繁基地建设。稳步发展大宗畜产品，加快发展现代水产养殖。

（二）适度发展区。对农业资源环境问题突出的区域，重点加快调整农业结构，限制资源消耗大的产业规模，稳步推进农业现代化。（农业部、国家发展改革委牵头，财政部、国土资源部、环境保护部等部门参与）

体系，引导新型经营主体对接各类电子商务平台，健全㇐
冷链物流体系，到"十三五"末农产品网上零售额占农业㇐
重达到8%。推动科技、人文等元素融入农业，稳步发展㇐
观、阳台农艺等创意农业，鼓励发展工厂化、立体化等高㇐
积极发展定制农业、会展农业等新型业态。（农业部、商㇐
国家发展改革委、工业和信息化部、供销合作总社等部门㇐

（四）拓展农业多种功能。依托农村绿水青山、田园㇐
文化等资源，大力发展生态休闲农业。采取补助、贴息、㇐
资本以市场化原则设立产业投资基金等方式，支持休闲农㇐
旅游重点村改善道路、宽带、停车场、厕所、垃圾污水处㇐
条件，建设魅力村庄和森林景区。加强重要农业文化遗产㇐
护、传承和利用，强化历史文化名村（镇）、传统村落整㇐
史风貌保护，传承乡土文化。（农业部、国家旅游局牵头，㇐
改革委、财政部、住房和城乡建设部、水利部、文化部、㇐
局、国家文物局等部门参与）

（五）创新一、二、三产业融合机制。以产品为依托，㇐
农业和产业链金融，开展共同营销，强化对农户的技术培㇐
担保等服务。以产业为依托，发展农业产业化，建设㇐
二、三产业融合先导区和农业产业化示范基地，推动农㇐
家庭农场与龙头企业、配套服务组织集群集聚。以产权㇐
进土地经营权入股发展农业产业化经营，通过"保底+㇐
式增加农民收入。以产城融合为依托，引导二、三产业向㇐
乡镇及产业园区集中，推动农村产业发展与新型城镇化相㇐
家发展改革委、农业部牵头，中央农办、财政部、人民㇐
会、保监会等部门参与）

西北区。调减小麦种植面积,增加马铃薯、饲用玉米、牧草、小杂粮种植。扩大甘肃玉米良种繁育基地规模,稳定新疆优质棉花种植面积,稳步发展设施蔬菜和特色园艺。发展适度规模草食畜牧业,推进冷水鱼类资源开发利用。

北方农牧交错区。推进农林复合、农牧结合、农牧业发展与生态环境深度融合,发展粮草兼顾型农业和草食畜牧业。调减籽粒玉米种植面积,扩大青贮玉米和优质牧草生产规模,发展奶牛和肉牛肉羊养殖。

西南区。稳定水稻面积,扩大马铃薯种植,大力发展特色园艺产业,巩固云南天然橡胶和糖料蔗生产能力。合理开发利用草地资源和水产资源,发展生态畜牧业和特色渔业。

(三)保护发展区。对生态脆弱的区域,重点划定生态保护红线,明确禁止类产业,加大生态建设力度,提升可持续发展水平。(环境保护部、农业部、国家发展改革委牵头,财政部、国土资源部、国家海洋局等部门参与)

青藏区。严守生态保护红线,加强草原保护建设。稳定青稞、马铃薯、油菜发展规模,推行禁牧休牧轮牧和舍饲半舍饲,发展牦牛、藏系绵羊、绒山羊等特色畜牧业。

海洋渔业区。控制近海养殖规模,拓展外海养殖空间。扩大海洋牧场立体养殖、深水网箱养殖规模,建设海洋渔业优势产业带。

三 推动经营主体协调发展

(一)加快构建新型职业农民队伍。加大农村实用人才带头人、现代青年农场主、农村青年创业致富"领头雁"和新型经营主体带头人培训力度,到"十三五"末,实现新型经营主体带头人轮训一遍。将新型职业农民培育纳入国家教育培训发展规划,鼓励农民采取"半农半读"等方式就近就地接受职业教育。建立教育培训、规范管理、政策扶持相衔接配套的新型职业农民培育制度，提高农业广播电视学校教育培训能力。（农业部、人力资源和社会保障部牵头，中央组织部、教育部、财政部、水利部、国家林业局、共青团中央等部门参与）

（二）提升新型经营主体带动农户能力。培育发展家庭农场，提升农民合作社规范化水平，鼓励发展农民合作社联合社，落实财政补助形成的资产转交合作社持有和管护政策。强化农业产业化龙头企业联农带农激励机制，带动农户发展适度规模经营，带动农民合作社、家庭农场开拓市场。加强工商资本租赁农户承包地监管和风险防范，强化土地流转、订单等合同履约监督。（农业部牵头，国家发展改革委、财政部、国家工商总局、供销合作总社等部门参与）

（三）促进农村人才创业就业。建立创业就业服务平台，强化信息发布、技能培训、创业指导等服务。加大政府创业投资引导基金对农民创业支持力度，中小企业专项资金要按规定对农民工和大学生返乡创业予以支持。实施农民工等人员返乡创业行动计划，开展百万乡村旅游创客行动，引导有志投身现代农业建设的农村青年、返乡农民工、农村大中专毕业生创办领办家庭农场、农民合作社和农业企业。（人力资源和社会保障部、农业部牵头，国家发展改革委、教育部、工业和信息化部、财政部、共青团中央等部门参与）

第五章 绿色兴农 着力提升农业可持续发展水平

绿色是农业现代化的重要标志，必须牢固树立绿水青山就是金山银山的理念，推进农业发展绿色化，补齐生态建设和质量安全短板，实现资源利用高效、生态系统稳定、产地环境良好、产品质量安全。

一 推进资源保护和生态修复

（一）严格保护耕地。落实最严格的耕地保护制度，坚守耕地红线，严控新增建设用地占用耕地。完善耕地占补平衡制度，研究探索重大建设项目国家统筹补充耕地办法，全面推进建设占用耕地耕作层土壤剥离再利用。大力实施农村土地整治，推进耕地数量、质量、生态"三位一体"保护。实施耕地质量保护与提升行动，力争到"十三五"末全国耕地质量提升0.5个等级（别）以上。（国土资源部、农业部牵头，国家发展改革委、财政部、环境保护部、住房和城乡建设部、水利部等部门参与）

（二）节约高效用水。在西北、华北等地区推广耐旱品种和节水保墒技术，限制高耗水农作物种植面积。在粮食主产区、生态环境脆弱区、水资源开发过度区等重点地区加快实施田间高效节水灌溉工程，完善雨水集蓄利用等设施。推进农业水价综合改革，建立节水奖励和精准补贴机制，增强农民节水意识。推进农业灌溉用水总量控制和定额管理。加强人工影响天气能力建设，加大云水资源开发利用力度。（水利部牵头，国家发展改革委、财政部、国土资源部、农业部、中国气象局等部门参与）

（三）加强林业和湿地资源保护。严格执行林地、湿地保护制度，深入推进林业重点生态工程建设，搞好天然林保护，确保"十三五"末森林覆盖率达到23.04%、森林蓄积量达到165亿立方米。开展湿地保护和恢复，加强湿地自然保护区建设。继续推进退耕还林、退耕还湿，加快荒漠化石漠化治理。（国家林业局牵头，国家发展改革委、财政部、环境保护部、水利部、农业部等部门参与）

（四）修复草原生态。加快基本草原划定和草原确权承包工作，全面实施禁牧休牧和草畜平衡制度，落实草原生态保护补助奖励政策。继续推进退牧还草、退耕还草、草原防灾减灾和鼠虫草害防治等重大工程，建设人工草场和节水灌溉饲草料基地，扩大舍饲圈养规模。合理利用南方草地资源，保护南方高山草甸生态。（农业部牵头，国家发展改革委、财政部、水利部等部门参与）

（五）强化渔业资源养护。建立一批水生生物自然保护区和水产种质资源保护区，恢复性保护产卵场、索饵场、越冬场和洄游通道等重要渔业水域，严格保护中华鲟、长江江豚、中华白海豚等水生珍稀濒危物种。促进渔业资源永续利用，扩大水生生物增殖放流规模，建设人工鱼礁、海洋牧场。建立海洋渔业资源总量管理制度，加强渔业资源调查，健全渔业生态环境监测网络体系，实施渔业生态补偿。（农业部牵头，国家发展改革委、财政部、环境保护部、国家海洋局等部门参与）

（六）维护生物多样性。加强农业野生植物资源和畜禽遗传资源保护，建设一批野生动植物保护区。完善野生动植物资源监测和保存体系，开展濒危动植物物种专项救护，遏制生物多样性减退速度。强化外来物种入侵和遗传资源丧失防控。（农业部、国家林业局、国家质检总局牵头，国家发展改革委、环境保护部、海关总署等部门参与）

二 强化农业环境保护

（一）开展化肥农药使用量零增长行动。集成推广水肥一体化、机械深施等施肥模式，集成应用全程农药减量增效技术，发展装备精良、专业高效的病虫害防治专业化服务组织，力争到"十三五"末主要农作物测土配方施肥技术推广覆盖率达到90%以上，绿色防控覆盖率达到30%以上。（农业部牵头，工业和信息化部、财政部、

环境保护部等部门参与)

(二)推动农业废弃物资源化利用无害化处理。推进畜禽粪污综合利用,推广污水减量、厌氧发酵、粪便堆肥等生态化治理模式,建立第三方治理与综合利用机制。完善病死畜禽无害化处理设施,建成覆盖饲养、屠宰、经营、运输整个链条的无害化处理体系。推动秸秆肥料化、饲料化、基料化、能源化、原料化应用,率先在大气污染防治重点区域基本实现全量化利用。健全农田残膜回收再利用激励机制,严禁生产和使用厚度 0.01 毫米以下的地膜,率先在东北地区实现大田生产地膜零增长。(农业部、国家发展改革委牵头,工业和信息化部、财政部、国土资源部、环境保护部、国家能源局等部门参与)

(三)强化环境突出问题治理。推广应用低污染、低消耗的清洁种养技术,加强农业面源污染治理,实施源头控制、过程拦截、末端治理与循环利用相结合的综合防治。控制华北等地下水漏斗区用水总量,调整种植结构,推广节水设施。综合治理耕地重金属污染,严格监测产地污染,推进分类管理,开展修复试点。扩大黑土地保护利用试点规模,在重金属污染区、地下水漏斗区、生态严重退化地区实行耕地轮作休耕制度试点。(国家发展改革委牵头,财政部、国土资源部、环境保护部、水利部、农业部、国家林业局等部门参与)

三 确保农产品质量安全

(一)提升源头控制能力。探索建立农药、兽药、饲料添加剂等投入品电子追溯码监管制度,推行高毒农药定点经营和实名购买,推广健康养殖和高效低毒兽药,严格饲料质量安全管理。落实家庭农场、农民合作社、农业产业化龙头企业生产档案记录和

休药期制度。(农业部牵头,工业和信息化部、国家食品药品监管总局等部门参与)

(二)提升标准化生产能力。加快构建农兽药残留限量标准体系,实施农业标准制修订五年行动计划。创建农业标准化示范区,深入推进园艺作物、畜禽水产养殖、屠宰标准化创建,基本实现全国"菜篮子"产品生产大县规模种养基地生产过程标准化、规范化。(农业部、国家质检总局牵头,食品药品监管总局等部门参与)

(三)提升品牌带动能力。构建农业品牌制度,增强无公害、绿色、有机农产品影响力,有效保护农产品地理标志,打造一批知名公共品牌、企业品牌、合作社品牌和农户品牌。(农业部牵头,商务部、国家质检总局、国家食品药品监管总局等部门参与)

(四)提升风险防控能力。建立健全农产品质量安全风险评估、监测预警和应急处置机制,深入开展突出问题专项整治。启动动植物保护能力提升工程,实现全国动植物检疫防疫联防联控。加强人畜共患传染病防治,建设无规定动物疫病区和生物安全隔离区,完善动物疫病强制免疫和强制扑杀补助政策。强化风险评估,推进口岸动植物检疫规范化建设,健全国门生物安全查验机制。(农业部、国家质检总局牵头,国家发展改革委、财政部、国家卫生计生委、海关总署、国家食品药品监管总局等部门参与)

(五)提升农产品质量安全监管能力。建立农产品追溯制度,建设互联共享的国家农产品质量安全监管追溯管理信息平台,农业产业化龙头企业、"三品一标"(无公害、绿色、有机农产品和农产品地理标志)获证企业、农业示范基地率先实现可追溯。创建国家农产品质量安全县,全面提升质量安全水平。开展农产品生产者信用体系建设,打造农产品生产企业信用信息系统,加大信用信息公开力度。(农业部牵头,国家发展改革委、工业和信息化部、商务部、国家工商总局、国家质检总局、国家食品药品监管总局、国家粮食局等部门参与)

第六章 开放助农 着力扩大农业对外合作

开放是农业现代化的必由之路,必须坚持双向开放、合作共赢、共同发展,着力加强农业对外合作,统筹用好国内国际两个市场两种资源,提升农业对外开放层次和水平。

一 优化农业对外合作布局

统筹考虑全球农业资源禀赋、农产品供求格局和投资政策环境等因素,分区域、国别、产业、产品确定开放布局。加强与"一带一路"沿线国家在农业投资、贸易、技术和产能领域的合作,与生产条件好的农产品出口国开展调剂型、紧缺型农产品供给能力合作。强化与粮食进口国和主要缺粮国的种养业技术合作,增强其生产能力。(农业部、国家发展改革委、商务部牵头,外交部、财政部、国家粮食局等部门参与)

二 提升农业对外合作水平

(一)培育大型跨国涉农企业集团。培育一批具有国际竞争力和品牌知名度的生产商、流通商和跨国农业企业集团,支持企业在农产品生产、加工、仓储、港口和物流等环节开展跨国全产业链布局,在农机、农药、种子、化肥等农业投入品领域开展国际产能合作。支持企业以境外资产和股权抵质押获得贷款,鼓励符合条件的企业通过境内外上市、发行债券等方式融资,支持保险机构开发农业对外合作保险产品。(农业部牵头,农业对外合作部际联席会议其他各成员单位参与)

（二）推进农业科技对外合作。鼓励农业科研院校、企业在发达国家建立海外农业科学联合实验室，在发展中国家设立农业重点实验室、技术实验示范基地和科技示范园区，促进成果分享和技术出口。积极参与涉农国际规则、标准制定，承担国际标准化组织等工作，推进农业标准和农产品认证互认与合作。鼓励我国科技特派员到中亚、东南亚、非洲等地开展科技创业，引进国际人才到我国开展农村科技创业。（农业部、科技部、国家质检总局牵头，农业对外合作部际联席会议其他各成员单位参与）

（三）完善农业对外合作服务体系。统筹农业对外合作资金渠道，加大对农业对外合作支持力度。建设农业对外合作公共信息服务平台，强化行业协会、中介组织、企业联盟在推动和规范农业对外合作中的作用。支持大专院校加强农业国际合作教育，培养跨国农业研究、投资与经营管理人才。在"一带一路"沿线以及非洲、拉美等区域和国家，建立一批境外农业合作园区。（商务部、农业部牵头，农业对外合作部际联席会议其他各成员单位参与）

（四）提高农业引进来质量。加强先进技术装备引进，鼓励引进全球农业技术领先的企业、机构和管理团队。推行准入前国民待遇加负面清单管理模式，鼓励外资投向现代农机装备制造业、特色产业、农产品加工业、农业废弃物资源化利用。完善海外高层次农业人才引进支持政策，强化与世界一流涉农高等院校、科研机构、国际组织的人才合作。（农业部、国家发展改革委、商务部牵头，外交部、人力资源和社会保障部等部门参与）

三 促进农产品贸易健康发展

（一）促进优势农产品出口。巩固果蔬、茶叶、水产等传统出口产业优势，建设一批出口农产品质量安全示范基地（区），培育一批有国际影响力的农业品牌,对出口基地的优质农产品实施检验检疫配套便利化措施,落实出口退税政策。鼓励建设农产品出口交易平台,建设境外农产品展示中心,用"互联网+外贸"推动优势农产品出口。加强重要农产品出口监测预警,积极应对国际贸易纠纷。(商务部、国家质检总局牵头,国家发展改革委、财政部、农业部、海关总署、国家粮食局等部门参与)

(二)加强农产品进口调控。把握好重要农产品进口时机、节奏,完善进口调控政策,适度增加国内紧缺农产品进口。积极参加全球农业贸易规则制定,加强粮棉油糖等大宗农产品进口监测预警,健全产业损害风险监测评估、重要农产品贸易救济、贸易调整援助等机制。加强进口农产品检验检疫监管,强化边境管理,打击农产品走私。(国家发展改革委、商务部牵头,财政部、农业部、海关总署、国家质检总局、国家粮食局等部门参与)

第七章 共享富农 着力增进民生福祉

共享是农业现代化的本质要求,必须坚持发展为了人民、发展依靠人民,促进农民收入持续增长,着力构建机会公平、服务均等、成果普惠的农业发展新体制,让农民生活得更有尊严、更加体面。

一 推进产业精准脱贫

(一)精准培育特色产业。以促进贫困户增收为导向,精选市场潜力大、覆盖面广、发展有基础、有龙头带动的优势特色产业,实施贫困村"一村一品"产业推进行动。到2020年,贫困县初步形成优势特色产业体系,贫困乡镇、贫困村特色产业增加值显著提升,每个建档立卡贫困户掌握1—2项实用技术。(农业部、国务院扶贫办牵头,国家发展改革委、财政部、国家林业局等部门参与)

（二）精准帮扶贫困农户。支持有意愿、有实力、带动能力强的新型经营主体，扩大优势特色产业发展规模，与贫困户建立稳定的带动关系。支持有劳动能力的贫困人口就地转为护林员等生态保护人员。探索资产收益扶贫，通过财政涉农资金投入设施农业、养殖、光伏、水电、乡村旅游等项目形成的资产折股量化以及土地托管、吸引土地经营权入股等方式，让贫困户分享更多资产收益。（农业部、国务院扶贫办牵头，国家发展改革委、工业和信息化部、财政部、水利部、国家林业局、国家旅游局、国家能源局等部门参与）

（三）精准强化扶持政策。贫困县可统筹整合各级财政安排的农业生产发展和农村基础设施建设资金，因地制宜扶持发展特色产业。加大扶贫小额信贷、扶贫贴息贷款政策实施力度。加强扶贫再贷款使用管理和考核评估，引导金融机构优先和主要支持带动贫困户就业发展的企业和建档立卡贫困户。鼓励金融机构开发符合贫困地区特色产业发展特点的金融产品和服务方式，鼓励保险机构在贫困地区开展农产品价格保险、特色产品保险和扶贫小额贷款保证保险，地方给予保费补贴支持。（财政部、人民银行牵头，国家发展改革委、农业部、国家林业局、银监会、证监会、保监会、国务院扶贫办等部门参与）

（四）精准实施督查考核。动态跟踪贫困户参与产业脱贫信息，对产业扶贫进行精准化管理。建立产业扶贫考核指标体系，对重点部门、重点地区产业扶贫情况进行考核。加强对产业扶贫资金项目的监督检查，委托第三方机构对产业扶贫工作开展评估。（农业部、国务院扶贫办牵头，国家发展改革委、财政部、国家林业局等部门参与）

二 促进特殊区域农业发展

（一）推进新疆农牧业协调发展。以高效节水型农业为主攻方向，适度调减高耗水粮食作物、退减低产棉田，做大做强特色林果产业，有序发展设施蔬菜和冷水渔业，加快发展畜牧业，努力建成国家优质商品棉基地、优质畜产品基地、特色林果业基地和农牧产品精深加工出口基地。（农业部牵头，国家发展改革委、财政部、商务部、国家林业局等部门参与）

（二）推进西藏和其他藏区农牧业绿色发展。以生态保育型农业为主攻方向，稳定青稞生产，适度发展蔬菜生产，积极开发高原特色农产品，扩大饲草料种植面积，发展农畜产品加工业，保护草原生态，努力建成国家重要的高原特色农产品基地。（农业部牵头，国家发展改革委、财政部等部门参与）

（三）推进革命老区、民族地区、边疆地区农牧业加快发展。以优势特色农业为主攻方向，突出改善生产设施，建设特色产品基地，保护与选育地方特色农产品品种，推广先进适用技术，提升加工水平，培育特色品牌，形成市场优势。（农业部牵头，国家发展改革委、财政部等部门参与）

三 推动城乡基础设施和基本公共服务均等化

（一）改善农村基础设施条件。实施农村饮水安全巩固提升工程，提高贫困地区农村饮水安全保障水平。实施新一轮农村电网改造升级工程，实现城乡电力公共服务一体化。强化农村道路建设，实现所有具备条件的建制村通硬化路、通客车。推动有条件地区燃气向农村覆盖，充分利用农村有机废弃物发展沼气。加大农村危房改造力度，全面完成贫困地区存量危房改造任务。（国家发展改革委牵头，财政部、环境保护部、住房和城乡建设部、

交通运输部、水利部、农业部、国家林业局、国家能源局等部门参与）

（二）建设美丽宜居乡村。分类分村编制乡村建设规划，合理引导农村人口集中居住。实施乡村清洁工程，加强人居环境整治，改善垃圾、污水收集处理和防洪排涝设施条件。加强农村河道堰塘整治、水系连通、水土保持设施建设，改善农村生活环境和河流生态。（住房和城乡建设部、环境保护部、水利部牵头，国家发展改革委、财政部、国土资源部、农业部等部门参与）

（三）推动城乡基本公共服务均衡配置。把社会事业发展重点放在农村和接纳农业转移人口较多的城镇，推动城镇公共服务向农村延伸。加快农村教育、卫生计生、社保、文化等事业发展，全面改善农村义务教育薄弱学校基本办学条件，建立城乡统筹的养老保险、医疗保险制度，巩固城乡居民大病保险，引导公共文化资源向农村倾斜。（国家发展改革委牵头，教育部、民政部、财政部、人力资源和社会保障部、文化部、国家卫生计生委等部门参与）

（四）推进农业转移人口市民化。深化户籍制度改革，全面实行居住证制度，统筹推动农业转移人口就业、社保、住房、子女教育等方面改革，推进有能力在城镇稳定就业和生活的农业转移人口举家进城落户，保障进城落户居民与城镇居民享有同等权利和义务。实施支持农业转移人口市民化若干财政政策，建立城镇建设用地增加规模同吸纳农业转移人口落户数量挂钩机制，实现1亿左右农业转移人口和其他常住人口在城镇定居落户。（国家发展改革委牵头，教育部、公安部、财政部、人力资源和社会保障部、国土资源部、住房和城乡建设部等部门参与）

第八章 强化支撑 加大强农惠农富农政策力度

一 完善财政支农政策

（一）健全财政投入稳定增长机制。在厘清政府和市场边界的基础上，将农业农村作为国家财政支出和固定资产投资的重点保障领域，建立健全与事权和支出责任相适应的涉农资金投入保障机制，确保国家固定资产投资用于农业农村的总量逐步增加。（财政部、国家发展改革委牵头，有关部门参与）

（二）整合优化农业建设投入。统筹整合各类建设性质相同、内容相近、投向相似的固定资产投资资金，实施一批打基础、管长远、影响全局的重大工程。鼓励采取投入补助等方式实施建设项目。鼓励社会资本主导设立农业产业投资基金、农垦产业发展股权投资基金。（国家发展改革委、财政部牵头，农业部、人民银行、银监会、证监会等部门参与）

（三）调整优化农业补贴政策。逐步扩大"绿箱"补贴规模和范围，调整改进"黄箱"政策。完善农业三项补贴政策，将种粮农民直接补贴、农作物良种补贴、农资综合补贴合并为农业支持保护补贴。优化农机购置补贴政策，加大保护性耕作、深松整地、秸秆还田等绿色增产技术所需机具补贴力度。完善结构调整补助政策，继续支持粮改饲、粮豆轮作，加大畜禽水产标准化健康养殖支持力度，落实渔业油价补贴政策。健全生态建设补贴政策，提高草原生态保护奖补标准，开展化肥减量增效、农药减量控害、有机肥增施和秸秆资源化利用试点，探索建立以绿色生态为导向的农业补贴制度。完善主产区利益补偿政策，加大对产粮（油）大县、商品粮大省奖励力度，逐步将农垦系统纳入国家农业支持和民生改善政策覆

盖范围。（财政部牵头，国家发展改革委、国土资源部、环境保护部、农业部、国家粮食局等部门参与）

二 创新金融支农政策

（一）完善信贷支持政策。强化开发性金融、政策性金融对农业发展和农村基础设施建设的支持，建立健全对商业银行发展涉农金融业务的激励和考核机制，稳步推进农民合作社内部信用合作。针对金融机构履行支农责任情况，实施差别化的货币信贷政策措施。健全覆盖全国的农业信贷担保体系，建立农业信贷担保机构的监督考核和风险防控机制。稳妥推进农村承包土地的经营权和农民住房财产权抵押贷款试点，对稳粮增收作用大的高标准农田、先进装备、设施农业、加工流通贷款予以财政贴息支持。建立新型经营主体信用评价体系，对信用等级较高的实行贷款优先等措施。开展粮食生产规模经营主体营销贷款试点，推行农业保险保单质押贷款。（人民银行、银监会牵头，中央农办、国家发展改革委、财政部、住房和城乡建设部、农业部、证监会、保监会、开发银行、农业发展银行等部门和单位参与）

（二）加大保险保障力度。逐步提高产粮大县主要粮食作物保险覆盖面，扩大畜牧业保险品种范围和实施区域，探索建立水产养殖保险制度，支持发展特色农产品保险、设施农业保险。研究出台对地方特色优势农产品保险的中央财政以奖代补政策，将主要粮食作物制种保险纳入中央财政保费补贴目录。创新开发新型经营主体"基本险+附加险"的保险产品，探索开展收入保险、农机保险、天气指数保险，加大农业对外合作保险力度。建立农业补贴、涉农信贷、农产品期货和农业保险联动机制，扩大"保险+期货"试点，研究完善农业保险大灾风险分散机制。（保监会、财政部、农业部牵

头，国家发展改革委、人民银行、中国气象局、证监会等部门参与）

三 完善农业用地政策

新型经营主体用于经营性畜禽养殖、工厂化作物栽培、水产养殖以及规模化粮食生产的生产设施、附属设施和配套设施的用地，可按设施农用地管理。在各省（区、市）年度建设用地指标中单列一定比例，专门用于新型经营主体进行辅助设施建设。支持新型经营主体将集中连片整理后新增加的部分耕地，按规定用于完善规模经营配套设施。（国土资源部、农业部牵头，国家发展改革委等部门参与）

四 健全农产品市场调控政策

继续执行并完善稻谷、小麦最低收购价政策。积极稳妥推进玉米收储制度改革，综合考虑农民合理收益、财政承受能力、产业链协调发展等因素，建立玉米生产者补贴制度。调整完善棉花、大豆目标价格政策。继续推进生猪等目标价格保险试点。探索建立鲜活农产品调控目录制度，合理确定调控品种和调控工具。改革完善重要农产品储备管理体制，推进政策性职能和经营性职能相分离，科学确定储备规模，完善吞吐调节机制。发展多元化的市场购销主体。稳步推进农产品期货等交易，创设农产品期货品种。（国家发展改革委、财政部牵头，中央农办、农业部、商务部、人民银行、证监会、保监会、国家粮食局、中储粮总公司等部门和单位参与）

第九章 落实责任 保障规划顺利实施

一 加强组织领导

建立农业部牵头的农业现代化建设协调机制，统筹研究解决规划实施过程中的重要问题和重大建设项目，推进规划任务的组织落实、跟踪调度、检查评估，重大情况及时向国务院报告。根据国民经济和社会发展情况以及国内外市场形势，适时完善规划目标任务。各省（区、市）要建立规划落实的组织协调机制，统筹推进本地区农业现代化工作。（农业部牵头，有关部门参与）

二 逐级衔接落实

各地各部门要把推进农业现代化作为农业农村工作的重大任务。各省（区、市）要按照本规划提出的目标任务，抓紧制定本地区农业现代化推进规划或实施方案，落实规划任务，细化政策措施。各部门要根据规划的任务分工，强化政策配套，协同推进规划实施。加强规划监测评估，委托第三方机构对规划目标任务完成情况进行中期评估和期末评估，评估结果向社会公布。（农业部牵头，有关部门参与）

三 完善考核机制

完善粮食安全省长责任制和"菜篮子"市长负责制的考核机制，将高标准农田建设情况纳入地方各级政府耕地保护责任目标考核内容，把保障农产品质量和食品安全作为衡量党政领导班子政绩的重要考核内容。建立农业现代化监测评价指标体系，分级评价各地农业现代化进程和规划实施情况，定期发布评价结果。根据各地实际，探索将粮食生产功能区、重要农产品生产保护区和"农业灌溉用水总量基本稳定、化肥、农药使用量零增长、畜禽粪便、农作物秸秆、农膜资源化利用"等规划目标任务完成情况纳入地方政府绩效考核指标体系。（农业部牵头，中央组织部、国家发展改革委、国土资源部、水利部、商务部、国家粮食局等部门参与）

四 强化法治保障

依法构建现代农业治理体系，加快保障国家粮食安全与农产品质量安全、健全农业支持保护体系、完善农村基本经营制度、保护集体与农民权益、保护农业资源环境等领域的立法修法工作。强化普法宣传,采取群众喜闻乐见的方式宣传贯彻农业法律知识,增强农村干部和农民群众尊法学法守法用法意识和能力。深入推进农业综合执法,改善执法条件,建设执法信息化平台和指挥中心,促进依法护农、依法兴农。(农业部、国务院法制办牵头,中央农办、国家发展改革委、财政部、环境保护部、国家食品药品监管总局、国家粮食局等部门参与)

附录二　山东省农业现代化规划
（2016—2020年）

根据《全国农业现代化规划（2016—2020年）》和《山东省国民经济和社会发展第十三个五年规划纲要》，制定本规划。规划水平年为2020年，基准年为2015年。

一　"十二五"主要成效

"十二五"期间，在省委、省政府的坚强领导下，全省各级积极作为、扎实工作，现代农业建设取得显著成效，为"十三五"加快推进农业现代化奠定了坚实基础。

（一）农业综合生产能力稳步提高。2015年，全省第一产业增加值4979.1亿元，占全国的8.18%，居全国第一位，年均增速4.1%。粮食产量实现"十三连增"，达到4712.7万吨，比2010年增加8.7%，占全国的7.58%，居全国第三位。蔬菜、水果、肉蛋奶、水产品产量分别达到10272.9万吨、1703万吨、1483.2万吨、931.3万吨，均居全国第一位，分别比2010年增加13.8%、18.4%、9.0%、18.8%。棉花、油料产量分别达到53.7万吨、324.1万吨，稳居全国前列。

（二）农业物质装备水平大幅提升。2015年，全省高标准农田累计达到3518万亩，有效灌溉面积达到7690万亩，农业灌溉水有效利用系数0.63。农机总动力1.34亿千瓦，比2010年增加15.5%，农作物耕种收综合机械化率达到81.3%，高出全国平均水平18.3个百分点。全省设施保护栽培面积达到1300多万亩，新增温室大棚面积210万亩。信息技术在农业领域得到广泛应用，省级农业综合信息服务平台建成运行。

（三）新型农业经营主体快速发展。2015年，全省规模以上农业龙头企业达到9300家、销售额1.56万亿元，分别比2010年增加1220家、4700亿元。农民合作社达到15.4万家，比2010年增加11.07万家。家庭农场4.1万家。农村土地经营规模化率达到40%以上，土地流转面积达到2472万亩，比2010年增加1764万亩，提高了249%。年交易额过亿元的农产品批发市场149家，交易额达到2675亿元，农产品电子商务交易额达到400亿元以上。

（四）农产品质量安全保障能力不断加强。在全国率先制定颁布了《山东省农产品质量安全监督管理规定》（省政府令第277号），省、市、县、乡、村五级监管体系初步建立，农产品质量安全追溯体系逐步完善。全省各类农业地方标准、技术规范达到2300项，主要"菜篮子"产品基本实现有标可依。2015年，"三品一标"产品达到10706个，比2010年增长40%。

（五）农业科技支撑能力持续增强。全省拥有公益性农业科研机构61所，累计建成国家级科研平台109个，省级科研平台105个。"十二五"期间，建设现代农业产业技术体系创新团队22个，审定农作物新品种（系）237个，推广主导品种150个、主推技术84项，培训农民1000万人次，培育新型职业农民7万人。2015年，主要农作物良种覆盖率达到97%以上，农业科技进步贡献率达到61.8%。

（六）农民收入实现持续较快增长。2015年，全省农村居民人均可支配收入达到12930元，比2010年增加85%，年均增幅13.09%，连续6年超过城镇居民人均可支配收入增幅，比全国平均水平高2158元。在收入构成中，家庭经营纯收入5857元，占45.3%；工资性收入5139元，占39.74%；财产性收入326元，占2.52%；转移性收入1608元，占12.44%。

（七）生态循环农业建设长足发展。在全国率先启动耕地质量提升计划，组织实施土壤改良修复、农药残留治理、畜禽粪便无害化处理等六大工程。全省规模以上生态循环农业基地达到1000多万亩，创建国家级休闲农业与乡村旅游示范县14个。2015年，全省林地面积达到5180万亩，湿地面积2606.25万亩，林木绿化率达到25%；畜禽粪便处理利用率70%、秸秆综合利用率85%，分别比2010年提高20和10个百分点，主要农作物农药、化肥利用率分别达到36%和30%。

（八）农业品牌建设步伐明显加快。省政府办公厅出台了《关于加快推进农产品品牌建设的意见》（鲁政办字〔2015〕80号），推动实施农产品品牌引领战略。全省区域公用品牌累计达到300多个，其中20个进入《2015年度中国农产品区域公用品牌价值排行榜》百强，上榜数量居全国首位；烟台苹果品牌价值达到105.86亿元，居全国第二位。2015年，农产品出口总额达到153.1亿美元，比2010年增加20.5%，占全国的21.7%，连续16年居全国第一位。

二 "十三五"发展环境

农业的根本出路在于现代化。"十三五"时期，我省农业现代化建设仍处于补齐短板、加快推进的重要战略机遇期，既面临重大机遇，也面临严峻挑战。

（一）全球经济一体化对农业发展影响加深。在全球经济一体化背景下，我国农业已经处于全面开放的国际大环境、大市场中。一方面，资本、技术、人才、产品等重要资源加快流动，对我省统筹利用国际国内两个市场、两种资源，赢得参与国际市场竞争主动权带来机遇；另一方面，世界经济分工中再平衡，新的区域性贸易谈判加快推进，国际技术性贸易壁垒措施升级，国际农产品对国内农产品生产、价格和市场的深入影响，特别是大宗农产品的国内外价格倒挂，对我省调整优化农业结构、降低生产成本、提升农产品竞争力带来新的挑战。

（二）经济发展新常态对农业转型升级要求迫切。新常态下我国经济增长速度从高速转向中高速，发展方式从规模速度型转向质量效益型，对农业的基础地位提出了更高要求。一方面，需要迎接挑战，在市场需求乏力的形势下，通过农业供给侧结构性改革，生产出更多适应市场需求的农产品，创新农产品供给，增加农民收入；另一方面，需要抢抓机遇，在更加注重经济发展质量效益的良好社会氛围中，抓住"一带一路"、京津冀协同发展等国家战略实施的良好契机，加快转变发展方式、优化产业结构，在稳定农业发展速度的同时，实现新一轮转型升级。

（三）资源环境对农业发展制约加剧。虽然我省粮食等主要农产品产量多年稳居全国前列，但是短期内人多、地少、水缺的资源状况难以改变，统筹"保供给""保生态"和"保安全"的压力不断加大。一方面，人口总量不断增加，耕地面积不断减少，粮食等重要农产品刚性需求不断增长，确保供给总量与结构平衡的难度加大；另一方面，农业资源过度开发、农业资源污染加剧等问题日益突出，农产品质量安全风险增加，推动绿色发展和资源永续利用的要求十分迫切。

（四）发展成果对农业现代化建设支撑有力。长期以来，"三农"工作一直是全党工作的重中之重，强农惠农富农政策体系不断完善，政策支持力度持续加大，改革红利进一步释放，"三农"发展活力得到有效激发，综合生产能力稳步提高，农业规模化、标准化、信息化、机械化水平显著提升。粮食高产创建、设施蔬菜栽培、农业产业化经营积累了山东经验。农业功能不断拓展，农业新业态不断涌现，发展方式不断创新，新型经营主体不断壮大，产业链条双向延伸，为农业发展注入了强大动力。

三　深化发展理念，科学谋划农业发展新思路

农业现代化是国家现代化的基础和支撑，是农业发展的方向。加快农业现代化进程，必须推进农业供给侧结构性改革，提高农业综合效益和竞争力，突出抓好现代农业产业体系、生产体系和经营体系建设。

（一）指导思想。

全面贯彻落实党的十八大和十八届三中、四中、五中、六中全会精神，深入学习贯彻习近平总书记系列重要讲话精神和治国理政新理念新思想新战略，坚持"创新"激发农业发展活力、"协调"补齐农业发展短板、"绿色"引领农业发展方向、"开放"拓展农业发展空间、"共享"缩小城乡发展差距。按照省委、省政府"一个定位、三个提升"的要求，立足省情农情，以提高质量效益和竞争力为中心，以推进农业供给侧结构性改革为主线，以多种形式适度规模经营为引领，加快转变农业发展方式，着力构建现代农业产业体系、生产体系和经营体系，保障农产品有效供给、农产品质量安

全和农业可持续发展，走产出高效、产品安全、资源节约、环境友好的农业现代化发展道路，厚植农业农村发展优势，着力打造农产品质量和品牌强省，确保我省在推动农业现代化进程中继续走在全国前列。

（二）基本原则。

——坚持稳粮增收、提质增效。提高粮食产能，确保口粮安全，提升粮食品质，增加种粮效益。以市场为导向，推进农业发展由单纯追求规模，向注重规模、质量和效益并重转变，重点突出质量和效益。

——坚持创新驱动、转型升级。深入实施科教兴农和人才强农战略，推进农业增长由主要依靠物质要素投入，向更加依靠科学技术创新、现代物质装备和提高农业劳动者素质转变，加快农业转型升级步伐。

——坚持资源节约、生态环保。以提高资源利用效率和保护生态环境为核心，以节地、节水、节肥、节药、节种、节能、资源综合循环利用和农业生态环境治理为重点，大力发展绿色、低碳、循环和生态农业，促进农业可持续发展。

——坚持功能拓展、三产融合。双向延伸农业产业链条，打造农业全产业链，开发农业多种功能，拓展农业发展空间。将新技术、新业态、新商业模式等引入农业，完善利益联结机制，推进农村一、二、三产业深度融合。

——坚持改革开放、依法治农。协调推进改革开放与法治建设，实施"走出去"与"引进来"战略，建立健全农业支持保护法规政策体系，规范市场运行，依法保障和引领农村改革与发展。

（三）发展目标。

经过五年的努力，全省农业现代化取得显著进展，基本形成科学技术先进、物质装备优良、组织方式高效、经营主体集约、农产品市场繁荣的可持续发展新格局。农业产业结构更加优化，农产品供给质量和效率显著提高，物质装备水平大幅提升，科技支撑能力明显增强，生产经营体系不断完善，农业生态环境持续改善，农民收入持续较快增长，农民生活达到全面小康水平。到2020年，全省半数以上的县（市、区）基本实现农业现代化。

四 坚持创新驱动，培育农业发展新动力

创新是农业现代化的第一动力，必须牢固树立创新思维，加快实施创新驱动战略，推进农业供给创新和科技创新，着力优化调整农业结构，强化农业科技支撑。

（一）创新农业产业体系。

1. 调整优化种植业结构。坚持有保有压，优化种植业结构，推动种植业由注重产量向稳定提升产能转变，实现藏粮于地、藏粮于技。稳定冬小麦面积，扩大专用小麦面积，开展粮食绿色增产模式攻关，全省粮食产能达到1000亿斤以上。适当调减籽粒玉米种植面积，扩大饲草饲料种植面积。因地制宜开展耕地轮作休耕，在沿黄地区大力推广玉米与大豆轮作，在山区丘陵地区推广玉米与杂粮作物轮作，在适宜地区探索开展耕地休耕试点。选育适应机械化作业的棉花品种，推广轻简化植棉技术。加快高油和优质食用花生品种选育，调转种植制度，建设一批花生种植全程机械化、标准化基地。巩固蔬菜产业优势，积极推进蔬菜品种选育、提纯复壮、引进创新，大力发展设施蔬菜，推广新型大棚、无土栽培、基质栽培和集约化育苗技术。到2020年，全省蔬菜播种面积稳定在3200万亩左右，其中设施蔬菜面积力争扩大到 1500 万亩左右。稳定食用菌生产，大力发展珍稀菌类，深入推进原料和菌包生产专业化，加快产品精深加工和菌渣综合利用。加大果业品种改良和品质提升力度，大力推广果树现代集约栽培模式及配套技术，提高水果产业质量档次。到 2020 年，全省水果面积达到 1200 万亩，干果面积达到 1000 万亩。加快发展名优特新经济作物，大力发展油用牡丹、木本粮油，积极发展林下经济，推进农林复合经营。

2. 推进畜牧业转型升级。立足山东农区畜牧业第一大省优势，统筹考虑种养规模和资源环境承载力，坚持生态循环为基础、创新融合为关键、高效节约为根本、安全控制为保障的原则，突出农牧结合、生态循环、疫病防控、质量监管等关键环节，稳定食粮畜禽发展、突出食草畜禽发展、加快奶牛和特种动物发展，推进畜牧业结构调整，形成规模化生产、集约化经营、品牌化引领、绿色化发展为主导的产业发展格局，在全国率先实现畜牧业现代化。大力推进农牧结合，按照"以种促养、以养带种"的原则，在秸秆饲料资源丰富的农区，积极发展草食畜禽；在草食畜禽生产的优势区域，合理确定"粮改饲"面积，积极推进全株玉米青贮，扩大苜蓿等优质牧草种植。大力发展安全高效环保饲料产品，加快秸秆饲料商品化开发，建设具有山东特色的现代饲料工业体系。积极发展特色畜牧业，加快地方特色畜禽品种保护和开发利用，面向高端市场培育知名品牌。积极推行标准化、规模化健康养殖，加大养殖粪污资源化利用力度，发展生态循环畜牧业，提升畜禽产品供给质量水平。做大做强畜禽产品加工企业，加快畜禽屠宰企业改造升级，完善冷链物流配送体系。健全病死畜禽无害化处理体系，建立养殖业保险与病死畜禽无害化处理联动机制，强化重大动物疫病和主要人畜共患病防控。

3. 提升渔业发展质量。以保护资源和减量增收为重点，推进渔业结构调整。统筹布局渔业发展空间，加快"海上粮仓"建设，推进稻田综合种养和低洼盐碱地养殖。大力发展水产健康养殖，从岸基、滩涂、浅海向深海、远海拓展海水养殖，重视海洋藻类和耐盐碱蔬菜栽培，大力推广藻、贝（鱼）、参（鲍）生态立体养殖模式，鼓励发展不投饵、不用药的全生态链养殖。做大渔业增殖业，科学增殖放流，修复海洋生态，恢复生物种群，优化人工鱼礁建设布局，发展技术先进、特色鲜明、布局合理、效益显著的人工鱼礁增殖产业。优化海洋捕捞业，有序开发外海渔业资源，发展壮大大洋性渔业，巩固提高过洋性渔业。到2020年，力争全省水产品总产量达到1000万吨，全省人均水产品占有量达到100公斤，海参、海带全产业链年产值均过千亿元。

4. 大力发展农产品加工业。统筹布局农产品生产基地建设与初加工、精深加工发展及副产品综合利用，大力开展农产品加工示范县、示范园区、示范企业创建活动。积极发展农产品产地初加工，加大产地初加工补助力度，加快完善粮食、"菜篮子"产品和特色农产品产后商品化处理设施。支持农产品加工企业建立原料生产基地，由常规加工向精深加工转变，推进加工、物流、贸易一体化发展。鼓励农产品精深加工企业向优势产区和关键物流节点集聚，打造农产品加工产业集群。加快农产品加工副产物循环、全值、梯次利用，提升加工转化增值率和副产物综合利用水平，以技术创新推动农产品加工业转型升级。

（二）强化农业科技支撑。

1. 推进农业科技创新。按照"自主创新、加速转化、提升产业、率先跨越"的思路，以科技创新为动力，以技术推广为载体，实施农业科技展翅行动，引领产业提质增效转型升级。充分利用各种农业科技资源，搭建农科教创新平台，激发创新活力，拓展创新渠道，加快推进农业科技创新步伐。建立成果转化激励机制，立足农业新成果、新技术，集成创新推广模式，加快农业科技成果转化。加强现代农业产业技术体系创新团队建设，完善首席专家、农业技术推广人员和新型经营主体的联动机制，探索建立"创新团队+基层农技推广体系+新型职业农民培育"的新型农业科技服务模式。扎实推进农业科技园区体系建设，提升综合创新能力和服务水平。加快"渤海粮仓"科技示范工程建设，强化盐碱地绿色开发关键技术研发与转化，建立滨海盐碱地"粮经饲"并举的多元化种植技术体系。完善"海上粮仓"技术体系、创新联盟，形成渔业科技协同创新机制。到2020年，全省农业科技进步贡献率达到65%以上，全面提升农业科技创新能力和核心竞争力。

2. 提升农业装备水平。以解决现代农业产前、产中、产后各个环节的全过程机械化问题为导向，以推广先进适用农业机械化技术和装备为重点，建立健全农机农艺融合机制，研发一批关键急需、新型智能的农机装备，优化提升一批技术先进、功能实用的农机装备，验证示范一批复式高效、质量可靠的农机装备，加速农机装备新技术、新成果的转化应用，促进粮食作物生产机械化装备从有到优，经济作物生产机械化装备从无到有，实现关键和薄弱生产环节技术突破，进一步提高农业机械装备水平。到2020年，全省农作物耕种收综合机械化率达到84%，粮食生产机械化率达到98%，经济作物机械化率达到56%。实施"百千万渔船"更新改造工程，提高渔船安全设施装备水平，加快建设渔船信息动态管理和电子标识系统，配备新型船用通讯导航、安全救助、定位避碰等设备，提高渔船安全生产保障能力。

3. 大力发展现代种业。以提升种业自主创新能力为核心，加快构建以产业为主导、企业为主体、基地为依托、产学研相结合、"育繁推一体化"的现代种业体系，提升种业科技创新能力、企业竞争能力、供种保障能力和市场监管能力，建设种业强省，确保主要农作物、畜禽良种覆盖率98%以上，水产良种覆盖率55%以上。推进种业研发创新，深入实施现代种业提升工程和农业良种工程，加强种业创新基础理论和关键技术研发，加快培育一批具有广阔应用前景和自主知识产权的突破性品种。建立基础性研究以公益性科研机构为主体、商业化育种以企业为主体的种业研发新机制，建立健全种质资源保护、研究、利用和开发体系，创新改良育种材料。培育壮大种业企业，重点培育85家在国内外具有较强竞争力的"育繁推一体化"种子企业。鼓励企业兼并重组，优化资源配置，加快做大做强。建设30个小麦、玉米、棉花、花生、蔬菜、果茶等商业化育种（苗）中心，7个省级畜禽遗传资源基因库。加强种业基础设施建设，集中实施一批生物育种产业重大创新工程、动植物良种工程，完善新品种区域试验评价及展示推广体系，加强优势种子繁育基地建设。组织实施水产良种工程，重点建设大宗品种、出口优势品种的遗传育种中心和原良种场，打造省级海水、淡水养殖优良种质研发中心。强化种子市场监管。健全种子质量检测体系，完善品种审定、保护、退出制度，规范种子生产经营管理。

4. 推进"互联网+"现代农业建设。围绕农业生产、经营、管理和服务等环节，推进物联网、云计算、大数据、移动互联等技术集成应用，发展山东"智慧农业"。加快推进智慧农业重点实验室、工程研究中心、"海上山东"等创新平台建设，重点围绕设施果蔬、畜禽、渔业等高附加值优势产业，规模化推广应用集农业生产现场感知、传输、控制、作业为一体的智能精准农业生产系统，建设农业物联网、农业监测预警云平台，实现生产全过程可监可控、风险预警和决策辅助，打造智慧农业技术应用示范样板。整合现有资源，建立覆盖全省、功能齐全的农业综合信息互联服务平台，创新基于互联网平台的现代农业新产品、新模式和新业态，重点培育一批网络化、智能化、精细化的现代"种养加"生态农业新模式，培育多样化农业互联网管理服务模式。

（三）发展农业生产服务业。

1. 强化农业基础设施建设。按照国家要求，全面完成永久基本农田划定，将基本农田保护面积落实到户、上图入库，实施最严格的特殊保护。优先在永久基本农田上划定和建设粮食生产功能区和重要农产品生产保护区。加快高标准农田建设，提高建设标准，充实建设内容，完善配套设施，优化建设布局，优先建设确保口粮安全的高标准农田。在粮食主产区、生态环境脆弱区、水资源过度开发区等重点地区，强化节水灌溉基础设施建设，完善农田灌排体系。加大盐碱地和宜渔荒碱地开发力度，加快建设黄河三角洲国家生态渔业基地。强化农业信息化基础设施建设，协同推进农村广电网、电信网、互联网"三网融合"，加快完善"12316三农服务热线"配套设施建设，建立健全农业综合信息服务体系。推进设施创新、材料创新、智能控制和技术升级，努力提升设施农业装备水平。

2. 加强公益性农技服务机构建设。按照不断深化农技推广体系改革，建立健全公益性、综合性农业公共服务机构，探索公益性推广与经营性服务融合发展新机制的要求，促进公益性推广机构与经营性服务机构相结合、公益性推广队伍与新型经营主体相结合、公益性推广与经营性服务相结合。适应农业市场化、信息化、规模化发展的要求，针对经营主体的需要，因地制宜采取有效方式，开展农业生产经营、市场信息、金融保险、电子商务等全过程精准服务。加强农技推广队伍建设，加大对基层农技推广人员培养激励力度。鼓励农技人员与合作社、龙头企业和专业服务组织加强合作，创新农技推广方式，增强农技服务活力。充分发挥农业科研院校的人才、技术优势，建立健全农科教结合、产学研一体的科技服务平台，为广大农民群众提供教育培训和技术推广服务。

3. 发展多种形式的社会化服务。坚持现代农业与现代服务业有机融合，坚持传统农业服务业与新兴农业服务业齐头并进，坚持数量规模与质量效益共同提升，加快传统农业生产服务业提档升级，推动新兴农业服务业创新发展。以农业科技服务、农产品质量安全服务、农产品流通服务、农产品初加工服务、农村环保能源服务、农业信息服务、土地流转服务、农业金融服务为重点，建立健全覆盖全程、综合配套、便捷高效的新型农业生产服务体系。加快构建以公共服务机构为依托、合作经济组织为基础、龙头企业为骨干、其他社会力量为补充，公益性服务和经营性服务相结合、专项服务和综合服务相协调、一主多元的新型农村社会化服务体系。

五 坚持协调统筹，激发农业发展活力

协调是农业现代化的内在要求，必须树立全面统筹的系统观，着力推进区域统筹、产业融合、主体协同，加快形成科学合理、与经济社会发展相适应的农业发展结构。

（一）统筹区域协调发展。

1. 半岛蓝色经济区。在稳定发展粮油、肉蛋奶、果菜茶、水产品等农产品的基础上，重点发展外向型农业、都市农业、休闲农业和农产品精深加工业，示范引领全省农业现代化建设。

2. 黄河三角洲高效生态经济区。在稳定主要农产品生产的基础上，大力发展高效生态循环农业和节水农业，稳定耐盐抗旱棉花种植面积，推广粮经饲三元种植模式，推动种植业、畜牧业、水产养殖业协同发展。

3. 省会城市群经济圈。在稳定粮棉油菜果生产的基础上，拓展农业文化传承功能，积极发展都市农业、休闲观光农业，不断丰富城乡居民"米袋子""菜篮子"，提高农产品品质档次，满足城乡居民多样化、多层次消费需求。

4. 西部经济隆起带。加强农业基础设施配套建设，形成以粮棉油、果菜菌、肉蛋奶为主的高产优质高效农产品生产加工基地。

（二）优化产业布局。

粮棉油产业。确定84个粮食产能重点区域、24个棉花生产重点区域。根据花生产品用途，确定27个出口花生重点区域、46个油用花生重点区域和15个食用花生重点区域。

蔬菜产业。根据蔬菜生产特点，确定61个设施蔬菜生产重点区域、35个出口蔬菜重点区域、63个地方特色蔬菜生产重点区域和52个食用菌生产重点区域。

果品产业。根据果品分类，确定59个水果生产重点区域和23个干果生产重点区域。

畜牧产业。根据畜禽品种，确定30个蛋鸡养殖重点区域、30个肉鸡养殖重点区域、30个肉鸭养殖重点区域、30个奶牛养殖重点区域、15个奶山羊养殖重点区域和50个生猪养殖重点区域。

渔业产业。根据渔业产业特点和资源环境承载力，确定离岸自然发展、近岸融合发展和岸基综合发展三"带"，黄河三角洲、山东半岛东北部、山东半岛南部三个近海渔业发展"区"，一个远洋渔业发展"极"，一个内陆淡水渔业发展"网"。

特色产业。确定22个茶叶生产重点区域、40个中药材生产重点区域、28个桑蚕生产重点区域，蜜蜂、壁蜂为蜂产业发展重点。

休闲农业。重点打造以特色民俗和革命历史追忆为依托的鲁中鲁南山区红色休闲产业带，以黄河文化和自然生态为依托的黄河三角洲黄色休闲农业产业带，以海洋文化和山水风光为依托的鲁东半岛蓝色休闲农业产业带，以黄河故道和运河湿地景观为依托的鲁西、鲁北、鲁南平原绿色休闲农业产业带。

（三）推进一、二、三产融合发展。

1. 完善农产品市场流通体系。在优势产区建设一批国家级、区域级产地批发市场和田头市场，推动公益性农产品市场建设。协调推进市场流通体系与储运加工布局有机衔接，健全农产品产地市场质量检测体系，促进农产品批发市场上档次上规模。推动建立以信息技术为中心，以储运和包装技术为支撑的现代化农业物流体系。以产地冷库建设、冷链运输车辆配备、终端冷链设施完善等为重点，大力发展农产品冷链物流基础设施。到2020年，全省果蔬、肉类、水产品冷链流通率分别达到20%、35%、60%，冷链流通腐损率分别降到15%、8%、5%以下。

2. 发展农业新型业态。大力发展农业"新六产"，培育新产业新业态，推进产业链、价值链、供应链"三链重构"。加快发展农产品电子商务，完善公共服务体系，引导新型经营主体对接各类电子商务平台，拓展农产品电商渠道。支持发展农业会展经济，推进农业展会市场化、专业化、国际化、品牌化、信息化。积极发展总部经济，扶持一批具有一定综合实力的农业服务业企业做大做强，引进国内外集团总部或区域总部，促进产业链条向高端延伸。推动科技、人文等元素融入农业，稳步发展农田艺术景观、阳台农艺等创意农业，鼓励发展工厂化、立体化等高科技农业。

3. 拓展农业多种功能。依托农村绿水青山、田园风光、乡土文化等资源，大力发展生态休闲农业。采取补助、贴息、鼓励社会资本以市场化原则设立产业投资基金等方式，支持休闲农业和乡村旅游重点村改善道路、宽带、停车场、厕所、垃圾污水处理设施等条件，建设魅力村庄和森林景区。大力发展休闲农业与乡村旅游，推动各类家庭农场、农业园区和规模化基地提档升级，培育一批休闲农庄和休闲农业景区，打造一批省级休闲农业示范园、齐鲁最美田园。加强重要农业文化遗产发掘、保护、传承和利用，强化历史文化名村（镇）、传统村落整体格局和历史风貌保护，传承乡土文化。

4. 创新一、二、三产业融合机制。以产品为依托，发展订单农业，强化对农户的技术培训、贷款担保、农业保险等服务。以产业为依托，发展农业产业化，建设一批农村一、二、三产业融合先导区和农业产业化示范基地，推动农民合作社、家庭农场与龙头企业、配套服务组织集群集聚。以产权为依托，推进土地经营权入股发展农业产业化经营，通过"保底+分红"等形式增加农民收入。以产城融合为依托，引导二、三产业向县域重点乡镇及产业园区集中，推动农村产业发展与新型城镇化相结合。

（四）推进经营主体协调发展。

1. 培育新型职业农民。加快新型职业农民培育整体推进示范省建设。强化基础建设，加快构建手段先进、灵活高效的新型职业农民培育体系，建立健全教育培训、规范管理、政策扶持"三位一体"

的新型职业农民培育制度，开展分类培训，实行精准培育，努力打造一支符合农业现代化要求的有文化、懂技术、会经营的新型职业农民队伍。探索建立职业农民认定、继续教育、考核选拔和退出机制，加强对新型职业农民培育落实情况的跟踪分析和督导评价。

2. 促进各类主体融合发展。充分发挥农民首创精神，以家庭承包经营为基础，推进家庭经营、集体经营、合作经营、企业经营等多种经营方式共同发展，壮大龙头企业、合作社、家庭农场、专业大户等新型经营主体，发展多种形式的适度规模经营。进一步完善龙头企业评选认定和运行监测管理办法。大力发展混合所有制龙头企业，支持龙头企业兼并重组，鼓励企业上市挂牌融资，创新利益联结机制和生产组织模式。推进龙头企业集群集聚发展，鼓励各地发展农产品加工园区，开展农业产业化示范基地创建活动。坚持发展与规范并举、数量与质量并重，引导联合社发展，支持农民合作社开展内部信用互助，推动金融机构对合作社开展授信。进一步提升种养大户、家庭农场经营能力，继续开展家庭农场示范场创建活动，到2020年，每个涉农县（市、区）重点培育省级以上示范家庭农场10—20家。鼓励专业大户、家庭农场、农民合作社和农业企业等新型经营主体开展多种形式的合作与联合。

3. 发展多种形式适度规模经营。在进一步完善农村土地承包经营权确权登记颁证工作的基础上，积极引导农民依法自愿有偿流转土地经营权，提高承包土地经营规模化程度。鼓励农民以土地经营权入股合作社、龙头企业，支持合作社和社会化服务组织托管农民土地，形成土地入股、土地托管等多种规模经营模式。充分发挥农业公益性服务机构的作用，围绕农业适度规模经营，进一步拓展服务内容和范围。大力培育农业经营性服务组织，支持社会化服务主体开展订单式、全托式等多种形式的托管服务。到 2020 年，全省农村土地经营规模化率达到 50% 以上。

4. 促进农村人才创业创新。建立创业创新服务平台，强化信息发布、技能培训、创业指导等服务。加大对农民和返乡下乡人员创业创新支持力度，鼓励和引导返乡下乡人员按照法律法规和政策规定，通过承包、租赁、入股、合作等多种形式，创办领办家庭农场林场、农民合作社、农业企业、农业社会化服务组织等新型农业经营主体。

六 坚持绿色引领，提升农业可持续发展能力

绿色是农业现代化的重要标志，必须牢固树立绿水青山就是金山银山的理念，推进农业绿色发展，补齐生态农业建设和质量安全短板，加快构建资源利用高效、产品质量安全、生态环境良好、田园风光秀美的现代绿色农业。

（一）推进农业资源保护。落实最严格的耕地保护制度，坚守耕地红线，严控新增建设用地占用耕地。完善耕地占补平衡制度，全面推进建设占用耕地耕作层土壤剥离再利用。大力实施农村土地整治，推进耕地数量、质量、生态"三位一体"保护。推广耐旱品种和节水保墒技术，限制高耗水农作物种植面积，完善田间雨水集蓄利用设施。推进农业水价综合改革，建立节水奖励和精准补贴机制，增强农民节水意识。推进农业灌溉用水总量控制和定额管理。加强人工影响天气能力建设，加大云水资源开发利用力度。加强林业和湿地资源保护，严格执行林地、湿地保护制度，深入推进林业重点生态工程建设，搞好天然林保护，确保"十三五"末林木绿化率达到 27%。开展湿地保护和恢复，继续推进退耕还林还湿，加强湿地自然保护区建设。

（二）大力发展生态循环农业。坚持生态、循环、高效的原则，按照"一控、两减、三基本"的要求，科学调整种养结构，促进种养循环、农牧结合、农渔结合。依托优势产区、高效生态农业生产基地等，统筹规划产业布局、技术模式、科技支撑、设施配套，打造现代生态农业"多级循环体系"。在畜牧、水果、设施蔬菜、茶业生产的优势区域，因地制宜推广"果沼畜""菜沼畜""茶沼畜"等生态循环农业模式，大力推广农业废弃物综合利用技术，组织开展果菜茶有机肥替代行动。选择生态循环农业发展基础较好的县（市、区），开展生态循环农业示范创建。到2020年，建成省级生态循环农业示范县30个，全省生态循环农业示范基地面积达到3000万亩。

（三）强化农业环境保护。全面落实耕地质量提升规划，深入实施土壤改良修复、农药残留治理、地膜污染防治、秸秆综合利用、畜禽粪便治理、重金属污染修复等六项工程。加快推广应用功能性有机肥、自控缓释肥、水肥一体化和配方施肥技术，土壤酸化和设施蔬菜地土壤退化趋势得到有效改善；集成推广农药减量使用、农药残留微生物治理、病虫害物理防治和生物防治技术，绿色防控面积明显增加；建立健全地膜回收加工利用体系，推广应用氧化生物双降解生态地膜，严禁生产使用厚度0.01毫米以下的不可降解地膜，实现大田生产地膜零增长；以秸秆肥料化、饲料化、基料化、能源化和燃料化利用为重点，配套建设秸秆收贮体系，率先在大气污染防治重点区域，基本实现全量化利用；以提高畜禽粪便无害化处理、资源化利用水平为重点，根据养殖规模，选择性推广粪便肥料化利用技术，探索建立第三方治理和综合利用机制，基本实现种养平衡；以农产品产地重金属污染治理与修复为重点，严格监测产地污染，推进分类管理，开展修复试点。到2020年，农药化肥使用量减少10%，主要农作物测土配方施肥技术推广覆盖率达到90%以上，绿色防控覆盖率达到30%以上。

（四）确保农产品质量安全。落实政府属地管理责任、部门监管责任和生产经营者主体责任，全面开展农产品质量安全县创建活动，打造农产品质量安全省。加强产地安全管理，依法依规划定食用农产品适宜生产区和禁止生产区。完善提升现有各类农业生产技术规范和操作规程等地方标准，推行标准化生产，加快制定完善农业投入品管理、产品分等分级、产地准出和质量追溯、贮藏运输、包装标识等方面的标准，到2020年，全省农业地方标准、生产技术规范总数达到2600项，农业团体标准快速发展。推进"三品一标"示范县、镇、村创建，加强无公害、绿色、有机和地理标志农产品认证管理，到2020年，"三品一标"产地认定面积占主要优势农产品产地面积比率达到60%以上，全省认证并有效使用标志农业"三品一标"数量达到14300个。严格农业投入品监管，加强植物保护和动物疫病防控体系建设，依法规范农药、肥料、兽药、饲料和饲料添加剂等农业投入品登记注册及审批管理，全面推行农业投入品经营主体告知制度，落实农业投入品经营诚信档案和购销台账，将农业投入品纳入可追溯信息化监管范围。到2020年，全省实现农药经营告知、高毒农药实名购买、区域高毒农药限制经营、农药经营店整治标准化等农药监管4个100%。推行产地准出和追溯管理，严格产地准出，规范包装标识，加强农产品收贮运环节监管，建立农产品质量追溯公共信息平台，制定和完善质量追溯管理制度。到2020年，农产品质量安全县达到132个，菜果茶、粮棉油等省级农业标准化生产基地1000个，畜禽标准化示范基地2500个。

七 坚持开放合作，增强农业综合竞争力

开放是农业现代化的必由之路，必须坚持双向开放、合作共赢、共同发展，着力加强农业对外合作，统筹用好国内国际两个市场两种资源，加快形成进出有序、优势互补、互利共赢的农业开放合作新局面。

（一）深化农业对外开放。抓住"一带一路"战略实施的重大机遇，大力实施农业"走出去"战略，拓宽与沿线国家和重点区域的农业合作，鼓励涉农企业到境外进行农业资源开发、生产基地建设、农产品加工等，带动农业装备、生产资料等优势产能"走出去"。支持有实力的大企业，全产业链推进农业对外投资合作，在技术研发、生产加工、储运销售、港口码头等领域进行整体布局，实现全产业链运营。提升远洋渔船装备水平，发展壮大大洋性渔业，巩固提高过洋性渔业，积极发展南极渔业，加快推进远洋渔业海外综合性基地建设。建立健全农业"走出去"工作机制，加强推动引导，落实扶持政策，加快培育具有国际竞争力的农业企业集团。积极培育中介服务组织，为农业企业"走出去"提供服务支撑。加大培训力度，提升农业企业"走出去"能力。加强国际农业先进技术和装备的引进，重点引进国外优良种质资源以及农业安全生产、标准化生产、病虫害综合防治和农产品加工、储藏、保鲜等领域的关键技术。适度引进技术含量高、特色优势明显、市场急需的农产品，优化农产品市场供给，促进省内农业企业研发生产，提升竞争力。引导支持农产品出口产业集群集聚发展，加快推进出口农产品质量安全示范省建设，培育一批具有国际影响力的农业品牌，打造一批熟悉国际规则的农业龙头企业，提升优势特色农产品国际市场竞争力。

（二）实施农产品品牌战略。强化质量品牌引领，加快构建"企业主体、政府引导、部门联动、社会参与"的农产品品牌建设机制。实施"品牌农产品质量安全提升工程"，重点围绕粮食、油料、果品、花卉、蔬菜、食用菌、茶叶、中药材、畜产品、水产品等十大产业的产品品牌培育要求，建立健全品牌标准体系。2020年，实现品牌农产品质量标准体系全覆盖，建设、规范500个标准化品牌农产品基地。建立山东农产品品牌评价体系，推出知名品牌目录。实施山东品牌农产品国内营销体系建设工程，加快推进品牌农产品展示展销中心、连锁店、主流超市、电商网络等营销网络建设。加大公益性品牌形象宣传和目录品牌推介力度，开展多形式、多渠道、多层次的形象塑造和宣传推介活动。制定农产品品牌建设奖补政策，调动农业生产经营主体的积极性。加强指导，提高农业生产经营主体商标注册、运用、保护和管理水平。支持企业对接国际标准，开展国际认证和商标国际注册，创建一批获马德里商标国际注册的出口农产品品牌，培育一批国际自主品牌。打造国内外享有较高知名度和影响力的山东农产品整体品牌形象。

（三）加强农产品市场开拓。针对区域性、结构性农产品卖难现象，着力解决生产需求信息不对称、流通服务不畅的问题。面向国内市场，建立健全农产品市场信息服务体系，打造农产品营销公共服务平台，研究社会需求到市场需求的变化趋势，分析个性化、多样化、优质化农产品和农业多功能市场需求，及时发布农产品供求信息。推广多种形式的产销对接，支持农产品生产流通企业到国内大中城市设立鲜活农产品直销网点，推进商贸流通、供销、邮政等系统物流服务网络和设施为农服务。面向国际市场，建设农产品出口交易平台，强化行业协会、中介组织、企业联盟在推动和开拓国际市场中的作用，培养一批国际化经营管理人才。鼓励农产品出口企业赴境外建设农产品展示中心，举办农产品宣传推介活动。充分利用"互联网+外贸"等新型市场拓展方式，拓宽农产品出口渠道。加强重要农产品出口监测预警，积极应对国际贸易纠纷。

八　坚持共享惠农，促进农民持续增收

共享是农业现代化的本质要求，必须坚持以人为本，着力推动城乡统筹发展，促进农民收入持续稳定增长，更加注重提升农村公共服务水平，更加注重精准扶贫、精准脱贫，让农民生活得更有尊严、更加体面。

（一）落实强农惠农富农政策。

1. 完善财政支农方式和投入机制。健全财政投入稳定增长机制，将农业作为财政支出和固定资产投资的重点保障领域。统筹整合各类建设性质相同、内容相近、投向相似的投入，实施一批打基础、管长远、影响全局的重大工程。鼓励采取先建后补、以奖代补等方式实施建设项目。进一步完善农业支持保护补贴政策，加强农业耕地及生态资源保护，支持粮食适度规模经营发展；优化农机购置补贴政策，加大保护性耕作、深松整地、秸秆还田等绿色增产技术所需机具补贴力度；完善结构调整补助政策，继续支持粮改饲，加大畜禽水产标准化健康养殖支持力度；健全生态建设补贴政策，探索建立以绿色生态为导向的农业补贴制度。

2. 创新金融支农政策。完善信贷支持政策。强化开发性金融、政策性金融对农业发展和农村基础设施建设的支持，稳步推进农民合作社内部信用互助，建立健全农业融资担保体系。稳妥推进农村承包土地经营权和农民住房财产权抵押贷款试点。对稳粮增收作用大的高标准农田、先进装备、设施农业、加工流通贷款予以财政贴息支持。建立新型经营主体信用评价体系，对信用等级较高的实行贷款优先等措施。开展粮食生产规模经营主体营销贷款试点，推行农业保险保单质押贷款。加大农业保险保障力度。落实对产粮大县主要粮食作物保险保费补贴支持政策，逐步扩大农业保险险种范围，进一步扩大地方特色险种种类。创新开发新型经营主体"基本险＋附加险"的保险产品，探索开展收入保险、农机保险、天气指数保险，加大农业对外合作保险力度。建立农业补贴、涉农信贷、农产品期货和农业保险联动机制，研究完善农业保险大灾风险分散机制。

（二）深化农业农村改革。

1. 坚持农村基本经营制度。在稳定农村土地承包经营关系并保持长久不变的基础上，积极探索农村土地所有权、承包权、经营权"三权分置"有效机制，引导农民依法自愿有偿流转承包地，促进土地资源向新型经营主体集中，发展多种形式的适度规模经营。健全县乡农村经营管理体系，加强土地流转和规模经营的管理服务。

2. 深化农村集体产权制度改革。推进农村集体资产股份合作制改革，开展农村集体资产股份权能改革试点，赋予农民对集体资产股份占有、收益、有偿退出及抵押、担保、继承权，增加农民财产性收入。到2020年，基本完成农村集体经营性资产股份制改革任务，健全非经营性资产集体统一运行管护机制。按照国家统一部署，稳妥推进农村土地征收、集体经营性建设用地入市改革试点；探索建立城乡统一建设用地市场，在符合规划、用途管制和依法取得前提下，推进农村集体经营性建设用地与国有建设用地同等入市、同权同价。完善集体林权制度，引导林权规范有序流转。

3. 打造农业创新发展试验示范平台。发挥现代农业示范区引领作用，率先实现基础设施完备化、技术应用集成化、生产经营集约化、生产方式绿色化、支持保护系统化，推进现代农业示范区在全省范围内率先基本实现农业现代化。推动农村改革试验区先行先试，率先突破制约农业现代化发展的体制机制障碍。推进农业可持续发展试验示范区建设，探索农业资源高效利用、生态修复保护、突出问题治理、循环农业发展等模式。

（三）推进产业精准脱贫。

充分发挥农业产业优势，通过政策、项目、资金等多种形式，精准发力，以使建档立卡贫困户稳定长期受益、切实增强脱贫致富能力为出发点和落脚点，通过推进农业现代化助推打赢脱贫攻坚战。积极调动新型农业经营主体积极性，广泛组织扶贫工作重点村和贫困户，从实际出发，大力发展特色种养业、专业合作社和乡村旅游，鼓励发展农业适度规模经营，支持发展农村集体经济，加大精准脱贫培训和转移就业力度。坚持因地制宜、科学谋划、政策引导、精准发力、多措并举、注重实效、上下联动、形成合力。

九　强化责任落实，保障规划顺利实施

（一）切实加强领导。各级、各有关部门要站在全局高度，充分认识农业现代化建设的重要意义，把加快实现农业现代化列入重要议事日程，建立规划落实的组织协调机制，推进规划任务的组织落实、跟踪调度、检查评估。要充分发挥规划引领作用，引导各类市场主体积极参与农业现代化建设，优化资源配置，形成齐抓共推的强大合力。

（二）强化任务落实。各部门要立足职能职责，强化政策配套，协同推进规划实施。各地要因地制宜制定本地推进农业现代化规划或实施方案，加大投入力度，强化政策和资金保障，确保"十三五"农业现代化建设各项目标任务落到实处。加强规划监测评估，委托第三方机构对规划目标任务完成情况进行中期评估和期末评估，评估结果向社会公布。

（三）完善考核机制。完善农业现代化规划落实机制，研究建立农业现代化监测评价指标体系，分级评价各地农业现代化进程和规划实施情况，定期发布评价结果。将保障农产品质量安全和食品安全作为衡量各级党政领导班子政绩的重要考核内容。根据各地实际，探索将"农业灌溉用水总量基本稳定，化肥、农药使用量零增长，畜禽粪便、农作物秸秆、农膜资源化利用"等规划目标任务完成情况纳入地方政府绩效考核指标体系。

（四）推进依法治农。依法构建现代农业治理体系，推动农业地方法规的健全完善。强化普法宣传，增强农村干部和农民群众尊法、学法、守法、用法意识和能力。深入推进农业综合执法，改善执法条件，建设执法信息化平台和指挥中心，促进依法护农、依法兴农。

参考文献

[1]《资本论》（第1卷），人民出版社2004年版。

[2]《毛泽东文集》（第1—8卷），人民出版社1999年版。

[3]《毛泽东选集》（第5卷），人民出版社1977年版。

[4]《建国以来毛泽东文稿》（第4册），中央文献出版社1990年版。

[5]《周恩来选集》（上、下卷），人民出版社1980年、1984年版。

[7]《邓小平文选》（第1—3卷），人民出版社1994年、1993年版。

[8] 薄一波：《若干重大决策与事件的回顾》（上卷），中共中央党校出版社1982年版。

[9] 谭启龙：《谭启龙回忆录》，中共党史出版社2003年版。

[10]《三中全会以来重要文献选编》（第4册），人民出版社1982年版。

[11]《农业合作化重要文件汇编》（上），中共中央党校出版社1982年版。

［12］黄道霞主编：《建国以来农业合作化史料汇编》，中共党史出版社1992年版。

［13］农业部软科学委员会课题组：《中国农业发展新阶段》，中国农业出版社2000年版。

［14］国家统计局：《中国农村统计年鉴》，中国统计出版社1989年版。

［15］《山东教育四十年》编辑委员会：《山东教育四十年》，山东教育出版社1989年版。

［16］山东省农业科学院：《山东农业发展历程与新趋势》，山东科学技术出版社1989年版。

［17］中共山东省委党史研究室：《"一五"计划时期山东的建设与发展》，天马图书有限公司2002年版。

［18］中共山东省委党史研究室：《山东大跃进运动》（内部资料），2002年。

［19］中共山东省党史研究室：《中共山东党史》（意见稿第2卷）。

［20］国家统计局农村社会经济调查司：《历史的跨越：农村改革开放30年》，中国统计出版社2008年版。

［21］《山东省统计年鉴》（2015—2016），中国统计出版社2016年版。

［22］山东省统计局：《奋进的四十年》（山东分册），中国统计出版社1989年版。

［23］《中国农业全书·山东卷》编辑委员会：《中国农业全书》（山东卷），中国农业出版社1994年版。

［24］农业部现代农业办公室：《中国特色农业现代化探索与实

践》，中国农业出版社 2014 年版。

[25] 山东省统计局：《山东发展统计报告 2008》，山东大学出版社 2008 年版。

[26] 山东省统计局：《山东省统计年鉴 2011》，中国统计出版社 2011 年版。

[27] 山东省统计局：《山东省统计年鉴 2014》，中国统计出版社 2015 年版。

[28] 武力、郑有贵：《解决"三农"问题之路》，中国经济出版社 2004 年版。

[29] 费孝通：《乡土中国》，江苏文艺出版社 2007 年版。

[30] 梁漱溟：《乡村建设理论》，上海世纪出版集团 2006 年版。

[31] 冯海发：《农业可持续发展的理论与实践》，新华出版社 2006 年版。

[32] 朱启臻：《生存基础——农业社会学特性与政府责任》，社会科学文献出版社 2013 年版。

[33] 林毅夫：《制度、技术与中国农业发展》，格致出版社 2008 年版。

[34] 李宗植、张润君：《中华人民共和国经济史（1949—1999）》，兰州大学出版社 1999 年版。

[35] 邹东涛、欧阳日辉：《新中国经济发展 60 年（1949—2009）》，人民出版社 2009 年版。

[36] 黄祖辉、林坚、张冬平：《农业现代化：理论、进程与途径》，中国农业出版社 2003 年版。

[37] 孔繁轲：《山东农业》，山东友谊出版社 1989 年版。

[38] 韩明谟：《农村社会学》，北京大学出版社 2001 年版。

[39] 陈少强：《中国农业产业化研究》，经济科学出版社 2009 年版。

[40] 王文升：《中国农村改革的先声》，山东人民出版社 2006 年版。

[41] 蔡昉、王德文、都阳：《中国农村改革与变迁：30 年历程和经验分析》，格致出版社 2008 年版。

[42] 梁立赫、孙冬临：《美国现代农业技术》，中国社会出版社 2009 年版。

[43] 王雅鹏：《现代农业经济学》，中国农业出版社 2012 年版。

[44] 朱信凯、于亢亢：《中国现代农业经营主体研究》，中国人民大学出版社 2015 年版。

[45] 张正斌、段子渊：《中国水资源和粮食安全与现代农业发展》，科学出版社 2010 年版。

[46] 何正斌：《经济学 300 年》（下册），湖南科学技术出版社 2000 年版。

[47] 衣芳：《山东改革发展 30 年研究》，山东人民出版社 2008 年版。

[48] 侯东民：《寻求战略突破，破解中国粮食安全问题》，中国环境科学出版社 2002 年版。

[49] 陈沂、滕希群：《山东农业概况》，山东人民出版社 1999 年版。

[50] 王国敏：《农业产业化与农业宏观政策研究》，四川大学出版社 2002 年版。

[51] 山东省网络文化办公室：《网论 2013》，山东人民出版社

2014年版。

[52] 姚洋:《作为制度创新过程的经济改革》,格致出版社2008年版。

[53] 刘险峰:《新常态下的山东改革发展研究》,中国经济出版社2016年版。

[54] 王希军、黄晋鸿:《我们一起走过(2015)》,山东人民出版社2016年版。

[55] 崔健、黄日东:《广东现代农业建设研究》,中国农业出版社2009年版。

[56] 苏庆伟:《新热点 新观察》,中国经济出版社2016年版。

[57] 张耀辉、陈和、蔡晓珊:《现代农业知识干部读本》,广东经济出版社2010年版。

[58] [美] 迈克尔·P. 托达罗:《经济发展与第三世界》,印金强等译,中国经济出版社1992年版。

[59] [美] R. 麦克法夸尔、费正清:《剑桥中华人民共和国史(1949—1965)》,俞金尧译,中国社会科学出版社1990年版。

[60] [美] 阿尔文·托夫勒:《第三次浪潮》,黄明坚译,中信出版社2006年版。

[61] [美] 莫里斯·迈斯纳:《毛泽东的中国及后毛泽东的中国》,杜蒲、吴玉玲译,四川人民出版社1992年版。

[62] [美] 德拉斯:《农民的终结》,李培林译,中国社会科学出版社1991年版。

[63] [美] 西奥多·W. 舒尔茨:《改造传统农业》,梁小民译,商务印书馆2006年版。

[64] [美] 塞缪尔·亨廷顿:《变化社会中的政治秩序》,王冠华等译,上海人民出版社 2008 年版。

[65] [美] 弗农·拉坦:《农业发展的国际分析》,郭熙保等译,中国社会科学出版社 2000 年版。

[66] [美] 约翰·梅尔:《农业经济发展学》,何宝玉等译,农村读物出版社 1988 年版。

[67] [日] 速水佑次郎、神门善久:《农业经济论》,沈金虎等译,中国农业出版社 2003 年版。

[68] [法] 孟德拉斯:《农民的终结》,李培林译,社会科学文献出版社 2005 年版。

[69] 中共中央、国务院:《中共中央国务院关于积极发展现代农业扎实推进社会主义新农村建设的若干意见》,中国政府网(http://www.gov.cn)。

[70] 新华社:《关于完善农村土地所有权承包权经营权分置办法的意见》,《人民日报》2016 年 10 月 31 日。

[71] 中共山东省委,山东省人民政府:《关于贯彻中发〔2016〕1 号文件精神加快农业现代化实现全面小康目标的实施意见》,《大众日报》2016 年 2 月 25 日。

[72] 山东统计局:《2015 年山东省国民经济和社会发展统计公报》,《大众日报》2016 年 2 月 9 日。

[73] 中共山东省委、山东省人民政府:《山东省"十三五"农业和农村经济发展规划》,《齐鲁晚报》2016 年 11 月 22 日。

[74] 秦宏:《沿海地区农户分化之演变及其与非农化、城镇化协调发展研究》,博士学位论文,西北农林科技大学,2006 年。

[75] 王康：《山东省农业技术推广体系中技术供需主体适应性分析》，硕士学位论文，中国海洋大学，2014年。

[76] 兴慧、姜西海、刘靖：《山东现代农业发展现状及对策建议》，《山东经济战略研究》2008年第5期。

[77] 张永森：《山东农业产业化的理论与实践探索》，《农业经济问题》1997年第12期。

[78] 张明亮：《关于山东农业现代化建设的若干问题》，《山东社会科学》1997年第3期。

[79] 王丙毅、徐鹏杰：《农业产业结构趋同的负效应与政策建议——基于山东省农业产值数据的分析》，《农村经济》2008年第2期。

[80] 高焕喜：《农村改革开放三十年的回顾与前瞻——以山东省为例》，《乡镇经济》2009年第22期。

[81] 刘兴慧等：《山东现代农业发展现状及对策》，《山东经济战略研究》2008年第5期。

[82] 秦庆武：《从温饱到总体小康的历史跃迁》，《山东省经济管理学院干部学院学报》2008年第6期。

[83] 张继九：《略论农业大跃进对传统农业生产要素的重新配置》，《中共党史研究》2006年第1期。

[84] 书波：《关于山东省农业现状及发展方略的思考》，《科学与管理》2006年第1期。

[85] 王国敏、李建华：《中国农业现代化的历史演进及其启示》，《淮阴师范学院学报》2008年第6期。

[86] 李新、郭宁、宋芙蓉：《1990年以来山东耕地变化及与人口·经济发展的关系》，《安徽农业科学》2009年第6期。

[87] 朱世英、董长瑞：《山东省农业结构与竞争力的动态偏离份额分析》，《山东社会科学》2003 年第 7 期。

[88] 吴先华、王志燕、雷刚：《城乡统筹发展水平评价——以山东省为例》，《经济地理》2010 年第 4 期。

[89] 王国敏、赵波：《中国农业现代化道路的历史演进》，《西南民族大学学报》2011 年第 12 期。

[90] 王敏鸽：《我国现代农业发展路径探析》，《经营管理者》2013 年第 21 期。

[91] 宋亚：《规模经营是中国农业现代化的必由之路吗？》，《新华文摘》2013 年第 12 期。

[92] 刘喜波、张雯、侯立白：《现代农业发展的理论体系综述》，《生态经济》2011 年第 8 期。

[93] 苗元振、王慧：《山东省农业产业化二十年发展状况研究》，《农业经济》2014 年第 1 期。

[94] 红宇：《新常态下现代农业发展与体制机制创新》，《农业部管理干部学院学报》2015 年第 5 期。

后　记

本书是山东省社科规划课题"新常态下山东现代农业发展对策研究"（项目编号：15CCXJ07）的最终成果。

山东现代农业的发展一直走在全国前列，山东也是我国经济最发达、经济实力最强的省份之一，粮食、棉花、畜产品、水产品、水果、蔬菜等农产品都名列前茅。无论与过去相比，还是与兄弟省市相比，今天山东农业现代化建设取得了卓越成效，但成就的背后，也伴生着巨大的风险与挑战，积累了一系列深层次的问题和矛盾，可以说是传统与现代交织，机遇与矛盾并存，山东正处于由农业大省向强省的跨越、转变的关键时期。本书试图通过对山东现代农业发展理论与实践的探索、成就与不足的剖析，以期"谋山东的事，解发展的题"，探寻中国现代农业经济发展的规律，为全国同类地区发展积累经验、提供示范。现代农业发展毕竟是一个重要的大课题，新常态下不断出现的障碍性因素使得现代农业发展问题的解决变得任重而道远。由于我有限的学识水平对此问题的研究才刚刚起步，错误与不足之处在所难免，敬请广大专家学者批评指正。

后　记

　　本书获山东省重点马克思主义学院资金资助，它的出版得到了鲁东大学马克思主义学院的大力支持，各位同事给予了我指导和帮助，课题组成员就本书的框架、内容多次进行论证，中国社会科学出版社的郭晓鸿女士为本书的策划和出版付出了极大的辛劳，在此表示诚挚的感谢！

李　伟

2017 年 8 月于烟台